贾利涛 —— 著

晋中民俗与非物质文化遗产摭论

上海社会科学院出版社
SHANGHAI ACADEMY OF SOCIAL SCIENCES PRESS

本书系 2018 年度山西省高等学校人文社会科学重点研究基地项目"乡村振兴战略中晋中地区村落民俗的当代表述"(项目编号：201801041)的结项成果。

目　录

第一章　乡村振兴战略中的村落民俗 ······················ 1
　第一节　"村落民俗"的概念及内容 ······················ 3
　第二节　乡村振兴战略中村落民俗的当代面向 ············ 10
　第三节　晋中地区村落民俗的样本价值 ·················· 13

第二章　传统戏剧的地缘特性 ···························· 26
　第一节　晋剧：地缘民俗视野下的地方戏曲变迁 ·········· 27
　第二节　晋中秧歌：民间小戏的地域性与地缘性 ·········· 36

第三章　民间音乐的地方存续 ···························· 49
　第一节　太原锣鼓：社火锣鼓的城镇存续 ················ 49
　第二节　文水鈲子：击铙舞钹的边缘清响 ················ 62

第四章　民间舞蹈的继承发展 ···························· 77
　第一节　小花戏：抗战时期左权民间歌舞的改造赓续 ······ 78
　第二节　耍鬼面：傩舞爱社表演的战争传说情境 ·········· 92
　第三节　舞飞叉：民间舞蹈现代传承的民俗场 ············ 102

第五章　民间社火的当代生态 ···························· 114
　第一节　架火：民间杆架焰火的高光与尴尬 ·············· 115
　第二节　抬阁：社火舞台展演的实践与风险 ·············· 127

第六章　民间传说的民俗场景·················143
第一节　榆社石勒传说与地方民俗·················143
第二节　牛郎织女传说的和顺特色·················156
第三节　火山王传说与雷庄跑莲灯·················167

第七章　九曲黄河灯阵的形式内涵·················183
第一节　九曲黄河灯阵的地区分布·················183
第二节　九曲黄河灯阵的形式特点·················193
第三节　九曲黄河灯阵的信仰内涵·················206

第一章　乡村振兴战略中的村落民俗

村落,是乡村人口集聚居住的地方,是传统农业社会最为基层的地缘共同体。中国乡村由大大小小的村落构成,"通过熟悉一个小村落的生活,我们如在显微镜下看到了整个中国的缩影"①。中国《乡村振兴战略规划(2018—2022年)》指出:全面建成小康社会和全面建设社会主义现代化强国,最艰巨最繁重的任务在农村,最广泛最深厚的基础在农村,最大的潜力和后劲也在农村。村落是中国农村社会最基本的地缘形态,基于村落地缘关系形成的、世代相传的、相对稳定的风尚习俗谓之村落民俗,其在乡村社会中的重要性不言而喻。乡村振兴战略的推进给村落民俗的发展指明了方向,也提出了新时代的要求。

习近平在中共十九大报告中提出"坚定实施乡村振兴战略",报告中强调,农业农村农民问题是关系国计民生的根本性问题,必须始终把解决好"三农"问题作为全党工作重中之重。要坚持农业农村优先发展,按照产业兴旺、生态宜居、乡风文明、治理有效、生活富裕的总要求,建立健全城乡融合发展体制机制和政策体系,加快推进农业农村现代化。巩固和完善农村基本经营制度,深化农村土地制度改革,完善承包地"三权"分置制度。保持土地承包关系稳定并长久不变,第二轮土地承包到期后再延长三十年。深化农村集体产权制度改革,保障农民财产权益,壮大集体经济。确保国家粮食安全,把中国人的饭碗牢牢端在自己手中。构建现代农业产业体系、生产

---

① [英]马林诺夫斯基:《〈江村经济〉序》,见费孝通:《江村经济》,上海人民出版社2006年版,第5页。

体系、经营体系,完善农业支持保护制度,发展多种形式适度规模经营,培育新型农业经营主体,健全农业社会化服务体系,实现小农户和现代农业发展有机衔接。促进农村一二三产业融合发展,支持和鼓励农民就业创业,拓宽增收渠道。加强农村基层基础工作,健全自治、法治、德治相结合的乡村治理体系。培养造就一支懂农业、爱农村、爱农民的"三农"工作队伍。

实施乡村振兴战略,是中共十九大作出的重大决策部署,是决胜全面建成小康社会、全面建设社会主义现代化国家的重大历史任务,是新时代"三农"工作的总抓手。2018年1月2日,中央一号文件《中共中央国务院关于实施乡村振兴战略的意见》由中共中央、国务院发布,围绕实施乡村振兴战略定方向、定思路、定任务、定政策,坚持问题导向,对统筹推进农村经济建设、政治建设、文化建设、社会建设、生态文明建设和党的建设作出全面部署。

2018年3月,李克强在《政府工作报告》中讲到,大力实施乡村振兴战略。科学制定规划,健全城乡融合发展体制机制,依靠改革创新壮大乡村发展新动能。推进农业供给侧结构性改革。促进农林牧渔业和种植业创新发展,加快建设现代农业产业园和特色农产品优势区,稳定和优化粮食生产。新增高标准农田8 000万亩以上、高效节水灌溉面积2 000万亩。培育新型经营主体,提高农业科技水平,推进农业机械化全程全面发展,加强面向小农户的社会化服务。鼓励支持返乡农民工、大中专毕业生、科技人员、退役军人和工商企业等从事现代农业建设、发展农村新业态新模式。深入推进"互联网+农业",多渠道增加农民收入,促进农村一二三产业融合发展。全面深化农村改革。落实第二轮土地承包到期后再延长30年的政策。探索宅基地所有权、资格权、使用权分置改革。改进耕地占补平衡管理办法,建立新增耕地指标、城乡建设用地增减挂钩节余指标跨省域调剂机制,所得收益全部用于脱贫攻坚和支持乡村振兴。深化粮食收储、集体产权、集体林权、国有林区林场、农垦、供销社等改革,使农业农村充满生机活力。推动农村各项事业全面发展。完善农村医疗、教育、文化等公共服务。改善供水、供电、信息等基础设施,新建改建农村公路20万公里。稳步开展农村人居环境整治三年行动,推进"厕所革命"和垃圾收集处理。促进农村移风易俗。

健全自治、法治、德治相结合的乡村治理体系。我们要坚持走中国特色社会主义乡村振兴道路,加快实现农业农村现代化。

2018年9月,中共中央、国务院印发了《乡村振兴战略规划(2018—2022年)》,这个规划以习近平关于"三农"工作的重要论述为指导,按照产业兴旺、生态宜居、乡风文明、治理有效、生活富裕的总要求,对实施乡村振兴战略作出阶段性谋划,分别明确至2020年全面建成小康社会和2022年召开中共二十大时的目标任务,细化实施工作重点和政策措施,部署重大工程、重大计划、重大行动,确保乡村振兴战略落实落地,是指导各地区各部门分类有序推进乡村振兴的重要依据。

第一节 "村落民俗"的概念及内容

"村落民俗"经常出现在民俗学理论与实践的相关论述中,常被作为与"城市民俗"或"城镇民俗"对举的概念。在不同的论述语境中,村落民俗的概念和内容也稍有差异。

一、民俗分类中的"村落民俗"

在中西方民俗学者那里,关于民俗分类有着不同的见解,很多情况下采取尊重民俗学通行理论的同时兼顾本民族民俗实际的做法。在众多的分类方法中,切分标准不同,对村落民俗的界定和归类也存在差异。由于村落民俗涉及生产、生活、精神的多层面,往往很难归入以"三分法"为分类依据的民俗类别中。很大程度上,"村落"作为独立的民俗分类标准和依据存在一定难度,在实际操作中更适合作为综合民俗事象的一种指称,而不是作为切分标准的细目条款。因此,"村落民俗"在多种民俗分类中常被归入民俗的某一大类中。

早期西方民俗学者的分类虽然没有忽视"村落民俗",但基本把它切分为多个条块的民俗事象种类,归入不同的考察维度中。日本学者柳田国男先生对民俗的分类,在"习惯(生产技术)"大类下分为若干小类,其中就包括"村:村落、小地域集团"。后藤兴善先生将民俗分为四类,甲类包括村庄

(市镇)。与外国民俗学相比,中国民俗学者对"村落民俗"似乎有着更为切身的体会和特别的关注。

乌丙安先生在《中国民俗学》(1985)中对物质生产的民俗中阐述"民间村寨经济的民俗形态",细分为"山村经济""渔村经济""牧村经济"和"农村经济",又在"社会的民俗"中专章阐述"乡里社会的民俗",在都市社会民俗的内容中又提出"村落民俗"来与都市民俗对举。在这里,乌先生论及的"村落民俗"涉及经济、社会关系及发展形态等方面,尤其在乡村的社会关系上提出的"乡里社会民俗"侧重于"村落民俗"。"乡里社会,也称作村落社会,或扩大为村镇社会。它是用地缘关系把若干不同家庭、亲族集团组合起来的生活共同体,是固定在特定地方的更大范围的社会单位,又可以称作地缘共同体的基本单位。地缘关系是由共同居住的乡土联系起来的各种社会关系,俗称的'同乡''乡亲'都属于这种关系,俗话说的'人不亲土亲'也是这种地缘关系的形象反映。村落社会是由若干人家结成的乡亲协同体,在这里,乡土意识或地域观念是十分重要的纽带。"①

由于"村落"这个词汇带有的地缘属性,村落民俗不可避免地涉及其内在的"地缘关系"。陶立璠先生将民俗分为四类,"村落"归入"社会民俗"中。"村落,是由家族、亲族和其他家庭集团结合地缘关系凝聚而成的社会生活共同体,也是社会的基本单位。村落对社会民俗的传承,起着十分重要的作用,民俗的集体性和社会性特征,其发端和传承也是以村落这一地缘共同体为起点的。个人的习尚爱好,家族的风俗习惯,只有得到村落集团的承认,才有可能向社会播布,变为社会的民俗,并为社会接受和传承。"②村落作为"地缘共同体"不仅由来已久,而且得到格外的体认。

尽管村落民俗中的经济、文艺、政治关系也很突出,但其在社会关系层面更引人注意。钟敬文先生主编的《民俗学概论》中并没有单列"村落民俗"的分类,而是把村落民俗的重点放在"社区组织"中加以讨论,更加侧重"社

---

① 乌丙安:《中国民俗学》,辽宁大学出版社1985年版,第180页。
② 陶立璠:《民俗学概论》,中央民族学院出版社1987年版,第159页。

会组织民俗"层面。"传统社会的人口密度通常并不很低,特别是黄河和长江流域……为了通婚、进行物资交易、祭祀保佑一方水土的神灵,人们走出宗族,超越行会,建立更广泛的互助关系,开展公益活动。这些关系的确立形成了地缘性的社区组织,并相应地存在着一定的习俗惯制。村落组织是小型的社区组织,只有那些多姓杂居的村落,才有必要在宗族组织之外建立村落组织,以协调居民的关系。村落组织一般有村庙供奉保护神;有村规民约界定村民的义务和权力、外来户取得居住权的条件等;有青苗会负责与生产有关的事务……联村组织是中型的社区组织,是若干相邻村落为了协同行动而结成的联盟。"[①]在村落的组成要素中,神缘、血缘、地缘、物缘、业缘都可能发挥作用,以中国的实际,血缘性质的宗族村落颇为显著,而村落特有的地缘指向也不可忽视。

在更强调"血缘"的村落关系时,地缘往往稍显逊色。费孝通先生在《乡土中国》中认为:"在人口不流动的社会中,自足自给的乡土社会的人口是不需要流动的,家族这个社群包含着地域的涵义。村落这个概念可以说是多余的……血缘和地缘的合一是社区的原始状态。"[②]但并不意味着村落民俗忽视了地缘关系,恰恰相反,与"宗族"明确指向血缘相比,"村落"一词从字面到内里都明确指向"地缘"。"地缘"是村落民俗概念表述中的高频词。

"村落民俗"或许在民俗分类上并没有得到应有的重视,但村落所承载的民俗事象却一直是民俗学关注的重点。在城市民俗学兴起后,"村落"与"城镇"、"都市"存在地缘关系上的显著区别,从地缘关系的视角,反倒更引起对"村落民俗"的反思。城乡二元对立的分法对民俗分类来说可能不令人满意,但打破原有的分类标准,以"村落"作为民俗观察的视角,不仅存在于理论探讨上,也体现在现有研究实践中。

二、村落民俗的概念辨析

"村落民俗"常被使用于民俗志书写中,与其混用或并列的概念还有农

[①] 钟敬文主编:《民俗学概论》,上海文艺出版社1998年版,第126—127页。
[②] 费孝通:《乡土中国》,载《费孝通全集》(第6卷),内蒙古人民出版社2009年版,第166页。

村民俗、乡村民俗、村寨民俗、村庄民俗、聚落民俗、居住民俗等。

以《中国民俗大系》和《中国民俗知识》两套丛书为例，各省市区卷中的单列章节中多有村落民俗的论述，所使用的概念不尽一致。列简表如下：

表1-1-1　《中国民俗大系》和《中国民俗知识》所用"村落民俗"概念

	中国民俗大系丛书	中国民俗知识丛书
河南民俗	村落民俗	村落民俗
新疆民俗	居住民俗	无
辽宁民俗	村落民俗	无
山东民俗	村落与居住民俗	聚落民俗（村落）
内蒙古民俗	聚落与村落民俗	村寨民俗
吉林民俗	村落民俗	无
广西民俗	居住民俗、村寨社区组织民俗	无
四川民俗	居住与村落民俗	村寨民俗
甘肃民俗	村落民俗	无
黑龙江民俗	居住与村落民俗	村寨民俗
陕西民俗	村落民俗	村寨民俗
台湾民俗	居住民俗、村落民俗	—
山西民俗	村落与居住民俗	家族村落民俗
天津民俗	居住民俗	村寨民俗
西藏民俗	居住民俗；部落、村社、氏族组织民俗	无
宁夏民俗	村落民俗	—
湖南民俗	村落民俗	村寨民俗
浙江民俗	无	无
安徽民俗	村落民俗	—
江西民俗	村落风俗	无
上海民俗	聚落民俗	无，有郊区村落民居
海南民俗	乡里社会民俗（含村落民俗）	黎族村落民俗
湖北民俗	乡里社会民俗（含村落民俗）	村寨民俗
贵州民俗	村落民俗	村寨民俗
江苏民俗	村镇民俗	乡镇民俗
青海民俗	村落民俗	无
河北民俗	村落民俗	村寨民俗
广东民俗	无	无
北京民俗	居住民俗	—
福建民俗	村落民俗	聚落构造
云南民俗	村落民俗	村寨民俗
重庆民俗	—	村寨民俗（村落）

从表1-1-1至少可以看出以下三点：首先，虽然各分省卷的具体执笔者不同，但囿于丛书的编辑体例，整体而言，《中国民俗大系》多使用"村落民俗"，而《中国民俗知识》多使用"村寨民俗"，从论述内容来看，这两个概念几乎可以画等号；其次，除了"村落民俗"和"村寨民俗"之外，也有少量其他概念使用，如聚落民俗、乡里社会民俗、村社民俗等，论述内容基本相同；再次，有些分卷中把村落民俗和居住民俗放在一起，有些则只论居住民俗，有些则把居住民俗和村落民俗分列为独立的两章。因此，在民俗志书写中，村落民俗单列专章，说明对村落民俗的重视，但在概念使用上尚存在一定分歧。

村落是什么，村落民俗是什么？有两种观点很具有代表性，其一，"村落，是农村聚落的简称。具体而言，村落就是大小不同的居民点，成为长期生活、聚居、繁衍在一个边缘清楚且固定地域的农业人群所组成的空间单元，是农村政治、经济、文化生活的舞台。因为它是用地缘关系把若干不同家族、亲族集团组合起来的生活共同体，又可以称为地缘共同体的基本单位。"①其二，"村落是由家族、亲族和其他社会集团结合地缘关系凝聚而成的社会生活共同体，是社会的基本单位。地缘关系是指共同居住在同一块乡土上的若干人家形成的各种社会关系，平时所说的'同乡''乡亲'即属于这种关系。在这种地缘关系基础上形成的乡土意识和地域观念，是形成和稳定村落的重要纽带。"②因此，概括而言，村落指农村聚落，村落民俗指村落所承载的民俗总和。

与村落民俗相近相关的诸概念中，乡里社会民俗前文已述，村社民俗主要指向村落中的社会关系及结社，另外还有农村民俗、乡村民俗、村寨民俗、村庄民俗、聚落民俗、居住民俗等概念。

第一，村落民俗与农村民俗、乡村民俗的关系。就字义上来讲，村落指农村聚落，内含农村、乡村的意义，且这三个概念都与城镇民俗、都市民俗相对。村落更加侧重于一定地域空间内的关系，而农村较侧重于产业结构方

---

① 欧阳发主编：《安徽民俗》，甘肃人民出版社2004年版，第42页。
② 杜学德主编：《河北民俗》，甘肃人民出版社2004年版，第43页。

面的农业带来的农业人口集聚,乡村较侧重于较分散的农业人口集聚。三者在使用语境上是有差异的,村落民俗一般被民俗学所采用,而农村民俗和乡村民俗一般使用于通俗类书籍中。

第二,村落民俗与村寨民俗、村庄民俗的关系。《中国民俗知识》丛书中多用村寨民俗,但在具体论述上实际就是村落民俗。高有鹏先生主编的《中国民俗知识·河南民俗》在"村落民俗"中说:"一般把由家族、亲族和其他家庭集团结合地缘关系凝聚而成的社会生活共同体,称为村落。家族和亲族形成了社会结构的基本单位,但是更广泛地发挥着社会作用的,却是若干不同亲族联合构成的社会生活共同体,并形成更为广泛的社会单位,村落是其中之一。村落又叫乡里,有人称之为地缘共同体。"①在姚周辉先生等编写的《云南民俗》中对"村寨民俗"的界定为:"村寨是由家族、亲族和其他家庭集团结合地缘关系凝聚而成的社会共同体。村寨民俗指的是与村寨形成、村寨管理、村寨建筑、村寨信仰与祭祀、村寨内部和村寨与村寨之间相互交往有关的民俗。"②村落民俗与村寨民俗的指向大体是一致的。一般而言,村落和村寨在使用上大体一致,如果加以细致划分的话,汉族聚居地区多称"村落",少数民族地区多称"村寨"。村庄民俗则很少使用。

第三,村落民俗与聚落民俗的关系。村落也是一种聚落;村落,古代称"聚"。《史记》有"舜所居成聚",注解说"聚,谓村落也",人类聚居之地即为村落。在这个意义上,村落民俗与聚落民俗指向是一致的。"聚落即指人类居住的场所。聚落因都市的出现而分成村落和城市,以及介于两者之间的乡镇激增。村落成为农村聚落的简称,成为长期生活、聚居、繁衍在一个边沿清楚的固定地域的农业人群所组成的空间单元,是农村政治、经济、文化的中心。"③尽管很多民俗志中把村落民俗和聚落民俗等同起来,但如果细究的话,"聚落"包含的范围更广,村落之外尚有其他形式的聚落,两者并非同义等价。

---

① 高有鹏等编:《中国民俗知识·河南民俗》,甘肃人民出版社2008年版,第22页。
② 姚周辉等:《中国民俗知识·云南民俗》,甘肃人民出版社2008年版,第29页。
③ 龙海清主编:《湖南民俗》,甘肃人民出版社2003年版,第68页。

第四,村落民俗与居住民俗的关系。两者存在一定的联系,村落往往就聚居而言,带有定居的样貌,与居住民俗并非泾渭分明。但就实际指向而言,两者差异是颇为明显的,居住民俗更侧重于区域选择、建筑形态及居所景观层面,村落民俗包含但不仅限于此。

三、村落民俗的内容

无论是传统农业社会还是现代社会,村落是中国农村最基本的地缘形态。基于村落地缘关系形成的、世代相传的、相对稳定的风尚习俗即村落民俗,村落民俗的内容可广可狭。宽泛地讲,村落提供了考察民俗的区域样本,借此可以看到生产民俗、生活民俗、家族民俗、居住民俗、饮食民俗、岁时节日民俗、人生礼仪民俗、结社民俗、民间信仰民俗、民间艺术民俗等几乎所有民俗门类。村落民俗可谓包罗万象,由于中国传统民俗的主干依赖农业社会背景,以村落为横切面几乎可以观照到整个民俗结构,起到以小见大的功效。但以村落民俗统辖整个民俗,"村落民俗"难免有泛化之虞。偏狭地讲,村落民俗把目光聚焦于某一村落,主要观照该村落的样貌形态,更多强调这一村落的独特性,力图回避以一个村落代表千篇一律的村落的风险。这又可能失于狭隘。因此,村落民俗的内容应当界定在适当的范围内,既有微观价值,也有宏观意义。

《中国民俗大系》的"村落民俗"主要包括村落的历史沿革、村落组织与结构、村落的公共设施、村落的作用、村落的信仰与禁忌等方面,这构成了村落民俗内容的大体框架。如果加以细分的话,应当包括村落的基本历史状貌,村落的基本类型,村落的分布,村落的命名;村落公共设施,村落管理,村规民约,村落内部关系;村落信仰状况,村落禁忌等。

围绕"村落"的"村落民俗"大体包含以上考察要点,但就民俗调查实践而言,一种做法是选取村落的某一民俗活动作为深度调查的对象,一种做法是全面的村落民俗普查。前者偏重于某一民俗事象的深挖,后者侧重村落民俗志的全面系统。乌丙安等先生编写的《村落民俗普查提纲》涵盖涉及村落民俗从生态到游艺的二十大类,大类下再分细目,"基本上适用于中原、华北、东北及西北汉族地区农耕村落普查;对东南、中南、西南各地区汉族稻作农耕村落,以及渔村、畜牧村、狩猎村等其他类型的村落普查也有一定的参照价值"[1]。这份提纲在村落民俗的田野作业上具有很强的实用性。

无论是广义还是狭义,无论是理论还是实践,村落民俗在内容上主要围绕"村落"的范围,"民俗"的限定,关键是"村落民俗"整体概念所包含的地缘关系。按照地缘关系的视角,村落民俗的内容可以表述为村落地缘关系的形成、村落地缘关系的体现、村落地缘关系的维系、村落地缘关系的变迁、村落地缘关系的作用等方面。

第二节 乡村振兴战略中村落民俗的当代面向

乡村兴则国家兴,乡村衰则国家衰。全面建成小康社会和全面建设社会主义现代化强国,最艰巨最繁重的任务在农村,最广泛最深厚的基础在农村,最大的潜力和后劲也在农村。在乡村振兴战略的现实语境下,村落民俗的趋势走向、作用价值及在战略实施中的路径措施显得尤为重要。叶涛先生在《民俗是村落文化的灵魂》一文中说:"我们一讲到传统民俗,首先会想到村落,会想到农民,因为我们国家的传统文化是建立在农耕文明的基础上的,农耕文明的基础是立足于村落,立足于农民,立足于村落中的农民生活……可以说离开了村落这一生存空间,民俗就成了无源之水,所以离开了村落谈民俗学是不可想象的。"[2]村落民俗的当代面向探讨,不仅具有理论意义,还有很强的实践意义。

一、村落民俗的趋势与走向

民俗处于不断的发展进程中,村落民俗也是如此。毋庸置疑,乡村振兴战略的实施从整体上影响了村落民俗的趋势与走向,村落民俗迎来了大变

---

[1] 姜文祥、乌丙安等:《村落民俗普查提纲》,《民族团结》2003年第5期。
[2] 叶涛:《民俗是村落文化的灵魂》,《山东工艺美术学院学报》2012年第4期。

革、大转型的时期,村落民俗的地缘优势将更加明显。

首先,村落民俗的发展大势将朝着乡村振兴战略的"二十字"总要求迈进。乡村振兴战略提出"产业兴旺、生态宜居、乡风文明、治理有效、生活富裕"的总要求,涵盖农村经济建设、政治建设、文化建设、生态建设等诸方面。村落民俗以农业为基础,以农村为依托,以农民为主体,在各个层面受到乡村振兴战略规划的统辖。村落民俗告别过去松散的、自发的发展态势,在战略推进中呈现新的发展样貌。产业兴旺带来村落中赖以延续的生产民俗活动的变革,生态宜居带来村落自然生态和村容村貌的新动向,乡风文明指出了村落民俗的文化走向,治理有效引导村落民俗的组织结构向现代村落管理转变,生活富裕对村落生活民俗的整体面貌提出愿景。因此,乡村振兴战略更加细化的重大工程、重大计划、重大行动对村落民俗的影响是根本性的,"二十字"总要求明确了村落民俗的发展大势。

其次,村落民俗迎来大变革、大转型的时期。村落民俗经过漫长的历史积淀,形成独特的文化形态,并且具有很强的发展惯性,很长的一段时期内依然沿着独有的发展规律继续前进。同时,在民族复兴的新时代,村落民俗的独特价值和多元功能得到进一步发掘和拓展。在乡村振兴战略的实施过程中,传统的生产生活方式得以全面升级,根植于传统人地关系的村落发生了根本变化。原先分散的、孤立的、自给的乡村生产模式和生活方式已经无法满足时代的要求,封闭的、小农的、落后的价值观念和道德规范也无法适应时代的发展。因此,无论是从乡村景观、村容村貌,还是乡规民约、组织关系,抑或传统节日、民间文艺等方面来讲,村落民俗都面临着大变革、大转型。

再次,城乡融合与多样化发展势在必行。村落民俗将更加明显地呈现出开放的姿态,在外部与城镇发展交相辉映,在内部走多样化、特色化之路。城乡二元对立的体制将被破除,乡村振兴战略基本原则指出"城乡融合发展",加快形成工农互促、城乡互补、全面融合、共同繁荣的新型工农城乡关系;形成田园乡村与现代城镇各具特色、交相辉映的城乡发展形态。作为乡村代表的村落不再作为城镇的对立面,村落民俗不再被一概归入落后文化中去,城乡融合发展不但不是消灭乡村、淡化村落文化,而是强调了村落的独立价值。同时,在乡村发展过程中,一刀切、同质化、景观化的弊端得到清醒认识,科学把握乡村的差异性和发展走势分化特征作为因地制宜的原则得以确立,避免千篇一律、千村一面,突出特色的多样化发展势在必行。

二、村落民俗的作用与价值

村落民俗在具备民俗所共有的教化功能、规范功能、维系功能、调节功能的基础上,在乡村振兴战略语境下具有更加明晰的价值,发挥着更加具体的作用。段友文先生在《论社会现代化进程中的村落文化建设》一文中说:"中国现代化的根基在农村,在制定建设有中国特色社会主义现代化发展战略时必须面对中国传统乡村社会的实际。因此,把握中国传统村落的现代走向,总结'后现代性'思想的有益启示,发掘传统村落里可利用的文化资源,探索传统家族村落向社会现代化转型的有效途径,促进社会主义新农村建设,是中国社会现代化进程中村落文化建设的重要任务。"①这篇文章认为乡土村落的生态观念、村规民约的民俗控制功能、村落内部互助协作的意识、家族村落中的伦理精神都是宝贵的文化资源。按照乡村振兴战略的整体规划,村落民俗在产业、生态、文化、治理等层面都发挥着重要作用。

第一,在产业层面,村落民俗具有发展特色文化产业的价值。村落民俗是乡土文化的宝库,独特的生态环境和人文景观,在发展生态涵养、休闲观光、文化体验、健康养老等方面具有天然优势。休闲农业和乡村旅游在村落民俗资源开发上积累了一定的经验。特色农业产业集群、传统工艺产品展销、传统节日文化用品开发、民间艺术民俗活动展演,均有利于文化、旅游与多种产业的融合创新。

第二,在生态方面,村落民俗具有构建乡村文化生态的价值。村落民俗是自然生态和文化生态交融的样本,既承载着人们对田园牧歌的向往,也寄托着深厚的乡情乡思乡愁。在重塑诗意闲适静谧的人文环境和田绿草青水

---

① 段友文:《论社会现代化进程中的村落文化建设》,《山西师大学报》(社会科学版)2007年第6期。

净的居住环境上,村落民俗既有物质层面的民居古建,也有精神层面的乡音故土。历史古韵、乡土记忆、回归自然都凝结在村落民俗中。

第三,在文化方面,村落民俗具有传承优秀传统文化的价值。历史文化名村、传统村落、少数民族特色村寨、特色景观旅游名村等自然历史文化特色资源丰富的村落,是彰显和传承中华传统文化的重要载体。在物质方面,村落民俗保留大量珍贵的生产生活景观;在非物质方面,村落民俗保留大量民间技艺、民间文化。村落民俗中蕴含的优秀思想观念、人文精神、道德规范在凝聚人心、教化民众、淳化民风上有重要作用。

第四,在治理方面,村落民俗具有完善乡村治理体系的价值。"村落作为小群体社会,在稳定结合和充分互动的生成发展过程中,形成了共同生活方式与习惯成自然的种种文化规范。"[①]在村落生活中,历史积淀下来的道德观念依然影响着人们的行为,乐善好施、克己守道、尊老爱幼、勤俭持家、相互协作等精神涵溉着人格养成,村规民约在村落内部关系协调上发挥着重要作用。

综上所述,我们应结合村落民俗的地缘特点,以村落为依托,以民俗为载体,按照乡村振兴战略的总要求,大力发挥村落民俗在加速农业现代化、发展壮大乡村产业、建设生态宜居的美丽乡村、繁荣发展乡村文化、健全现代乡村治理体系、改善农村民生、促进城乡融合发展等方面的积极作用。实施路径和措施包括:保护传统生产民俗,探索新兴民俗产业,培育人文精神,传承优秀民间文化,规范村落治理,维护乡村秩序,活跃村落生活。总之,继承中华优秀传统文化,村落民俗的健康发展是乡风文明的直接体现,会在乡村振兴战略中发挥重要作用。

第三节 晋中地区村落民俗的样本价值

这里所言"晋中地区",既非行政区划上的地级"晋中市",也非地理俗称

---

① 刘铁梁:《村落——民俗传承的生活空间》,《北京师范大学学报》(社会科学版)1996年第6期。

泛泛而指的"山西中部",而是兼顾上述两种概念的基础上偏重文化地理意义的"晋中",大体相当于晋中文化生态保护实验区的范围,包括现晋中市全境、太原市一部分和吕梁市一部分。中国各地村落民俗各有千秋,村村不同,庄庄有异,构成了中国村落民俗多姿多彩的一面。晋中地区村落数量多,种类丰富,村落民俗具有北方汉族村落民俗的典型性和代表性,一直以来都受到村落研究和民俗研究的特别关注。

一、晋中地区村落概况

晋中,狭义上指地级晋中市,广义上指整个山西中部。"晋中地区"有三重指向,地理意义上指"山西中部",行政区划意义上指晋中市,文化意义上指以晋中盆地为核心的文化区域。"晋中"作为正式地级行政区划的名称始于1958年,之前"晋中"作为汉语词汇已经被广泛使用,用来指代山西中部,意义类似于"晋北""鲁东""陕北""冀中"等词语。1958年之后,"晋中"主要用来指地级行政区划单位,由于行政区划范围的调整,"晋中"的范围也处于变迁中,与今天"晋中市"的范围也并非完全一致。

在地理意义上,晋中泛指山西中部,是与晋北、晋南、晋东南相对而言的。地理意义上的晋中位于北纬38°至37°之间,呈现两山夹一盆的地形特点。西边是吕梁山脉,东边是太行山脉,中间是晋中盆地(又叫太原盆地),汾河从盆地中穿过。该地区很早就有人类活动,历史悠久,人口密集,长期以来是山西的政治文化中心。在政治意义上,晋中是行政区划名称。1958年榆次专区更名为晋中专区,与晋北专区、晋南专区、晋东南专区并列,当时的管辖范围几乎包括太原以外的整个山西中部。之后山西省内其他专区相继撤销,唯独晋中专区保留下来。后又设晋中地区、晋中公署,阳泉和吕梁另设立地级政区。1999年撤销晋中地区,设立地级晋中市,至今。现晋中市辖11县(市、区)。在文化意义上,2010年文化部批准设立国家级晋中文化生态保护实验区,包括晋中市所辖全部的11个县(市、区),太原市所辖小店、晋源、清徐、阳曲4个县(区),吕梁市所辖交城、文水、汾阳、孝义4个县(市),共计19个县(市、区)。该地区曾长期处于同一行政区内,人民交往密切,方言民俗相近,呈现文化的整体性。

就行政区划而言,1948年5月,晋察冀与晋冀鲁豫边区合并为华北区,8月华北区设立晋中区,成立晋中行政公署,与今晋中市管辖范围有差别。1949年2月,晋中行政公署与太原市政府合并。1948年8月,设立榆次专区,大体包括今晋中市和阳泉市范围。1958年,榆次专区更名晋中专区,设立晋中专员公署,下辖今晋中市部分、阳泉市部分和吕梁市部分县市。1968年,设立晋中地区,成立晋中地区革委会,辖今天晋中市、阳泉市部分、吕梁市部分共20县市。之后,吕梁、阳泉成立地级地区、地级市。1983年后,晋中地区范围大体稳定,1999年,晋中地区撤销,设立地级晋中市,管辖范围延续至今。

本书所言"晋中地区",兼顾历史变迁和行政区划,偏重文化地理意义上的概念,主要包括现晋中市全境、太原市部分、吕梁市部分,大体相当于晋中文化生态保护实验区的范围。

中国近代以来,华北村落一直是"乡村建设运动""乡村复兴运动""乡村革命运动"的重要试验场,在历次乡村变革中都引人瞩目,至今仍然是乡村研究的个案集中地,也是宏观考察全国农村状况的首选取样区。到2019年,晋中地区范围内有超过4 000个行政村,村落样本十分丰富。历史维度上看,这里既有延续几百上千年的古村落,也有城镇化发展过程中形成的新村落;地理维度上看,既有平原村落,也有山地村落;文化特色上看,既有红色村落,也有传统村落;经济维度上看,既有传统农耕村落,也有旅游新兴村落。

表1-3-1　　　　　　　　　晋中地区村落数量对比[①]

晋中各县区	2019年	20世纪80—90年代	
	行政村数量(个)	行政村数量(个)	自然村数量(个)
榆次区	286	310(1990年)	410
榆社县	271	334(1992年)	430

[①] 数据来源:晋中各县区官网;晋中各县区20世纪90年代县志。

续　表

晋中各县区	2019 年	20 世纪 80—90 年代	
	行政村数量(个)	行政村数量(个)	自然村数量(个)
左权县	203	379(1990 年)	
和顺县	294	330(1985 年)	476
昔阳县	335	423(1990 年)	
寿阳县	205	528(1984 年)	
太谷县	198	227(1985 年)	326
祁县	154	184(1993 年)	289
平遥县	273	350(1996 年)	430
灵石县	278	303(1985 年)	598
介休市	230	251(1994 年)	
晋源区	95	237(1990 年)	297
小店区	39		
清徐县	192	195(1998 年)	211
阳曲县	124	245(1996 年)	411
交城县	141	268(1985 年)	297
文水县	199	211(1985 年)	217
汾阳市	262	318(1990 年)	346
孝义市	379	377(1985 年)	399

　　晋中地区的村落,因特殊的地理环境和人居形态,保留大量古村落和古朴民俗,在非物质文化遗产兴起的背景下受到格外关注,具体到某个村落和某项民俗活动的研究成果数量更多。这里的很多村落属革命老区红色村落,属天然革命博物馆。21 世纪以来,山区的村落同样面临着人口外流、老幼妇女留守等诸多社会问题,这些村落的发展出路引发广泛思考。在矿产资源丰富的地区,一些山区村落富了起来,大多数资源匮乏的村落依然贫困,发展不均衡带来的矛盾日渐加剧。从目前研究实绩看,晋中地区村落积淀丰厚,民俗多样,发展问题突出,是多个学科关注的重点区域。

　　晋中地区村落民俗具有的研究价值表现在诸多层面。首先,晋中地区村落民俗具有历史传承的特征。该区域民俗的历史传承既有地域共性也有地方个性,不同村落间民俗事象有相似也有不同,在林林总总的民俗事象中,该区域民俗历史传承的特征尤为引人注意。以往研究对该区域民俗整体有所关注,从村落民俗的历史传承而言,该区域村落民俗的内部特点突出,便于把握这一区域村落民俗的发展脉络,能够恰当展现村落民俗的图景。知古鉴今,该区域村落民俗的历史传承是认识现代重构的基础和关键。其次,晋中地区村落民俗现代重构的动力机制。民俗有其自身的发展规律,村落民俗的现代重构势在必行。村落民俗的重构正发生着,而且形式多样、有利有弊,不能任由其"野蛮生长",也不能听任其"自生自灭",村落民俗的现代重构没有过多的经验可资借鉴,尽管其现象繁复,但并非无章可循。我们需要从民俗学的理论和实践出发,探索村落民俗的发展规律,理顺其现代重构的各方面因素,探究其重构过程中的动力机制,体现村落民俗研究的现实指向。再次,村落民俗在乡村振兴战略中的优势资源。实施乡村振兴战略,是"三农"工作一系列方针政策的继承和发展,是中国特色社会主义进入新时代做好"三农"工作的总抓手。当前"三农"工作处在一个关键节点上,扶贫攻坚阶段村落民俗的时代需求更加明显。移风易俗,故导之以礼乐而民和睦。村落民俗在乡村振兴中不是被动的存在,而应当是战略实施的优势资源。我们需要因地制宜,贴合乡村实际深入挖掘村落民俗的优势,因势利导,发挥其应有的作用。最后,村落民俗在乡村振兴战略中的发展对策。村落民俗的重要性不言而喻,但不可否认其陈旧的方面已难以适应农业农村的发展需要,也不完全符合农民对幸福生活的向往,必然形成观念和行动上的桎梏。我们需要总结村落民俗的发展规律,正视村落民俗有利和不利的复杂性,结合当前经济社会文化发展实际,探索村落民俗的发展困境及解决对策。村落民俗作为重要的民俗内容,应当在充分学术研究的基础上,以科学合理的举措应对其自身的发展困境。

二、晋中地区村落民俗的样本价值

晋中地区丰富的村落民俗资源越来越受到学界的重视,一方面形成对晋中村落的全面研究,另一方面形成了若干村落民俗研究明星村,如大寨、后沟、贾家庄等。在新时代,无论是传统村落,还是新兴村落,晋中地区的村落民俗焕发出特有的魅力。更值得注意的是,某种意义上,在最初的村落民俗的调查中,晋中地区的村落发挥了样本作用。

在考察村落民俗及村落文化方面,晋中地区的村落是重要的考察对象。段友文先生的《黄河中下游家族村落民俗与社会现代化》(2007)、《山西古村镇民俗与非物质文化遗产调查研究》(2015)、《古村镇文化景观整体保护与扶贫策略研究》(2016)等一系列成果选取多种切入点,从宏观上考察了晋中地区村落民俗。王绚的《传统堡寨聚落研究——兼以秦晋地区为例》(2010)、李仙娥的《黄河流域古村落生态发展模式与政策评价研究——以晋陕为例》(2016)等著作都把晋中地区村落作为重要的研究案例。除了著作,单篇论文及学位论文以晋中地区某个村落民俗为题的,数量也颇为可观。

段友文先生根据地形、人文等多种因素,将山西村落进行整体分类,大体分为晋北边塞型村落、晋西高原村落、晋中平原村落、晋东南山谷村落、晋南平原农耕村落。对于晋中平原村落,《山西民俗》一书认为:"主要分布在汾河河谷平原的晋中地区,这类村落民居以四合院、三合院为主,院落一进到三进。多由大门、倒座、过厅、垂花门、正房及各院厢房组成。较大的院落由几组院落并列而成。门内正对的照壁是这类民居的重要特征,暗合着中国传统民居含蓄、封闭的文化意义,照壁题字又显示着宅主人的生活理想。农作物以小麦为主,主食居多,尤其以面食最为丰富,如刀拨面、刀削面、剔尖面、抿面、擦圪斗等。晋中平原村落文化主要有这样几个特点:1)商业发达,村落中处处可见商业文化,如保存的账本、店铺等。2)大家族的大院文化。由于经济发达、交流频繁,晋中地区保存了许多被称为'北方民居的璀璨明珠'的大院,如祁县乔家大院、灵石王家大院等,这类建筑兼容了官僚府第的气派和富商巨贾的奢华,形成了独特的晋中大院文化。3)细腻婉转的地方小戏和民歌,如祁太秧歌、左权小花戏、左权民歌等。"[①]实际上,在晋中地区村落民俗中,除了显著的平原村落外,也兼具山谷村落、边塞村落、农耕村落的特点。

---

① 段友文编:《中国民俗知识·山西民俗》,甘肃人民出版社2008年版,第99页。

由于晋中地区村落民俗的代表性和典型性,个别村落成为村落普查的典型,对晋中村落的田野作业实践,一定意义上为大范围村落调查树立了标杆。

乌丙安先生编写了《后沟村民俗普查提纲细目》,不仅具有个案意义,还希望以此个案作为其他村落民俗普查的参照:"后沟村民俗普查是民间文化遗产抢救工程中村落普查采样的典型个案之一。本提纲草案项目中设定的提纲细目基本上适用于中原、华北、东北及西北汉族地区农耕村落普查的参考;对东南、中南、西南各地区汉族稻作农耕村落的民俗普查也有相应参考价值;对汉族渔村、畜牧村、狩猎村等其他类型的村落普查和少数民族村寨聚落的普查也有一些参照价值。"①

2012年,国家启动了"中国传统村落"项目,冯骥才先生编制了《中国传统村落立档调查田野手册》,为了和这个《田野手册》配合使用,同时规划了《中国传统村落立档调查范本》,该书中选取的样本都出自晋中地区。冯先生在前言中说:"现在,共同遇到的技术性的问题之一是没有样本。由于这次对村落全国性的立档调查属于首次,故前无借鉴,无章可循,没有具体样本可以效法;虽然《田野手册》对村落调查的方方面面做了详细的文字阐述,但调查者仍不知最终要达到什么样才符合要求。为此,中心工作室决定制作范本,即时派出由专业工作者和摄影家组成的工作小组,奔赴山西晋中地区,选择后沟村和张壁村进行调查。这两个村落都是典型传统村落,已被列入《中国传统村落名录》(第一批);其历史悠久,内涵深厚,各类遗存丰富,村落形态完整并具特色,现仍保持活态,适合制作范本。"②其后全国的传统村落立档调查工作就是在此范本的基础上展开的。

因此,晋中地区的村落数量多样、形态丰富、保存完整、保持活态,村落民俗鲜活、完整、典型,具有高度的研究价值。

---

① 乌丙安:《民俗遗产评论》,长春出版社2014年版,第210页。
② 冯骥才主编:《中国传统村落立档调查范本》,文化艺术出版社2014年版,第7页。

附：《中国传统村落名录》和《中国历史文化名村》中的晋中村落

中国传统村落名录：

第一批：

太原市晋源区晋源街道店头村

晋中市榆次区东赵乡后沟村

晋中市介休市龙凤镇张壁村

晋中市灵石县两渡镇冷泉村

晋中市灵石县夏门镇夏门村

晋中市平遥县岳壁乡梁村

晋中市太谷县北洸乡北洸村

第二批：

晋中市榆次区东阳镇车辋村

晋中市和顺县李阳镇回黄村

晋中市祁县东观镇乔家堡村

晋中市祁县贾令镇谷恋村

晋中市平遥县段村镇普洞村

晋中市灵石县静升镇静升村

晋中市灵石县南关镇董家岭村

第三批：

太原市阳曲县侯村乡青龙镇村

晋中市昔阳县界都乡长岭村

晋中市平遥县段村镇段村

晋中市灵石县英武乡雷家庄村

晋中市介休市龙凤镇南庄村

吕梁市孝义市新义街道贾家庄村

吕梁市孝义市崇文街道宋家庄村
吕梁市孝义市高阳镇白璧关村
第四批：
太原市晋源区晋源街道程家峪村
晋中市榆次区什贴镇小寨村
晋中市榆次区长凝镇相立村
晋中市榆社县河峪乡下赤峪村
晋中市昔阳县乐平镇西南沟村
晋中市昔阳县皋落镇北岩村
晋中市昔阳县大寨镇大寨村
晋中市昔阳县赵壁乡楼坪村
晋中市昔阳县赵壁乡东寨村
晋中市昔阳县孔氏乡三教河村
晋中市寿阳县宗艾镇下洲村
晋中市寿阳县宗艾镇宗艾村
晋中市寿阳县西洛镇南东村
晋中市寿阳县西洛镇南河村
晋中市寿阳县西洛镇林家坡村
晋中市寿阳县西洛镇杏凹村
晋中市寿阳县平舒乡龙门河村
晋中市太谷县阳邑乡阳邑村
晋中市太谷县小白乡白燕村
晋中市祁县古县镇孙家河村
晋中市祁县贾令镇贾令村
晋中市祁县来远镇唐河底村
晋中市祁县峪口乡上庄村

晋中市平遥县段村镇横坡村

晋中市平遥县岳壁乡西源祠村

晋中市平遥县朱坑乡喜村

晋中市介休市张兰镇板峪村

晋中市介休市张兰镇张村

晋中市介休市张兰镇旧新堡村

晋中市介休市连福镇刘家山村

晋中市介休市连福镇张良村

晋中市介休市绵山镇焦家堡村

晋中市介休市绵山镇兴地村

晋中市介休市绵山镇小靳村

吕梁市文水县凤城镇前周村

吕梁市文水县开栅镇北徐村

吕梁市文水县刘胡兰镇刘胡兰村

吕梁市文水县下曲镇北辛店村

吕梁市孝义市高阳镇临水村

吕梁市孝义市下堡镇官窑村

吕梁市孝义市下堡镇昔颉堡村

吕梁市汾阳市杏花村镇东堡村

吕梁市汾阳市阳城乡虞城村

第五批：

太原市晋源区晋祠镇赤桥村

晋中市榆社县云簇镇桃阳村

晋中市昔阳县乐平镇李家沟村

晋中市昔阳县乐平镇北掌城村

晋中市昔阳县界都乡前车掌村

晋中市寿阳县宗艾镇神武村尖山村
晋中市寿阳县宗艾镇荣生村周家垴村
晋中市寿阳县西洛镇篡木村
晋中市寿阳县尹灵芝镇尹灵芝村
晋中市寿阳县尹灵芝镇郭王庄村
晋中市寿阳县羊头崖乡西草庄村
晋中市太谷县范村镇上安村
晋中市太谷县侯城乡范家庄村
晋中市太谷县水秀乡北郭村
晋中市祁县贾令镇沙堡村
晋中市祁县城赵镇修善村
晋中市祁县来远镇盘陀村
晋中市平遥县东泉镇东泉村
晋中市平遥县东泉镇彭坡头村
晋中市平遥县卜宜乡梁家滩村
晋中市平遥县朱坑乡六河村
晋中市介休市张兰镇新堡村
晋中市介休市张兰镇史村
晋中市介休市张兰镇下李侯村
晋中市介休市张兰镇旧堡村
晋中市介休市洪山镇洪山村
晋中市介休市绵山镇大靳村
晋中市介休市义棠镇田村
吕梁市文水县凤城镇南徐村
吕梁市文水县孝义镇上贤村
吕梁市文水县马西乡神堂村

吕梁市交城县天宁镇磁窑村
吕梁市交城县夏家营镇段村
吕梁市孝义市高阳镇高阳村
吕梁市孝义市高阳镇小垣村
吕梁市汾阳市三泉镇巩村
吕梁市汾阳市三泉镇南马庄村
吕梁市汾阳市三泉镇任家堡村
吕梁市汾阳市三泉镇东赵村
吕梁市汾阳市峪道河镇下张家庄村

中国历史文化名村：
介休市龙凤镇张壁村
平遥县岳壁乡梁村
灵石县夏门镇夏门村
太原市晋源区晋源镇店头村
太谷县北洸镇北洸村
灵石县两渡镇冷泉村
祁县贾令镇谷恋村
榆次区东赵乡后沟村
太谷县范村镇上安村
平遥县段村镇段村
介休市洪山镇洪山村
介休市龙凤镇南庄村
介休市绵山镇大靳村
灵石县南关镇董家岭村
寿阳县宗艾镇下洲村

寿阳县西洛镇南东村
寿阳县西洛镇南河村
寿阳县平舒乡龙门河村
交城县夏家营镇段村

第二章 传统戏剧的地缘特性

中国传统戏剧历史久分布广,品类繁多,各具特色,享有深厚的民众基础,是民间文化的鲜活载体和集中体现,文化影响深远。每一种地方剧种的变迁史都可以看作特定地域文化的发展缩影。传统戏剧是地方文化的构成部分,它们的发展自然不是自闭孤立的,而是与地方文化的诸多因素联系在一起。

晋剧是山西省四大梆子剧种之一,因流行于山西中部太榆、祁太、汾孝等地,故又称中路梆子。中路梆子流传到外省后被称为山西梆子。20世纪50年代,中路梆子定名为晋剧,目前主要流布于山西中部、北部及陕西、内蒙古和河北的部分地区。清代初年,蒲州梆子流入晋中,与祁太秧歌、晋中民间曲调相结合,经晋商和当地文人的参与而形成晋剧。其后几经变化,在晋中、晋北以至内蒙古、河北、陕北的部分地区发展传播开来。

晋中秧歌属于民间小戏中的秧歌戏,主要流行于山西中部的太原、晋中、吕梁三地沿汾河中段谷地(晋中盆地)分布的十余县市区。晋中秧歌是在当地民间歌舞、社火表演的基础上发展起来的民间小戏,大约在明代,糅合当地民歌小曲、社火舞蹈、武术杂耍等多种民间艺术,形成了"地秧歌"的歌舞形式,大致在清代,地秧歌转变为地方小戏,搬上舞台进行表演。清末民初,秧歌戏班兴盛一时。晋中秧歌一剧一曲,剧名即曲名,唱词中虚字、衬字使用较多,内容以表现日常生活为主,风格活泼风趣,乡土气息浓厚。随着不断改造新创,晋中秧歌也出现新的艺术变化。

第一节 晋剧：地缘民俗视野下的地方戏曲变迁

以地缘民俗的视野观照地方戏曲的发展，主要基于以下考虑：首先，地缘民俗是建立在地缘关系上的，强调动态的关系作用，避免地域和地方两词所带来的范围模糊不定性和静态限定性；其次，地方戏曲的变迁，虽在特定地域内，但并非与当地所有的文化事象相关，因此对于"变迁"的分析主要涉及与之发生关联的诸种要素，地缘民俗主要侧重于这些要素；最后，地方戏曲所独具的民俗属性和地域属性，地缘民俗尤为关注和强调。晋剧（又称中路梆子）是山西四大梆子之一，盛行晋中，辐射陕冀蒙等毗邻地区。晋剧与其他地方戏具有大致相似的雏形、成熟、定型的发展过程，在其变迁过程中由于地缘民俗整体的影响，又具备一定的独特性。

所谓地缘民俗，是指"围绕地缘关系而形成的诸种民俗事象，是人们在处理生活空间中人与自然、人与人之间复杂关系的过程中逐渐形成的模式化生活方式，以及在此基础上形成的'家乡'、'乡情'、'老乡'、'安土重迁'等观念。涉及地域的生产民俗（生产方式，土特产）、生活民俗（饮食、服饰、居住、交通、集市贸易、节日）、村落民俗、地方风物传说、地方戏曲等。"[1]地方戏曲是地缘民俗的构成部分，分析其变迁过程不仅可以体现地缘民俗的整体特点，而且更为重要的是，通过地方戏曲变迁的案例分析，可以得见以地缘关系为纽带集聚的诸种民俗事象互相作用的动态过程。

一、晋剧形成初期的地缘民俗资源

清初，晋剧形成于山西晋中地区（文化意义上的，非行政区划上的），与彼时彼地的社会经济条件等宏观背景相关，更为直接地受益于基于地缘关系的民俗资源。尤其是地缘民俗中丰富的曲艺资源，使得晋剧的形成具备了基本条件。基于地缘关系的影响主要来自三个方面：梆子戏的大背景、

---

[1] 郑土有等：《五缘民俗学》，同济大学出版社2013年版，第23页。

蒲剧的直接影响和当地民间游艺的孕育。

作为梆子戏的一种,晋剧的形成离不开梆子戏兴起的大背景。梆子戏的远源与近起有多种不同的说法,大致的共识是明末清初形成于晋陕豫交界地带。梆子戏板节铿锵,唱腔高亢,气势粗犷,属于花部一种,是与雅部的昆曲相对的。因此,梆子戏在形成时就带有浓厚的民间色彩,受到晋陕豫交界地带锣鼓、吹奏、秧歌、小曲等民间曲艺的直接影响。笼统称呼的山陕梆子是梆子戏的早期形态。在当时社会发展推动下,山陕梆子较为成熟后,开始走出晋陕豫交界的狭小地带,向四周传播。晋中地区与晋陕豫交界地带有地缘便利,它们地理距离较近,方言相似,生活方式贴近,风俗习惯一致,区域间民众交往密切,流动频繁。有如此的地缘便利,梆子戏流布晋中地区具有天然优势,这为晋剧的形成提供了最初的准备。而就梆子戏的最初地缘扩散而言,在传入地形成了梆子戏的分支,不独有进入山西的晋剧(山西梆子之中路梆子),进入陕西则形成秦腔(陕西梆子),进入河南则形成豫剧(河南梆子)。

晋剧不是梆子戏的最初形态,它的形成受到蒲州梆子的直接影响。很多地方戏曲的初生都有借鉴周边相关剧种的过程。晋剧受到蒲剧的直接影响,主要是基于地缘因素的。关于晋剧的形成,老艺人王永年的口述是:"幼时听许多老师讲,中路梆子源于山陕梆子,直接受蒲州梆子影响而逐渐形成为大剧种。早年的中路梆子以'学蒲'为尚,所演剧目不少是由蒲剧引进的,不管大戏小戏,专业演员和票友都以'蒲白'为地道货色,并从蒲州请来大批名角演唱,买来蒲州艺伶请蒲师'打娃娃',当时的蒲州梆子确实比中路梆子更趋成熟,中路梆子究竟怎样在山陕梆子和蒲州梆子影响下,逐渐衍变为独立的声腔剧种? 有三种说法。一说中路梆子和北路梆子是蒲州梆子北上以后分化出来的两大剧种,路过中路滋出中路梆子,走到北路滋出北路梆子;一说中路梆子是在当地秧歌、土戏、民歌的基础上,吸收蒲州梆子的诸多优秀艺术,从而形成自己独立的剧种;还有一说,蒲州梆子向北流布,路过中路无留遗响,直接到达北路,形成北路梆子,后因某几位艺人嗓音欠佳,无法适应北路高调,返回晋中一带,在一些富豪资助和名家指点下,几经研究降了调门,就形成了中路梆子。"①老艺人的这种说法被许多研究者引用,晋剧从一开始用蒲白、请蒲师、唱蒲戏等方面来看,几乎可以看作是蒲剧在晋中地区的传承式搬演。晋剧从蒲剧转变而来的三种说法,并非并列的三种意见,其实是一种观点的三个方面表述:第一点说蒲剧和中路梆子、北路梆子的关系,第二点说晋剧与当地艺术的关系,第三点说中路梆子和北路梆子的差别。综合来看,这三种说法都以晋剧直接来源于蒲剧为基础,同时,互相补充地说明晋剧(中路梆子)区别于蒲州梆子和北路梆子而形成自身特点。

  山西梆子最初是在蒲州最为兴盛,当时的蒲州出了很多著名演员,山西省内其他地区的许多人都去蒲州学戏,蒲州梆子的特点是唱腔十分慷慨激昂,保留着浓厚的北方特色,唱腔开阔、爽朗。晋剧在吸收借鉴的同时也不断创新。首先,对腔调进行改革。一改慷慨直白的特点,在唱腔上吸收南戏的抒情特色,腔调和情感上的拿捏更加准确恰当。其次,对曲词的改革。戏曲表演的语言,大多都与当地的方言密不可分。但很多时候,由于地区间语音的差异,很难让受众在欣赏时产生共鸣。晋剧在发展中逐步克服了这一难题,保留本土气息之外,语言上也吸收了其他剧种的长处。晋剧便经过吸收、改革,成为了享誉国内外的剧种之一。

  从地缘关系上来讲,蒲剧已经相对成熟,蒲州与晋中地区毗邻,方言、民俗诸多方面十分相近,把蒲剧直接搬来晋中地区演出是可以的,这属于简单的"拿来",而非"化用"。之所以能够"拿来",主要原因在于地缘便利。有了相对成熟的蒲剧作为参照和底本,那么晋剧的形成就是在蒲剧基础上的本地化。本地化即是利用本地民俗要素来同化外来民俗要素,去除后者的外地色彩。从地缘民俗的角度来看,晋剧之来源于蒲剧,即是地域内民俗消弭地域间民俗差别的过程。在晋中地区,蒲剧传入时,既有昆曲等剧种余声,也有民间赛社演剧、道情、锣鼓、吹奏、秧歌、各类小戏等成分。这些本地色彩浓厚的曲艺形式已经形成了群众基础,培养了戏曲欣赏的习惯,积淀了特定的审美倾向。晋剧在借鉴外来的蒲剧,吸收本地的各类曲艺民俗的过程

---

① 王永年口述,刘巨才、段树人编:《晋剧百年史话》,山西人民出版社1985年版,第11页。

中,培养本地艺人,供养本地戏班,逐渐转用当地方言演唱,调整为迎合当地欣赏习惯的唱腔,化用当地的伴奏乐器,创作有当地风味的剧目,晋剧就正式形成了。晋剧吸收地方各种民间曲艺,但并没有消灭后者,并且作为"大戏"反过来促进了后者的提高,这就是地缘民俗间的良性互动。"一般说新的戏曲剧种在形成之初,吸收能量很大,溶化能力亦很强,比比皆然,中路梆子亦不例外。它不仅放手向当地已有剧种吸取唱腔营养,且从当地秧歌,各种民歌,以及说唱艺术中吸取多方面的音律,集纳补充到本剧种声腔之中……从地方小戏、说唱艺术、民间歌谣等基础上逐步形成大戏。原有的小戏民歌和说唱艺术本身,仍在当地流行,并在提高指导下更好地普及,形成'你中有我、我中有你'的发展状态,如此循环反复,逐步走向更高的境地。"[①]因此,地缘民俗本身是一个兼容并蓄的自然场域,在地缘民俗中,形式相近的民间曲艺种类,免不了给人以相互竞争、互相挤压生存空间的感觉,但是它们之间相互影响、相互提升的良性互动才是发展的主流。

二、晋剧成熟定型期的地缘民俗支撑

一种地方戏曲从形成到成熟定型,是地缘民俗整体作用的结果。虽然涉及诸种具体的民俗事象,但在实际过程中,往往一个或几个因素的作用更为基础和突出,恰恰是若干关键要素,往往具有显著的地缘属性。在晋剧成熟定型期,晋中地区最具特色的晋商民俗发挥了极为重要的作用。故而晋剧在发展过程中带有浓厚的晋商色彩。

晋商在清代康熙、雍正、乾隆年间,经济稳步发展,以势不可挡的姿态成为国内名震一方的"巨富"。当时在内蒙古包头市有谚语说,先有复盛公,后有包头城,复盛公是晋商大户乔氏家族在包头最早开设的商号。包头的商号是晋商的缩影,当时的晋商行走天下,商号遍布全国,乃至拓展到了境外。在清代道光年间时,由于以前镖局押送现银风险太大,中国第一家票号——日昇昌于山西省平遥县成立,极大加速了金融业的发展,一定程度上改变了

[①] 王易风:《山右戏曲杂记》,北岳文艺出版社1991年版,第14—15页。

当时大宗银两运送十分不便的局面。纪昀在新疆时说："大贾皆归化城来，土人谓之北套客，其路乃客赂蒙古人所开，自归化至迪化，仅两月程。"[①]可以说在彼时的商业金融界，晋商占有举足轻重的地位。晋中地区是晋商的集中地，晋商积累的雄厚经济实力，为山西梆子的发展提供了坚实的物质基础。

商业氛围浓厚，从商者众多，财富的集聚，为晋剧的发展提供了必要的经济基础。商品流通、人员流动、人口迁徙，形成开放的文化市场，为晋剧的成熟提供了有利的环境。在商业发达的同时，人们对戏曲的需求旺盛，看戏成为重要的文化消费方式，这为晋剧的成熟培养了消费市场。不仅仅晋剧从中受益，各类民间说唱艺术也在这样的文化氛围中受益颇多。晋剧为富商大户所青睐，在民间的影响力不断提升；各种秧歌、说唱小曲不仅在民间庙会、赛社中盛行，此时亦能借"大戏"的东风得到发展。社会财富的丰厚，戏曲之风日盛，民间社会有足够的资金修筑戏台、请戏班、唱大戏，形成了重戏的习俗。从晋剧的成熟定型可以看出，晋中地区的晋商民俗和戏曲民俗是交融在一起的。因地缘关系，晋剧受晋商民俗影响尤甚，这是与其他地方戏曲较为不同之处。

晋剧在成熟定型期逐渐稳定下来的戏班运营、票社会演、人才培养、声腔伴奏等戏曲民俗的诸多方面，都与以地缘纽带联结起来的晋商民俗交织在一起。从特定角度来看，同类的民俗事象既属于戏曲民俗又属于商业民俗，呈现了独特的地缘民俗样貌。

晋剧班社既有专业的也有草台的，能够代表晋剧最高演出水平的当属"字号班"一类。这类班社行当齐全，阵容齐整，名角云集，分工明确，剧目丰富，场面隆重，讲究排场。这类班社主要由巨商富号出资承班领戏，负责班社开销和日常运营。如云生班由祁县张庄南村富商岳彩光承班，四喜班由榆次聂店富商王钺承班，三合店由榆次王湖村的三家窑主合办，三庆班由祁县渠家苏兴财主承班，上下聚梨园由祁县渠元淦承班，五义园由徐沟大寨李

---

① 转引自史若民：《票商兴衰史》，中国经济出版社1998年版，第46—47页。

玉和承班,庆梨园由祁县王联庆承班,全胜和班由太谷东厂村大财主王虎儿承班。晋剧能够达到高的演出水平,必须有雄厚的资金支持。而富商巨贾为了彰显身份提升威望,一般都承领晋剧班社。

晋剧成熟离不开与其他艺术的交流及其互相间的借鉴,除了民间自发的艺人流动起到交流作用外,晋商所热衷的票社会演为晋剧艺术的提高提供了绝佳的舞台。以曹克让的"三多堂"票社戏曲会演为代表:"每年冬镖一过,戏班神门一闭,曹家的自乐班例行一个月的'会演'活动就准时开锣了。届时,榜上有名的各班名家纷纷到来,说是自乐,实际上是一次私人举办的高水平的戏曲会演。这里闹票儿不像其他票儿班,谁都可以凑数儿的,到时高手云集,名家丛出,没有相当的道行是不敢轻易露面、班门弄斧的。这里规矩也特别,不是谁高兴就来一段,而是按各门师傅的行当、剧目排定顺序,进行专行专戏的演唱。比如今天须生露《下河东》,一律《下河东》,明天再换《斩黄袍》,以后再露正旦、花脸、生角、小旦、三花脸,依然采用同样的办法,当然你要有特殊剧目,也有露演的机会,很有点我们今天专场评比演出的味道。"[①]富商大户具备举办此类戏曲会演的财力,客观上提高了晋剧的演出水平和地位。

晋剧成熟定型的一个重要标志是有自己的后备人才培养机制并且具备培养本地艺人的能力。在成熟定型期,晋剧的人才培养主要是通过娃娃班来实现的,如三合店、三庆班、太平班、保和班、小梨园、喜盛园、二锦霓园、乾梨园、小祝丰园、小自诚园、小荣梨园、小万福园、小聚梨园,等等。这些娃娃班,一开始还从同州蒲州等地买来娃娃培养,后来主要培养本地籍的娃娃,在不同时期都培养出了有代表性的名伶名角,成为晋剧持续演出的中坚力量。娃娃班与成人班社相比,投入多产出少,非财力支持不可长久。晋商大户在承领晋剧班社的同时都承养娃娃班。晋商的资助保证了彼时晋剧优秀演员的不断涌现。

晋剧定型的重要方面是唱腔表演等基本要素本地化,区别于相近的蒲

[①] 王永年口述,刘巨才、段树人编:《晋剧百年史话》,山西人民出版社1985年版,第7—8页。

剧和北路梆子,成为独立剧种。这个过程在晋剧的不断演出中逐渐进行,由晋商大户承养的班社积极完成。这其中体现了以晋商为代表的民众审美取向和艺术追求。晋剧的声腔伴奏表演等诸多方面的改革,以上下聚梨园的"音随地改"最具代表性:(1)降调。晋中地区民间歌唱并不求高亢、挺拔,反以丰满、圆润、畅达为特点,晋剧在山陕梆子的基础上降低调性,以迎合晋中观众的审美要求。(2)伴奏乐器。为了降调的需要,琴师改造了胡琴,鼓师改造了高鼓,掌锣创新了马锣,这些改造都是为了配合晋剧的调子要求。(3)文武分家。改变文武一家的旧有格局,确立文东武西的规范,文武场互不干扰。(4)伴奏方法。老山陕梆子演员演唱时鼓师都不垫箭子,任演员自己唱做,琴师则等演员唱完一句后就演奏,吱吱扭扭炫耀自己的技巧,不仅对演唱无补,反而喧宾夺主。改造后,鼓师在演员演唱中按剧情见缝插针,巧妙地垫上了箭子;琴师则根据不同演员的嗓音条件、演唱风格与情节,尽量托腔保调,烘托气氛。这便形成了中路梆子的打、拉、唱的浑然一体。①

在晋商的推动下,晋剧成熟并定型,社会地位提高,被当地人称为"大戏",以区别于秧歌类小戏、赛戏类酬神演剧和各类民间说唱。晋剧随着晋商的脚步,北上南下,轰动京津,巡演淮汉,成为晋商的文化招牌。从地缘关系而言,来自同一地域的晋剧离不开晋商,晋商也离不开晋剧,不仅体现了地缘民俗内部间的互动,而且体现了地缘民俗的整体性。

三、晋剧对外传播过程中的地缘民俗维系

晋剧区别于省内的蒲州(西路)梆子、北路梆子、上党(南路)梆子而称为"中路梆子",主要在于形成和盛行之地均在晋中地区。晋剧承一省之名,却又不限于一省。自形成之后,晋剧就开始向周边地区传播,其传播之路主要是北上。至今晋剧仍盛行于山西中北部、陕北的榆林地区、内蒙

---

① 参见寒声:《晋商在晋剧形成中的历史功绩》,原载《文史研究》1996年第3—4期合刊,此处引自穆雯瑛主编:《晋商史料研究》,山西人民出版社2001年版,第358—360页。

古中南部的呼和浩特和包头、冀北的张家口地区、冀中的井陉一带。这些地区毗邻晋剧的形成地，方言相近，风俗习惯相近，人口流动频繁，尤其是呼和浩特和包头是晋籍人口主要外迁地。从地缘因素来讲，晋剧盛行于其毗邻地区有自然的便利。在晋剧发展史上，晋剧剧团和名角曾在京津地区、长江流域演出过，但都没有在那些地方扎根下来，也说明了地缘的重要性。

晋剧传播与晋商的关系以"商路即戏路"的概括最为集中。晋商所做的贩运贸易足迹遍布全国各地。除了那些做贩运生意的商人需要在遥远的路途中奔波，还有遍布全国的商号和票号的经营者，他们都是闯南走北，日日思乡的游子。长年累月在外奔波，有家难回的无奈和浓烈的思乡之情无处排遣，而晋剧以独特的乡音和戏曲内容给远在异乡的山西籍商人带来了宽慰。晋商不仅在家乡培养戏班，组织演员、搭建戏台、承包演出，并且带戏班到家乡外演出，在遥远的路途中，晋剧演员带着乡音跟随晋商的脚步行走各地。"商戏同路"即此谓。

晋剧的传播之路主要为北上，而非以晋中为圆心向四周传播。在同样享有地缘便利的晋南地区、冀中南地区、关中地区，为何没有盛行起来呢？这与晋商商路和晋南周边地区戏曲环境两方面地缘因素有关。商路即戏路，晋剧很大程度上依靠晋商有力的经济支持生存和发展，晋商的北上直接促成了晋剧的北上。地广人稀地区的开拓和繁荣，承载了更多的人口，大量晋籍移民的扎根和山西富商大户的倡导，晋剧很容易盛行开来。而晋南地区、冀中南地区、关中地区尽管毗邻晋中地区，也是晋商的主要活动区域，但这些地区开发较早，人口密集，已经形成较为成熟的本地戏曲剧种和群众审美习惯，晋剧的传入和流行就没有像在北部地区那么简单。通俗说来，缺乏多要素的地缘民俗环境维系，晋剧的对外传播就受限，仅仅地理位置上毗邻是不够的；具备特定的地缘民俗环境维系，晋剧的对外传播则是自然而然的过程。

如同晋剧在蒲剧的直接影响下吸收当地民间艺术而成熟起来，晋剧在传入地与当地各种艺术形式相融合，也可能产生新的剧种。传入地原有的戏曲品种也可能吸收晋剧的成分而发生新变。例如晋剧和姊妹剧种北路梆子在同一地区内盛行，互相借鉴、互相影响；河北梆子在发展过程中受到过晋剧的很多影响。尽管可能发生新的变化，但晋剧在跨地域传播中生存下来，并且保持一定的稳定性，以晋剧之名流行于晋外省份，亦可见地缘民俗的维系作用。

结　语

地方戏曲从形成到成熟定型的变迁过程，都离不开地缘民俗的整体作用，不独晋剧是这样。地方戏曲在地缘民俗的大环境中孕育，受到多种地缘民俗事象的直接影响。在发展过程中的高潮和低谷，都与地缘民俗的整体变化分不开。地方戏曲之所以具有地域性，主要是因为其在形成过程中从地缘民俗中汲取的养分。地缘民俗以地缘关系为纽带，地域性是地方戏曲静态地缘关系的表达。由于存在特定的地缘关系，所以产生了特定的戏曲民俗，这样的戏曲民俗亦属于地缘民俗的部分。因为晋中地区特有的地缘关系，所以孕育了晋剧形成和成熟定型的民俗环境，形成了特有的晋剧民俗。戏曲民俗又离不开地缘关系紧密的晋商民俗。此可谓"因缘生俗"。反过来，晋剧确证并体现地缘关系，如山西地方戏曲的地域归属、与晋商的紧密关系等。地方戏曲本身就是一种地缘关系的展示。更为重要的是，地方戏曲可以进一步巩固地缘关系。晋剧作为晋商的文化纽带，是浓厚乡情的体现，具有凝聚同乡的作用。晋商所到之处，群聚而建会馆，有会馆必有戏楼，有戏楼必搬演家乡戏。在外慰藉思乡之情，确证同乡之谊，弘扬家乡文化；在内戏飨乡里，剧娱乡民，以示不忘故里。此可谓"由俗固缘"。在地缘民俗的视野下，地方戏曲的变迁过程，从一个角度体现了地缘民俗的动态发展过程。

第二节　晋中秧歌：民间小戏的地域性与地缘性

随着民间艺术研究的范式转换，在向内解读持续深挖的同时，向外视野的拓展同样引人瞩目。把民间艺术置于更加广阔的文化语境中，探讨特定艺术事象在宏观场景下的意义建构及生存样态，体现了探索路径的集体取向，民间小戏亦概莫能外。从地理空间的层面而言，民间小戏具有地域性和地缘性。民间小戏呈现地域性，这与中国传统戏曲的地域性内在机理一致，明代曲论家王骥德所言："古四方之音不同，而为声亦异，于是有秦声，有赵曲，有燕歌，有吴歈，有越唱，有楚调，有蜀音，有蔡讴。"[①]在这个意义上，民间小戏也被称作地方小戏。民间小戏的地域性既有地理归属的意义，还附着文化信息，它很大程度上表现了某种民间小戏诞生起源时的文化环境、传播演变发展的历程，以及保存至今的艺术呈现形式。作为地理标签，地域性更容易让人识别，地名加小戏名是最常见的命名模式。同时，民间小戏与地理区块的对应情况是复杂的，"民间小戏尽管存在地区性的差异，但却不能以地区来划分其系统"[②]。这种复杂性的根底在于任何民间小戏的发生发展都是动态的过程，而地域性所依赖的地理切分（尤其是行政区划）更倾向于保持长久的稳定性。因此，有必要讨论民间小戏的地缘性，以此观照民间小戏地域基础上的动态关系，它涉及地理空间与民间小戏的互动，特定地域内不同民间艺术要素的互动，特定地域内不同板块构成之间的互动等等。作为晋中地区最有影响力的民间小戏——晋中秧歌在特定地域中不同地域层级间的地缘体现，或为民间小戏地域性与地缘性的思考提供一个视角。

一、基于地域的秧歌命名

民间小戏的命名，或以种类泛称，如二人转、二人台、秧歌戏之类，多以

---

① （明）王骥德：《曲律》，《中国古典戏曲论著集成》第四集，中国戏剧出版社1959年版，第114—115页。
② 张紫晨：《中国民间小戏》，浙江教育出版社1989年版，第66页。

区域加以限定，如东北二人转、晋北二人台、陕北秧歌戏，这是较为常见的命名结构。晋中秧歌的命名也属于此类。相较而言，如果"民间小戏"这个名称更加突出其"民间属性"的话，那么"地方小戏"这个名称则更加侧重"地域属性"。晋中秧歌从命名上就标出了明显的地域归属，这在全国秧歌戏中并非个案。"晋中秧歌"的概念被使用于不同的场合和著述中，实际的指向有很大的不同，对晋中秧歌指向的差异也带来论述对象的差别。"晋中秧歌"是1949年前后开始逐渐使用的说法，其概念界定和内部构成均带有特定的地域指向。

"晋中秧歌"的概念并非古有，其字面意为"晋中的秧歌"，界定的关键在于何谓"晋中"，何谓"秧歌"。

"晋中"一词指向有三，一是地理意义上的，二是政治意义上的，三是文化意义上的。首先，在地理意义上，"晋中"这个词泛指山西中部，与晋北、晋南、晋东南相对而言。地理意义上的晋中呈现两山夹一盆的地形特点。吕梁山脉在西缘，太行山脉在东缘，汾河从中流过，中间是晋中盆地（又叫太原盆地）。其次，在政治意义上，"晋中"这个词是行政区划名称。20世纪中叶，山西省内区划调整，设立晋北专区、晋南专区、晋东南专区，与之并列而设立晋中专区。晋中专区当时的管辖范围几乎包括太原以外的整个山西中部。之后各个专区相继撤销，名字也恢复到传统地名上去，在正式的行政区划名称上放弃了"晋北""晋南""晋东南"的叫法。唯独晋中专区的"晋中"保留下来，后又改设晋中地区、晋中公署。20世纪末撤销晋中地区，设立地级晋中市，延续至今。三是文化意义上的，在晋中盆地沿汾河及其主要支流分布的各区县可以看作一个相对完整的文化整体，该地区在历史上曾长期处于同一政区内，人民交往密切，方言民俗相近。2010年文化部批准设立国家级晋中文化生态保护实验区，包括晋中市所辖全部的11个县（市、区），太原市所辖小店、晋源、清徐、阳曲4个县（区），吕梁市所辖交城、文水、汾阳、孝义4个县（市），共计19个县（市、区）。

把三个维度的"晋中"概念综合考察，可以发现，"晋中"所指的核心地区是晋中盆地的各县区。它们的共同点是位于汾河谷地，交通便利，人口稠密,商业发达。如果稍加拓展,可以把"晋中"辐射到晋中盆地各区县毗邻的山区县。因此,我们所界定的"晋中秧歌"中的"晋中",既不是宽泛的山西中部,也不是目前的晋中市范围,而更多地是基于历史承继的文化地域。这里的晋中包括太原市的市区、小店区、晋源区、清徐县、阳曲县,晋中市的榆次区、太谷县(现太谷区)、祁县、平遥县、介休市、灵石县,吕梁市的交城县、文水县、汾阳市、孝义市,辐射古交市、寿阳县、昔阳县、和顺县、榆社县、左权县等。

"秧歌"是中国民间(尤其在北方)盛行的艺术形式,清代吴锡麟《新年杂咏抄》载:"秧歌,南宋灯宵之村田乐也"。不同地区的秧歌有不同的特征,而"秧歌"在不同地区的内涵也有不同。一般而言,秧歌载歌载舞,兼具歌舞的特点,如果敷演故事情节,又近乎戏剧。因此,有的秧歌音乐特征更明显,如金湖秧歌;有的秧歌舞蹈特征更明显,如昌黎秧歌、抚顺秧歌、胶州秧歌、陕北秧歌、临县伞头秧歌等;有的秧歌戏剧的特征更明显,如隆尧秧歌、定州秧歌、蔚县秧歌、韩城秧歌。第三种谓之"秧歌戏",在山西、河北、内蒙古、陕西颇为流行。山西各类秧歌里,既有偏重舞蹈的地秧歌,也有偏重戏剧的秧歌戏。作为民间小戏的秧歌在山西种类丰富,如朔县大秧歌、广灵大秧歌、繁峙大秧歌、祁太秧歌、汾孝秧歌、介休秧歌、壶关秧歌、泽州秧歌、襄武秧歌、翼城秧歌、沁源秧歌、太原秧歌等。就"晋中秧歌"而言,这里的"秧歌"主要指秧歌戏。

晋中秧歌还可进一步细分,如影响最大的祁(县)太(谷)秧歌,北部的太原秧歌,汾河西岸的交(城)文(水)秧歌,南部的汾(阳)孝(义)秧歌,干调类的介(休)灵(石)秧歌等。这种切分是以县为单位进行的,对于晋中秧歌的称呼,目前存在着地区命名和县区命名的博弈。

"晋中秧歌"在不同的语境中有不同内涵和外延。最广义的晋中秧歌指山西中部各类秧歌的总和,最狭义的晋中秧歌指太谷秧歌,两种指向或过泛或过褊。兼顾历史变迁和现实传承,这里所说的"晋中秧歌"指文化地域意义上的晋中(主要集中在晋中盆地)流行的秧歌戏。

由于对"晋中秧歌"概念的认知不一致,也造成了对晋中秧歌构成的不同看法。郝瑞恒1936年发表于《歌谣周刊》的《晋省中部的秧歌》认为:"晋省的秧歌,中部南部北部可分好多种类,风调模样也是不大相同的。省中部祁县、太谷、文水、平遥、汾阳一带,是属于一个系统。这个区域地属平原,是晋省较富庶的地方,老百姓比较灵动,出产的秧歌特多,秧歌的风调也比较好,歌曲皆配了相当音乐,有许多曲子唱奏起来非常好听。"①署名梦因的《山西中部各县流行秧歌之研究》(1942)中说:"'秧歌'在山西境内流行区域,倘依自然地理区划,约为崞代盆地之南,韩侯岭之北,汾水流域中段,太原盆地之祁县、太谷、平遥、交城、文水、榆次、介休、汾阳、清源、太原、阳曲、寿阳、盂县、平定、榆社、武乡等十余县。其中以祁、太、平、交、文、榆等尤为发达,盖此数县,因明清两代票庄发达之故,农村富庶,人口稠密,故其风较他县为炽。"②这些20世纪上半叶的文献虽然没有直接使用"晋中"的概念,但言及的晋中秧歌流传范围与我们所言"晋中秧歌"极为相似。

"晋中秧歌"的概念开始被广泛使用时,却发生了巨大变化,主要指祁太秧歌。"晋绥边区当时流行着两种秧歌曲调与剧目,虽都称秧歌,但其风格、特点显然不同,名称上感到混淆不清。因而晋绥文联的戏剧工作者与部分剧社的同志,共同磋商这一问题,最后定为从地域上区分较好,即陕北秧歌、晋中秧歌两种,并流传下来。晋中秧歌剧名的出现,代替了历史上统称的'秧歌'。"③很长一段时间内,晋中秧歌专指祁太秧歌。1956年《山西剧种介绍》说"晋中秧歌以祁县、太谷最为出色……演出地区,由晋中发展到豫北、陕北一带"④。祁太秧歌也把"晋中秧歌"作为其别称:"祁太秧歌,也称晋中秧歌,是以祁县、太谷为中心,遍布于介休、平遥、文水、交城、孝义、汾阳、清徐、榆次、寿阳、太原市南郊等地的地方小戏。"⑤这种说法几乎见于所有关于祁太秧歌的介绍中,也被《中国戏曲音乐集成·山西卷》《中国戏曲志·山西

---

① 郝瑞恒:《晋省中部的秧歌》,《歌谣周刊》1936年第13期。
② 梦因:《山西中部各县流行秧歌之研究》,《西北论衡》1942年第4期。
③ 薛贵菜:《祁太秧歌(祁县篇)述略》,见祁县文史资料研究委员会编:《祁县文史资料》(第2辑),内部资料1986年,第9页。
④ 文化部艺术事业管理局一处编:《全国戏曲剧种资料》(初稿),文化部艺术事业管理局一处1962年,第87页。
⑤ 薛贵菜:《扎根于晋中农村的祁太秧歌》,见山西省文化局戏剧工作研究室编:《山西剧种概说》,山西人民出版社1984年版,第241页。

卷》等采纳。在入选山西省级非物质文化遗产名录时,祁太秧歌标注又称"太谷秧歌"及"晋中秧歌"。

目前冠名"晋中秧歌"的专著或论文,主要是指"祁太秧歌",如1964年由榆次秧歌剧团内部油印的《晋中秧歌》,2011年出版的《晋中秧歌音乐分析与创作》等。除此之外,也有例外。2015年出版的《晋中秧歌史料·交城秧歌》则使用了更为宽泛的"晋中秧歌"概念。2018年出版的《山西晋中秧歌志》提出了"晋中秧歌体系"的观点:"晋中秧歌主要分布在晋中盆地明清太原府所属县范围内,汾河以东以祁太秧歌为代表,代表榆次、南郊、祁县、太谷、平遥等太原盆地东缘区域的秧歌艺术。汾河以西以交城秧歌为代表,代表清徐、古交、交城、文水等太原盆地西缘地域的秧歌艺术。盆地之北则以太原秧歌为代表……可以这样说:太原秧歌、祁太秧歌、交文秧歌是晋中秧歌的三大支派,都属于晋中秧歌体系。"①

基于地域命名的民间小戏有地域识别上的便利,但这种得名常常主要来自约定俗成,而非统一的认定。除了自称和它称引起的误解外,最大的问题来自地域层级的不固定。倘若我们接受"晋中秧歌就是祁太秧歌"的说法,那么"晋中"和"祁太"在秧歌的种类上是等同的,但它们显然指向的并非同一地域范围。民间小戏流传的地域范围大小不同,各个地方的群众更加倾向于使用本地地名。有的冠以村镇名,有的冠以县名,有的冠以地区名,作为地域指称看似无甚紧要,实际上既反映了民间小戏命名规范的缺位,又带来了基层文化艺术认识的隐患。"晋中秧歌"的称呼虽然在一定范围内使用,但实际上作为整体的晋中秧歌并没有引起一致性的认可。但凡论及晋中秧歌的时候,各县更倾向于以本县作为秧歌种类的冠名。晋中秧歌被细分为"县名+秧歌"的十余种子类。

在北部,太原秧歌以原太原县得名,后来随着行政区划的变迁,逐渐指太原地区的秧歌,把原先以县命名的晋源秧歌、小店秧歌、阳曲秧歌、清徐秧歌也包含进来。这背后也隐含着明显以县细分的痕迹。在南部,流行于介

---

① 田瑞:《山西晋中秧歌志》,山西人民出版社2018年版,第51—52页。

休、灵石的干调秧歌,也按县细分为介休干调秧歌、灵石(干调)秧歌。在中部,有代表性的是祁太秧歌、交文秧歌和汾孝秧歌,尽管通常两县合称,但每县汇总资料、梳理秧歌时常冠以本县县名。

在国家级非物质文化遗产名录中,晋中秧歌有两项在列,一个是以传统舞蹈入选的汾阳地秧歌,一个是以传统戏剧入选的祁太秧歌。祁太秧歌的申报地又细分为祁县和太谷两地,而以县冠名的秧歌则均名列省级或市级乃至县级非物质文化遗产名录中。从民间小戏传播的角度,具有本县特色的秧歌单独成一种类无可厚非;从民间小戏传承保护的角度,各县纷纷保护本县域内的秧歌亦难能可贵。基于地域的考虑,给予民间小戏以命名,又以此命名诉诸所在地域。

二、基于地缘的存续合力

民间小戏的存续受到综合要素的影响,特定地域内的政治、经济、文化因素都会对民间小戏的存续发挥作用,甚至某些偶然事件也能成为民间小戏发展过程中的关键因素。从地理空间而言,民间小戏能够存续下去,首先必须在一定地域内维持强劲的生命力,并且能够具备向外传播的能力。晋中秧歌曾经盛极一时带来的启示是,在山西中部这块地域内,能够形成较为良性的民间小戏生存环境,艺人流动、艺术传承、戏班维持不限定在过窄的小范围内,那么晋中秧歌在生命力足够强劲的条件下形成这种小戏的区域主干,才能衍生诸多细的地域分支。地缘的存续合力表现在很多方面,这里主要强调的是特定地域内次级地域间的互动关系。

晋中秧歌的次级地域构成主要有:太原秧歌、阳曲秧歌、清徐秧歌、小店秧歌、晋源秧歌、榆次秧歌、太谷秧歌、祁县秧歌、祁县温曲武秧歌、平遥秧歌、交城秧歌、文水秧歌、汾阳地秧歌(文场秧歌"磕板秧歌"和武场秧歌)、孝义地秧歌、介休干调秧歌、灵石干调秧歌、榆社土滩秧歌等。这些秧歌既有一定联系,也有一定区别,各自的存续状态也不尽一致。就晋中秧歌的整体而言,北边以太原秧歌为代表,当地称"上路秧歌";中部以祁太秧歌、交文秧歌为代表,称"中路秧歌";南部以汾孝秧歌、介灵秧歌为代表,称"南路秧歌"。很多县区主要是晋中秧歌的流传地,并没有形成严格意义上的当地秧歌。晋中秧歌大体都有从社火表演发展为秧歌戏的过程,有些保留社火的地摊、踩街痕迹较重,有些受到梆子晋剧的影响更显著,由南向北大体呈现由简到繁的演变轨迹,当然这仅是相对而言的。就研究现状而言,晋中秧歌的研究并不充分,祁太秧歌论述较多,太原秧歌次之,汾孝秧歌又次之,其他秧歌更为零星。

晋中秧歌在流传过程中并不受到县域分野的隔离,各县之间存在各种各样的艺术交流,这样的交流不仅能够扩大民间小戏的流传范围,增强影响力和生命力,也能不断促进小戏的发展提升。通俗来讲,地缘存续合力决定了民间小戏能够存在于某一地域中。在晋中秧歌发展的过程中,各县之间的交流往往消除壁垒,共同维护秧歌的繁荣。

首先,存续合力体现在技艺的县际传播传承。祁太秧歌相对较为成熟,因此吸引了周边县的学艺者。"民国初年,(汾阳)艾子村二秃前去祁县学唱登台秧歌。回汾后,先后在仁岩村、罗城村、牛家垣村组建秧歌班,每班35到40人,农闲演出,农忙散班,一直延续40余年,直到1959年停演。而在民间则广为流传。"[1]"寿阳地区流传的秧歌主要是晋中秧歌。它原为太谷秧歌,解放后,亦称祁太秧歌。民国初年,平头、西洛等地区一些艺人到太谷学习,回县后组织秧歌班。"[2]这类记载反映了各县间秧歌交流的频繁。

其次,存续合力体现在艺人的县际流动。秧歌艺人学艺、演出、授徒的过程中,各县艺人频繁互动,此县的秧歌艺人到彼县演出是再寻常不过的事情了。在师徒传承方面更明显,例如交城秧歌艺人温耀高和薛贺明,他们的徒弟来自晋中各县,并不限于交城一地。又如清末民初祁县秧歌艺人在文水传艺,文水秧歌艺人在祁太一带唱秧歌,两地秧歌的融合发展直接促进了文水秧歌的形成。

第三,存续合力体现在艺术上的共同传承。晋中各县秧歌艺人在秧歌

---

[1] 汾阳县志编纂委员会编:《汾阳县志》,海潮出版社1998年版,第779页。
[2] 寿阳县志编纂委员会编:《寿阳县志》,山西人民出版社1989年版,第473页。

演出的过程中,纷纷发挥自身的聪明才智,在剧本、唱腔、班社等方面共同促进了晋中秧歌的繁荣发展。各县秧歌名艺人争芳斗艳,这厢编创新剧本,那边探索新唱腔,可以说各县共同完成了晋中秧歌的传承。如在专业剧团方面,"秧歌主要流布于晋中平川的几个县,而平川的榆次、太谷、祁县、平遥、介休至今竟然连一个专业的秧歌剧团也没有,更谈不上秧歌人才的培养和后续。个别县里零散的几个业余秧歌班也只是逢赶集庙会、红白喜事、开张、祝寿等场合,临时演几场,演完后便各回各家……倒是在吕梁市的交城县(原属晋中地区,后划归吕梁市)一直活跃着一个专业秧歌剧团。"[1]晋中秧歌流传的各县都为晋中秧歌的发展传承做着贡献。

第四,存续合力体现在形成稳定展演平台上。走乡串县的台口演出是民间松散的交流形式,形成较为稳定或官方的展演平台体现交流机制的形成。1951—1952年间,祁县、太谷、交城、文水四县联合成立"祁太秧歌研改社",邀请四县秧歌艺人参加。1955年前后,榆次县秧歌改进队吸收平遥、汾阳、祁县、交城等多县名艺人加入,之后集中晋中地区秧歌艺人,成立秧歌剧团。1962年,晋中地区在平遥举行七区县秧歌展演,汇集平遥、太谷、祁县、交城、文水、汾阳、晋源等县区秧歌艺人。此类交流打破县域壁垒,增进友谊,对晋中秧歌的整体发展是有利的。

在晋中秧歌内部,由于发展阶段和所受影响的差异,呈现出一定的不同。例如太原秧歌受到城市戏曲的影响更为明显,在行当齐备程度、剧目内容、题材风格上已经表现出与祁太秧歌的显著区别;干调秧歌、磕板秧歌、土滩秧歌在伴奏形式上还较为简朴,故事情节和角色划分上也较为简略;大多数秧歌更侧重于故事演绎,偏重于文场,而武场秧歌则有明显的武术色彩。即便如此,晋中秧歌依然具有极大的共性,从产生背景、生存环境、变迁历程、艺术风格等方面可以视为一个整体。

首先,晋中秧歌诞生、流行的主要区域在晋中盆地一带。在同样的地理空间内,晋中秧歌生存的文化背景大体相同。晋中地区的生产生活方式为

---

[1] 关庆顺:《晋中秧歌音乐分析与创作》,华艺出版社2011年版,第344—345页。

晋中秧歌的生存发展提供了基础,奠定了其基本特点。尤其是这一地区的浓厚商业氛围,历史上晋商的主要活动地在晋中,一定程度上影响了晋中秧歌的生存样貌,晋商的影响从内容到形式,再到美学风格都在晋中秧歌中有所体现。晋中地区的交通条件和商业活动,让这一地区的秧歌具有兼收并蓄的性格,吸收了众多民间艺术的营养,能够在一个时期内赢得市场的认可,获得生命力。

其次,从发展变迁历程来看,晋中秧歌走过的路径大体相同。晋中秧歌的成熟,基本都是在当地民歌小调的基础上,又与各种民间艺术相互交织而来,并且与社火关系密切。在艺术借鉴方面,又都受到晋剧等大剧种的影响,呈现向晋剧借鉴、移植、模仿的靠拢倾向。在发展过程中,受到晋商资金支持和审美取向的影响,并反映在剧目内容、班社组织、流传地域等方面。在1949年前后,晋中秧歌都曾经进行一定程度的改革,之后有一段时间的沉寂。在新的历史时期,这些秧歌都面临着同样的生存保护问题。

最后,从艺术风格来看,晋中秧歌较为一致。剧目表现的内容主要在日常生活中,偏重表达日常生活的真实情感,宏大的题材较为少见。剧目形式一般短小灵活,唱词念白以当地方言为主,带有浓厚的乡土气息。演出以舞台演出为主,也有部分保留地摊演出的原初形态,对舞台的要求比较简单。行当划分以"三小门"——小生、小旦、小丑为主,更加细化的划分较少。唱腔活泼灵动,句式多样,唱词虚字衬字较多。组织形式以民间自乐班的班社为主,20世纪后半叶有秧歌剧团。艺术传承以师徒传承为主,伴奏以锣鼓按特定曲牌伴奏较为常见。

三、基于地缘的利益博弈

众所周知,绝大多数民间小戏的生存状况并不乐观。究其根本,民间小戏所赖以生存的民俗文化生态已经发生了巨变,其挂上"濒危"乃至"消亡"的标牌,以观众减少、艺人断层、艺术退化的形式表现出来。晋中秧歌虽然还活跃在民间舞台上,但与盛时相去甚远,也有全国其他民间小戏普遍存在着的生存问题。基于地缘的利益博弈,主要指有限地理空间内特定利益获有权的冲突竞争。理论上讲,民间小戏在传播存续的动态过程中,并不维系于有限的地理范围内,条件合适的情况下传播范围呈现延展性。但事实上,某种民间小戏有相对稳定的流传地域,作为地域文化的构成。就民间小戏的生存,既有地缘中其他艺术形式的竞争,也有自身内部的分解。民间小戏在民俗文化市场上,所具备的竞争力并不突出,而其内部的地缘生态亦不乐观。

这里依然回到前文所论特定地域内次级地域间的互动关系上。晋中秧歌所面临的存续空间的压缩乃至消亡,在民间小戏整体看来已非新鲜。这种状况的出现并非行业内部的竞争所导致,根源仍在于民俗生态的变迁。名不正则言不顺,基于地域的秧歌名分在地缘利益博弈中尤其值得审思。关于晋中秧歌的认知差异并非发生在晋中地区的所有县之间,各县间的罅隙主要表现在以下三个方面:一是"祁太秧歌"称谓上祁县和太谷县的争议,二是把"祁太秧歌"等同于晋中秧歌上各县的不同看法,三是北部的太原秧歌和南部的汾孝秧歌希望区分于"晋中秧歌"。

第一,"祁太秧歌"内部祁县和太谷的争议最大。在申报国家级非物质文化遗产时,太谷主张以"太谷秧歌"申报,而祁县主张以"祁太秧歌"申报,最终后者获批,太谷县则一直坚持"太谷秧歌"的称呼。祁县地方文化学者认为:"祁太秧歌剧种名称的诞生,是继晋中秧歌之后的又一次改革。首先根据祁太秧歌向戏曲化发展方面看,祁太两县的秧歌艺人,在民国20年前后,他们创作出来的剧目与曲调,轰动一时,除在两县上演外,还传播到十余县演出,在艺术上起到了中轴作用,因而祁太秧歌剧种名称的诞生,是切合实际情况和符合发展规律的。其次从地域上看,晋中范围内,除祁太秧歌外,还有介休干调秧歌、汾孝地秧歌、晋源秧歌(太原南郊区)、祁县温曲武秧歌等,这些剧种不同的秧歌,如果将祁太秧歌仍称晋中秧歌,就不切合实际情况了,因而改变为祁太秧歌是时代前进的需要,也是比较科学的名称。再次,从沿革上看,祁太秧歌自清康熙十年以来至抗日战争开始称秧歌;晋绥革命根据地时期改称晋中秧歌,1951年改称为祁太秧歌,流传至今。此外别无他名。"①祁县"此外别无他名"的说法尤其引起太谷县的不满。

太谷地方文化学者认为:"把太谷秧歌改名为祁太秧歌,从客观性方面说,违背了事物发展的客观规律。从务实性方面说,不符合秧歌实际产生、发展的实践过程。从科学性方面说,也背离了实事求是的原则。从法律方面说,定名为祁太秧歌没有任何证据。"②太谷县编辑的秧歌方面的资料都冠以"太谷秧歌",一般不使用"祁太秧歌"的名称。使用"祁太秧歌"的说法对祁县来说似乎有利,但祁县也有一种声音主张使用"祁县秧歌"的说法与"太谷秧歌"区别开来。"所谓'祁太秧歌'说,有人主张祁太秧歌是一回事,并有人争讨太谷秧歌先有的,祁县秧歌是后有的,但无可靠依据。……这充分说明祁县、太谷秧歌是各有各的独特风格的,不能混为一谈。祁县秧歌就是祁县秧歌,这和襄垣、武乡秧歌一样,纵然曲调、场面、乐器都一样,但他们县都严格分别为两种秧歌。我认为这和不能称祁太秧歌是一码事。"③国家级非物质文化遗产名录采纳"祁太秧歌"的说法,山西省级非物质文化遗产名录采纳"太谷秧歌(祁太秧歌、晋中秧歌)"的说法。

第二,对于把祁太秧歌等同于晋中秧歌的说法,祁太两县之外的县认为不妥。尽管并不回避与"祁太秧歌"的密切联系,但依然希望本县的秧歌也能够作为"晋中秧歌"的构成,而不是祁太秧歌的从属。交城地方学者认为:"流传在太谷一带的秧歌民国时期称太谷秧歌。抗战时期,交城秧歌广泛地融入以交城山为核心的吕梁根据地文艺舞台,成为吕梁山革命根据地红色文化的主旋律。为了同其他地区的秧歌区别,根据地政府始定名为晋中秧歌……至今,祁县人叫祁太秧歌,太谷人叫太谷秧歌,交城人叫交城秧歌,其他县叫晋中秧歌……1956 年,交城秧歌剧团率先在晋中地区成立后,交城的秧歌就正式称作了晋中秧歌之一支'交城秧歌'。"④文水地方学者认为:

---

① 薛贵荣:《祁太秧歌(祁县篇)述略》,见祁县文史资料研究委员会编:《祁县文史资料》(第 2 辑),内部资料 1986 年,第 10—11 页。
② 武炳璠:《太谷秧歌》,北岳文艺出版社 2014 年版,第 52 页。
③ 吕洛青:《祁县秧歌初探》,见祁县文史资料研究委员会编:《祁县文史资料》(第 2 辑),内部资料 1986 年,第 55 页。
④ 田瑞:《山西晋中秧歌志》,山西人民出版社 2018 年版,第 679 页。

"在二十世纪六十年代初,据六十岁以上的老艺人武显茂等回忆和有关资料考究,文水早在嘉靖年间就有自己的地方秧歌。曾有'踩街秧歌''碰板秧歌'和'古曲'等形式。逢年过节,敬神还愿,闹庙会,以及农闲娱乐都演唱秧歌……到了清末民初,'祁太秧歌'盛行一时,由祁县的秧歌艺人在文水的方圆、东旧、宋家庄等村传授祁太秧歌,所以'文水秧歌'和'祁太秧歌'并存。"①平遥地方学者认为:"平遥秧歌和祁县、太谷、文水、交城、寿阳秧歌一样,同属于晋中秧歌的组成部分。由于历史上晋中秧歌曾一度盛行于祁县、太谷一带,所以也叫做'祁太秧歌'。"②

由此可以看出,其他县更倾向于把本县秧歌和祁太秧歌并列起来,共同作为"晋中秧歌"的代表,而不认同仅仅以祁太秧歌指代晋中秧歌。

第三,分别处于晋中盆地北端和南端的太原秧歌、汾孝秧歌认为自身与祁太秧歌、晋中秧歌都有显著区别,希望区别于"晋中秧歌"。太原地方文化学者认为:"太原秧歌是流传在本市郊区及邻近县份的一个小型民间剧种。它和祁太秧歌统称晋中秧歌,后来因两地艺人的习俗语音不同,特别是在剧目、唱腔、表演等方面的各自竞技发展,形成了两个各有独特风格的剧种。"③汾阳地方文化学者认为:"汾孝秧歌流行汾阳、孝义二县。开始,以民间歌舞形式出现,在平地上进行表演,用方言演唱,人们称作地秧歌。后来,逐步发展成以舞蹈为主的'武场地秧歌'和以唱腔为主的'文场地秧歌'。前者,保留了原来的民间歌舞形式,后者则向戏曲方面发展,形成独特的地方小剧种。"④《汾阳县志》里把"汾孝秧歌"与"晋中秧歌"并列,说明把它们看成两种地方剧种。

另外,介休和灵石的"干调秧歌"一般不和"祁太秧歌"相杂。汾孝秧歌内部又有汾阳秧歌和孝义秧歌的分野。

---

① 文水县政协文史资料委员会编:《文水文史资料》(第15辑),内部资料1996年,第51页。
② 李定武主编:《文化平遥》,山西古籍出版社2007年版,第404页。
③ 牛岚峰:《太原秧歌发展概况》,见杜锦华主编:《晋阳文史资料》(第1辑),内部资料1999年,第172页。
④ 汾阳县志编纂委员会编:《汾阳县志》,海潮出版社1998年,第778页。

结　语

从地理空间的角度,民间小戏的地域性标注了其独有的地理信息,内中包含了复杂的文化意义。很多冠以地域限定的小戏名称成为人们最易接受的民间艺术称呼方式,显示了民间小戏所寄托的地域归属感情。如果说地域性侧重民间小戏地理空间的静态属性,那么地缘性则侧重地理空间的动态属性。尤其是特定地域内部,不同层级区域对待同一民间小戏的态度及举措,它们形成的推力或阻力影响了民间小戏的存续状况。

作为民间小戏的晋中秧歌曾经在晋中地域内盛行一时,无论起源于何地、变迁过程如何,按照民间小戏的发展规律,其在传播流布的过程中,都和当地的方言、民俗相结合,产生带有地方风味的新剧目,出现新内容新情感,展现新的审美趣味。晋中秧歌的在地化过程也是多样化的过程,呈现多样化状态也符合民间小戏的发展轨迹。晋中秧歌流行的各县从本县实际出发,深入挖掘整理民间小戏中的地方文化,也是民间文化研究的常见路径。晋中秧歌内部构成的多样性也从一个侧面反映出其流播范围之广、影响之大、群众基础之厚。

地域性本是民间小戏最值得称道的文化标签,却也面临着以地域为名的地域争议。在地缘存续合力下,经过民间艺人和文化工作者的努力,晋中秧歌也在不断改革和创新之中传承,展现了特有的生命力。进入新时期以来,晋中秧歌面临着生存问题,仅仅以一县之力似乎很难维持晋中秧歌的良性传承,也不符合晋中秧歌共同传承的历史传统。在非物质文化遗产保护的语境下,面对晋中秧歌的传承保护之困,重塑地缘合力,畅通合作机制,实现资源共享,尊重民间小戏的发展规律,形成广泛的区域文化共识,才有希望维持民间小戏的活态传承。

第三章　民间音乐的地方存续

晋中地区民间音乐尤以锣鼓吹打为最,城镇乡村,广场田间,岁时节日,红白喜事,无不闻之。太原锣鼓由乡村社火锣鼓发展变化而来,在山西中部乡村地区仍然盛行着传统的锣鼓乐,不仅在节庆时上演,而且成为人们日常的娱乐形式。在城市城镇中,社区厂矿把流行于乡村的社火锣鼓加以改造,成为一脉相承的城镇厂矿锣鼓。在城镇化过程中,社火锣鼓不但没有消亡,而是以强劲的生命力在城镇里存续下来。

文水鈲子因流行于文水而得名,属独特的民间乐种。鈲子是当地对一种特制小钹的称呼,作为文水鈲子的主奏乐器。文水鈲子源于岳村一带,当地人又称为"岳村鈲子"。之所以将这种民间乐种称为"鈲子",有两种解释:一是因其独特的演奏乐器小钹当地人称为"鈲子";二是因击打小钹所发出的声音"鈲鈲"而得名。鈲子音乐使用的乐器有小钹、大钹、大铙、大鼓(雷公鼓),因其乐器的不同组合、独特的敲击方法和演奏姿势等呈现出独特的音响效果。文水鈲子是民间打击乐器的合奏,与当地盛行的锣鼓乐有联系又有差别。"文水鈲子"源于祈雨,与当地民众的生产方式、生活习俗紧密相关,现在演变为人们喜爱的民间娱乐形式。

第一节　太原锣鼓:社火锣鼓的城镇存续

山西锣鼓种类丰富、演艺精湛、影响广泛,太原锣鼓是山西锣鼓的重要代表。太原锣鼓可追溯至上古晋阳的击鼓活动,与唐宋以来的击鼓锣钹关系密切。明清时期的太原锣鼓以社家鼓为代表,不仅盛行于太原,而且流行于广义的晋中地区（包括太原、晋中和吕梁的部分县市区）。太原锣鼓现在依然盛行于上述地区。太原锣鼓由大家具和小家具构成，大家具包括大鼓、大铙、大钹等，小家具包括马锣、铰子、二钹、手锣、战鼓等。太原锣鼓常用的曲牌有两种，一种是传统锣鼓曲牌，如《社家鼓》《单一二五》《双一二五》《农村一二五》《狗相咬》《滚绣球》等；另一种是新编锣鼓曲牌，如《迎宾鼓》《双五二一》《欢庆锣鼓》《亚运战鼓》《龙城天鼓》《十大欢》等。太原锣鼓兼有舞蹈、杂技、武术、体育的成分，艺术风格恢弘豪放，感情浓烈，极富感染力。2008年太原锣鼓列入国家级非物质文化遗产名录传统音乐类。

太原锣鼓由太原地区的乡村社火锣鼓发展而来，在太原乡村地区至今盛行着传统的锣鼓乐，在城市中也不乏社区社火锣鼓的风采。城镇厂矿锣鼓是太原锣鼓在城镇存续的主要形态，代表了其在城镇的传承发展。目前关于太原锣鼓的研究主要集中在两个维度上，一个维度是对外介绍太原锣鼓的基本样貌，属于宣传性质；另一个维度是太原锣鼓的艺术特点分析，兼及历史溯源、传承保护、价值功能的探讨。从社火锣鼓转变为城镇锣鼓，并且形成城镇锣鼓的形态，太原锣鼓不仅具有个案意义，也代表了鼓乐在城镇存续发展问题的普遍性。

一、社家鼓与迎宾鼓：太原锣鼓的两种形态

《社家鼓》和《迎宾鼓》是太原锣鼓有代表性的两种曲牌，前者代表了太原锣鼓的传统曲牌，后者代表了太原锣鼓的新编曲牌，它们分别指向了太原锣鼓的两种形态：乡村社火锣鼓和城镇厂矿锣鼓。尽管在实际的演奏场景中并无严格区分，但就来源和用途来讲，乡村社火锣鼓主要用于迎神赛社、社火活动中，城镇厂矿锣鼓主要用于文化庆典、锣鼓展演中。在太原锣鼓的传承变迁过程中，乡村社火锣鼓曾经是传承的主体，随着时代变迁，城镇厂矿锣鼓逐渐成为太原锣鼓的代表形态。在城乡二元结构的语境下，社火锣鼓和厂矿锣鼓是基于地理空间的类型划分，而就太原锣鼓整体而言，两种形态交融并存。

（一）乡村社火锣鼓

太原锣鼓历史悠久，逮至明清时期，民间社火炽盛，锣鼓在社火中扮演着极为重要的角色。无论是为其他社火节目伴奏，还是单独的锣鼓合奏，各社火班社无不以锣鼓为本社核心所在。

"在太原郊甸某些乡间，至今还流传着一种古老的社火锣鼓，当地人称之社鼓……社鼓，形成于古时的迎神赛社，根植于乡间社火，经历代不断发展演变而流传下来。据当地老人们讲述，明清时期太原地区的乡村结社较多，迎神赛社活动频繁，社鼓在各家结社里频频而起，故其又称社家鼓。在那时，好些村社的社火时常会集一处，通宵达旦，竞技赛艺，以争各社家舆论上的优胜。"①"社家鼓"被视为太原锣鼓最为传统、流传最广、影响最大的锣鼓种类。可以说，社家鼓是太原锣鼓延续传承的主干，也是现代形态的基础。

"太原锣鼓"在当地群众的认知中，依然与社火锣鼓有着极为密切的联系。"尽管太原的锣鼓历史上品类众杂，曲目浩繁，分有宫廷鼓乐、吹打锣鼓、乐舞锣鼓、庙堂锣鼓、宗教锣鼓、戏曲锣鼓、说唱鼓书及唤头报讯锣鼓等，但太原人今天谈及的太原锣鼓一词，通常是指历史上遗留下来的传统的社火锣鼓。""'太原锣鼓'一词即指太原地区所流传的历史悠久的传统民间锣鼓，它是以太原地区从历史上传承下来的社火锣鼓为其主体的。"②乡村社火锣鼓奠定了今天太原锣鼓的基本艺术风格，培育了基本的受众市场，培养了锣鼓艺术的人才，为进一步发展准备了条件。

更为重要的是，乡村社火锣鼓并没有随着城镇化的推进而彻底消失。中华人民共和国成立前后，太原的乡村社火锣鼓依然兴盛，在太原市原南郊区，"太原民间锣鼓班建国前村村都有，称为社家鼓。主要是民间锣鼓爱好者逢年过节时敲打自娱，也在元宵节闹社火时为龙灯、狮子舞等伴奏……建国后，太原锣鼓作为一种独特的民间艺术形式，经常参加节日大庆和广场的

---

① 康宝堂：《太原民间锣鼓》，山西人民出版社1991年版，第38页。
② 常峰、张林雨主编：《太原锣鼓》，文化艺术出版社2013年版，第47、94页。

单项表演比赛。1990年,全区220多个行政村都有锣鼓队,其中由50—200人组成的大型锣鼓队有23个。最有名的是金胜乡武家庄村锣鼓队,晋源镇山区锣鼓队,西温庄乡南王名村锣鼓队,姚村乡女子锣鼓队等"[1]。

及至今日,太原的乡村社火锣鼓依然活跃在乡村社火中,而且有较为成熟的社火锣鼓班社,如清徐锣鼓团、古寨社火锣鼓队、太原南上庄锣鼓队、庙前街高跷锣鼓队、铁匠巷高跷锣鼓队、西华门高跷锣鼓队等。随着城镇化的步伐,一旦所在乡村划入城镇,社火形式有所转变,社火锣鼓转变为城镇锣鼓就有着天然的便利。

(二)城镇厂矿锣鼓

一些乡村地区的社火活动在延续,另一部分乡村转为城镇后,社火所依赖的乡土环境发生变化,部分社火形式并没有完全消亡,而逐渐转变为城镇式的社火类型。而且,就各地社火的发展来看,乡村社火也受到当地各类企事业单位的支持。很多社火班社受到当地企业的资助,而且驻地单位也乐于通过社火活动提升影响力。在很多地方,企业雇佣或赞助的社火班社与当地村落社火班社共同献艺的情况十分常见。

原先盛行于乡村的民间舞蹈、民间小戏、锣鼓杂耍等社火形式,转变为城镇式的文艺体育活动,屡见不鲜。在太原、晋中一带,无论乡间庙会,还是城市广场,敲锣打鼓的日常娱乐几乎处处可见。除了群众自发的锣鼓娱乐以外,太原厂矿企业的锣鼓队代表了与乡村社火锣鼓差异明显的形态。"早在建国初,太原城内就有过以铁匠巷、庙前街和三桥街为营垒的三大家争鸣,锣鼓已能摆脱历史上只为社火服务的单一化,开始为庆典、贺功、报喜、联欢、游艺等声张助兴。1950年,太原矿山机器厂(简称矿机)成立了太原第一家厂矿锣鼓队。锣鼓演奏由过去民间社班自筹演化出大厂矿有组织地开展。"[2]

---

[1] 太原市南郊区地方志编纂委员会编:《太原市南郊区志》,生活·读书·新知三联书店1994年版,第690页。

[2] 康宝堂:《太原民间锣鼓》,山西人民出版社1991年版,第1页。

太原锣鼓的城镇厂矿锣鼓的代表有太重锣鼓艺术团、太钢职工锣鼓表演团、太原市公交控股集团公司锣鼓团、太原西山锣鼓团、山西纺织厂锣鼓团、太原化工集团锣鼓团、太原三机床锣鼓队、太原新凯纺织印染厂女子锣鼓队等。其中尤以太钢和太重两家锣鼓团最有影响力,太钢职工锣鼓队的一百余名锣鼓手参加了1990年北京第十一届亚运会开幕式的锣鼓表演,名噪一时;太重锣鼓艺术团近几年发展迅速,被确定为"国家级非物质文化遗产太原锣鼓传承培训基地"。

在企业宣传、商业推广上取得成功,城镇厂矿锣鼓在不断吸收乡村社火锣鼓精华的基础上,也受到民间锣鼓团的竞相效仿。介于乡村社火锣鼓和城镇厂矿锣鼓之间,还有大量的民间锣鼓团体,如山西民间锣鼓团、大众锣鼓队、黄河锣鼓艺术团、太原锣鼓老艺人艺术团、太原贺贺锣鼓团等,以及不可胜数的民间小型锣鼓班。这些民间锣鼓团队虽然没有大型厂矿的依托,但借鉴厂矿锣鼓的表演形式、组织架构、推广方法,活跃在城乡各类活动中,实现了商业运作。因此,民间松散的锣鼓团队可以看作是城镇厂矿锣鼓的一种简化形式,也属太原锣鼓的城镇形态。

(三) 两者的差异

乡村社火锣鼓和城镇厂矿锣鼓作为太原锣鼓的两种形态,内在具有统一性,共同作为太原锣鼓的代表活跃在太原城乡。目前太原锣鼓的城镇存续形态主要是厂矿锣鼓,它的发展成熟离不开乡村社火锣鼓,同时也形成了一定的个性。太原锣鼓的两种形态在人员构成、组织形式、功能作用、资金来源、艺术风格等方面具有差异。

在人员构成方面,乡村社火锣鼓的主力是普通村民,尤其是村落中对锣鼓充满热情的班社成员,他们是社火班社的主心骨,也为社火锣鼓的传承作出了重要贡献;城镇厂矿锣鼓的主力是企业职工,这些职工不排除来自于社火鼓手,也不排除从乡村社火锣鼓磨砺而来,但他们的身份是企业职工,在劳资关系上与普通村民存在显著差异。

在传承方式方面,乡村社火锣鼓主要是直接习得,城镇厂矿锣鼓为间接习得。"所谓'直接习得',是让承传者以亲历、体验、参与的方式,在具体、真实的民俗情境中通过观察、跟随、操作而接受民俗熏陶,在不知不觉中掌握各种民间知识,把上辈的群体的文化传统转化为个人的习惯。'直接习得'是乡村民俗传承的主要手段……所谓'间接习得',指承传者不必亲身参与各类具体的民俗活动,不必处处置身真实的民俗环境之中,而是通过事象见闻、空间模拟等方式感知民俗规律,掌握相关知识,并能传感他人。'间接习得'是当代都市民俗传承的重要手段。"[1]乡村社火锣鼓主要是通过口传心授传承,新的鼓手往往在耳濡目染中成长起来,多是没有专门的教学过程,对乡村民俗环境的依赖性强。城镇厂矿锣鼓更倾向于教学式的培训,编写培训教材、组织培训班,甚至赴外培训,对社火环境的依赖性弱。

在功能作用方面,乡村社火锣鼓主要用于迎神赛社、庙会祭祀、社火活动中,平时庆典、红白喜事等活动的锣鼓也主要侧重于自娱,商业性较弱;城镇厂矿锣鼓也常见于大型庆典、文艺活动、红白喜事中,但主要出于商业表演、企业宣传的目的,商业性较强。

在资金来源方面,乡村社火锣鼓主要依赖班社的募集,村民自愿捐助,资金主要用于道具、服饰购置,参与者常常没有酬劳,或酬劳只是象征性的;城镇厂矿锣鼓以企业厂矿资助为主,参与者有一定的酬劳,商业性的团队以酬金为生。

在艺术风格方面,乡村社火锣鼓简快朴质,城镇厂矿锣鼓隆重热烈。相较于道具简单、人员少、曲子短的乡村社火锣鼓,城镇厂矿锣鼓阵容扩大,人员多,道具多,讲究大场面,因此增加了指挥的角色。社火锣鼓常受资金掣肘,道具简陋、服装杂乱,而厂矿锣鼓一般道具配备齐全,服装统一。社火锣鼓多演奏社火鼓点,曲谱相对固定,随演随走;厂矿锣鼓多使用新编曲谱,波澜起伏,演出地点相对固定。

综上比较,列表如下:

---

[1] 陶思炎等:《中国都市民俗学》,东南大学出版社2004年版,第9页。

表 3-1-1　　　　　乡村社火锣鼓与城镇厂矿锣鼓的差异

	乡村社火锣鼓	城镇厂矿锣鼓
人员构成	普通村民	企业职工
组织形式	社火班社	职工团体
传承方式	直接习得	间接习得
功能作用	自娱游艺	商业宣传
资金来源	班社募集	企业资助
艺术风格	简快朴质	隆重热烈

二、太原锣鼓城镇存续形态的成因

在太原锣鼓传承发展过程中，很长一段时间都是以乡村社火锣鼓为主体的，太原城内的锣鼓也主要以社火伴奏锣鼓的形态存在，一度形成了铁匠巷、庙前街、三桥街三家锣鼓争鸣的态势。太原的城镇社火锣鼓与乡村社火锣鼓一脉相承，20世纪中叶之后城镇厂矿锣鼓在相互融合上逐渐形成规模，并且对社火锣鼓进行了大胆的改革创新。尤其是改革开放以来，城镇厂矿锣鼓成为太原锣鼓的主体发展形态。

这种形态转变，也反映在太原锣鼓代表性传承人的构成上。在1949年前后，太原锣鼓的代表性传承人主要来自城乡的社火锣鼓，如乡村的郑润寿、武春玉、边二元和城区的刘贵、毛牛、赵根杰等人。20世纪六七十年代的代表性传承人主要有城区的裴广明、王平华、刘耀文等人，他们主要是城区的高跷会等社火班社的成员；此外还有郊区乡村社火锣鼓的代表潘献瑛、康守礼等人。改革开放以来，太原锣鼓的代表性传承人主要来自城镇厂矿锣鼓，如太原化工厂的尹勤选、太原客车修造厂的韩起祥、太原线材厂的康宝堂、太原重型机器厂的高春明、太重鼓乐团的李乃忠和张爱仙、太原公交锣鼓团的王爱忠、太原化工厂的孙红兵等。而作为国家级和省级非物质文化遗产的太原锣鼓，其代表性传承人刘耀文、裴广明、王平华都有由社火锣鼓转向城镇厂矿锣鼓的从艺轨迹。

城镇厂矿锣鼓成为太原锣鼓的主体形态是多重原因综合作用而成，主要有三个方面的原因,即城镇化的进程、工矿企业发展的契合、锣鼓文化的深厚土壤。

(一) 城镇化的进程,推动了社火锣鼓的转向

费孝通先生在《乡土中国》中说,"从基层上看去,中国社会是乡土性的"①,这种"乡土性"不仅体现在经济层面,还涵盖文化、社会、心理等诸多方面。在《乡土重建》中,费先生认为:"中国社会变迁的过程最简单的说法是农业文化和工业文化的替易。这个说法固然需要更精细的解释,不能单从字面上做文章,但是大体上指出了中国是在逐渐脱离原有位育于农业处境的生活方式,进入自从工业革命之后在西洋所发生的那一种方式。"②在工业化、现代化、都市化等浪潮的推动下,改变传统乡村的社会结构成为主动或被动的趋势。"传统社会进入现代社会的动力是工业化……在西方,都市化的脚步是紧跟着工业化而来的。的确,现代都市是工业主义的一个'函数',而都市无疑是现代社会生活的主要形态。反之,传统社会以村落为社会生活的主要单元。我们可以看出,由于都市化的趋势,逐渐把许多传统的'生活模式'摧毁了。"③依托传统乡土社会的文化样式在城镇化的进程中如何变迁,这带来了极大的关注,也引起了某些焦虑。

社火锣鼓与城镇锣鼓虽然在道具、曲谱等个别层面较为一致,但实质上已经有了较为明显的差别。社火是乡土社会的产物,必须依赖特定的信仰对象,形成较为完整的时间空间展演规制,由夹杂着血缘、地缘、神缘等多重因素的民间结社组织实施,并且有来自本社群的继承者不断补充到班社中。随着城镇化的进程,社会结构和生活方式都发生了巨大变化,原先按照农业生产规律形成的生活节奏、年度轮转被彻底打乱,迎神赛社、庙会等活动所依赖的信仰对象逐渐弱化,宗族式、村落式、香会式等各类结社被打破,社火传承在传统社会变迁中无法维持基本的新旧交替。在城镇化进程中,有些

---

① 费孝通:《乡土中国》,载《费孝通全集》(第6卷),内蒙古人民出版社2009年版,第108页。
② 费孝通:《乡土重建》,载《费孝通全集》(第5卷),内蒙古人民出版社2009年版,第3页。
③ 金耀基:《从传统到现代》,中国人民大学出版社1999年版,第98—99页。

乡村民俗逐渐消失了,"有些风俗虽然来源于农事……也都带上了城市化的特点,与城市条件结合起来"①,成为新的城市民俗。

在城镇化过程中,乡村的社火活动一定程度上可能在半城镇半乡村的社区中延续,在当前的城镇条件下,无法也没有必要完完全全复现社火锣鼓。太原锣鼓作为社火锣鼓还存续于广大农村地区,在城区也常看到类似社火伴奏的锣鼓,但很大程度上其在城市里已经从乡村民俗演变为城镇民俗。

(二) 与工矿企业的发展契合,促成了厂矿锣鼓的兴盛

太原锣鼓的发展与经济发展紧密相关。明清时期,在晋商的支持下,社火锣鼓兴盛一时。太原是20世纪五六十年代重要的工业基地之一,尤以能源、冶金、机械、化工为特色,大型工矿在企业文化建设中,尤其注重职工文体活动的扶持,各类以工矿企业职工名义组织的文体团队不胜枚举。太原锣鼓作为群众喜闻乐见的文艺形式,得到工矿企业的青睐。20世纪50年代初太原第一家厂矿锣鼓成立,随后各大工矿企业纷纷成立职工锣鼓协会,组建锣鼓队。这些厂矿锣鼓队活跃于国内国际舞台上,被视为宣传企业文化的名片。在亚运会、奥运会、世博会等重要舞台展示太原锣鼓的均是城镇厂矿锣鼓团队。

以太钢职工锣鼓团为例,1990年在亚运会开幕式上的锣鼓表演可以看作太原锣鼓和厂矿锣鼓的标志性事件。"1990年,太原钢铁公司组织了一百多名鼓手,参加了第十一届亚运会开幕式表演,奏响了《丰收锣鼓》的第一声,风靡全国、驰誉中外,把太原锣鼓的发展推向一个新的高峰。"②可以说,此次表演让人们领略了太原锣鼓的壮美,同时也让所属企业获得了巨大的声誉。"代表全国工人阶级擂响了亚运会第一声锣鼓,打出了太钢职工的气派和工人阶级的威风,为太钢争了光。"③基于这样的考虑,企业厂矿在扶植

---

① 张紫晨:《民俗学讲演集》,书目文献出版社1986年版,第333页。
② 母小红等主编:《山西锣鼓》,山西人民出版社1991年版,第7页。
③ 太原钢铁公司史志鉴编辑委员会编:《太钢发展史》,中国科学技术出版社1994年版,第217页。

太原锣鼓上不遗余力,并以此作为展现企业风貌、宣传品牌的重要推手。"太钢职工锣鼓队多次参加国际国内重要活动……充分展示了太钢人的精神风貌。"①

锣鼓合奏,气势磅礴宏大,气氛喜庆热烈,契合工矿企业宣传推广的要求,在工业为主的太原受到特别的青睐,也带来了厂矿锣鼓的兴盛。

(三)锣鼓文化的深厚土壤,保证了太原锣鼓的基本形态

山西锣鼓乐历史悠久,陶寺出土鼍鼓素有"中国第一鼓"之称②。山西保存最为丰富的戏曲文物,又是华北社火最为炽盛之地,戏曲和社火均离不开锣鼓。山西全省鼓乐品种众多,精彩纷呈,太原锣鼓是山西锣鼓文化中的产物。除了各类锣鼓文物遗迹之外,太原为代表的晋中地区还保留大量关于鼓乐的传说,如鼓乐祭汾水神、鼓乐迎送刘皇姑,等等。

清末民国太原人刘大鹏的《退想斋日记》记录了多处乡间锣鼓的情形,从中可以看到彼时太原锣鼓的盛行:"王郭村一乡,共有五六百人家,分为十社,每年今日各社农家鸣锣击鼓,执伞竖旗,共去牛家口迎神。辰、巳时去,未、申时归,锣鼓喧天,旌旗蔽日,儿童踊跃前呵,丁男欣喜后拥,妇女左右旁观,执事者衣冠整肃。""吾乡每年更换乡约,今日众邻里皆去县递保状,晚间鼓乐而归,闾里之人到里门迎接。""今日为灯节起首,千村万井皆张灯纳火以贺世之升平。古人遗俗后人遵而行之,是以各村各庄人皆夔乎鼓之,轩乎舞之。""村社人民击鼓鸣锣以庆升平,无不举手加额曰盛哉乎斯世。午后,里中人扮一社火,名'钟馗送妹',前有鼓吹,冒雪歌舞,穿街过巷以取快乐。"③

及至今日,无论是乡间里社,还是城镇社区,太原锣鼓依然风行。"目前在太原地区及其周边一带非常普及,各城区街道及各乡镇村寨几乎都有自己的锣鼓队,锣鼓演奏频频而起,随处可见;各区锣鼓大赛此起彼伏,蔚然成

---

① 太钢史志鉴编辑委员会编:《太钢年鉴2001》,冶金工业出版社2001年版,第46页。
② 乔建中主编:《中国锣鼓》,山西教育出版社2002年版,第12页。
③ 刘大鹏:《退想斋日记》,山西人民出版社1990年版,第20、27、29、30页。

风。据不完全统计,太原地区能敲锣打鼓的人有数万,规模大小不等的锣鼓队有几百支。"①在这样的锣鼓文化土壤中,锣鼓乐融入太原城乡群众的血液中,即便有城镇化的进程,太原锣鼓依然在城镇生活中保有了旺盛的生命力。

三、太原锣鼓城镇存续的内在动力

为了传承和保护民俗事象和非物质文化遗产,常常采取政治、经济、文化多种措施,在政策上予以保障,在经济上予以扶持,在文化上予以关注。在这些外部措施之外,民俗事象和非物质文化遗产都有着自身的发展规律,其内在的动力实质上决定了其发展的趋势和形态。太原锣鼓作为乡村社火锣鼓,在城镇演变为社区锣鼓,又在厂矿企业的支持下衍生出厂矿锣鼓,不但没有随着时代的变迁逐渐消亡,反而呈现出在城镇中存续的强大能力。不可否认,政策保障、经济支持都对太原锣鼓的城镇存续有至关重要的作用,但其发展的内在动力仍具有根本性和基础性。

(一) 人的互动

太原锣鼓在城镇的存续和发展,归根结底是人的问题。有没有人打鼓,有没有人听打鼓,从业者市场有没有,受众市场有没有,实际上决定了存续的可能。在城市发展过程中,乡村与社区常常并非一日巨变,城镇化的过程也并没有把原先的村落彻底撕裂,更为主要的是,多种多样的"城镇化"仅停留在形式上,基本的社会结构依然延续着。同时也需要看到,在乡村村落和城市社区间存在着直接转变的关系,大量的人口并没有因为城乡身份的转变而彻底改变生活方式。

民俗学家多尔逊认为:"Folk 不必仅指乡下人(Country folk),最好意味着趋向传统的匿名群众(anonymous masses)。即使乡下人搬进城里(在过去几十年里,乡土人口的流入使世界大都市人口骤增),民俗学家并不丧失

---

① 常峰、张林雨主编:《太原锣鼓》,文化艺术出版社 2013 年版,第 7—8 页。

对他们的兴趣。出生在城市里的后代也并不必然失去作为民间群体（folk groups）的属性，因为他们的生活，他们的行为、服饰、烹调、语汇和世界观也可能由传统力量来定型。"①城市民俗学的兴起，让民俗之"民"的反思更加激烈，实际上指向了民俗的承载者——人的问题。

民俗学家邓迪斯认为："还有一些民俗学者，将'民众'错误地定义为农民社会或乡村群体。如果有人接受了这个狭隘观念，那么在定义上，就会得出城市居民不算民众，因而城市居民也不可能有民俗的推论。"②城市民俗得到普遍关注的情况下，简单地以城乡二元对立的思维模式把城乡民俗对立起来，并不符合基本的学术逻辑。在中国的文化语境中，城乡民俗的交融关系更加复杂。

太原锣鼓所依赖的城镇背景，并没有严格和乡村民俗隔离开来，乡村社火锣鼓、城镇社区锣鼓、城镇厂矿锣鼓背后指向的鼓人几乎出自同一种生活场景。更为关键的是，太原锣鼓的普及程度形成了"有人打，有人听"的良性互动，在这样的文化根基上，太原锣鼓并没有因为人的流动而逐渐式微，却因为人的互动保证了存续能力。

（二）技艺的互动

无论是乡村社火锣鼓，还是城镇厂矿锣鼓，都呈现技艺的开放式、互动式提升。社火环境中，鼓手的竞技争胜意识明显，培养了无以计数的优秀鼓手。太原锣鼓的城镇存续也延续了技艺互动的传统，适应了新的发展要求。

"现代化是一个全方位的社会变迁过程，中国的乡村以及中国乡村的民众扮演着重要的角色，构成了剧烈社会变迁的重要组成部分。与此同时，中国乡村也在恢复其自生性与活力的同时，在日常生活实践中不同侧面地展示了其内在的力量：中国乡村的经济合作组织（传统的与现代的）、民间信仰组织、乡村的社会网络（婚姻、宗族）、信任与关系、传统价值的实践、地方

---

① 转引自高丙中：《英美城市民俗学的兴起及其对民俗学的理论意义》，《中国民间文化》1992年第4期。
② ［美］阿兰·邓迪斯编：《世界民俗学》，陈建宪等译，上海文艺出版社1990年版，第2页。

领袖以及仍与乡村保持桑梓之情的走出乡土的学者、官员、商人等,这一切都融入了中国整个现代化的潮流中。"①显然,从乡村转为城镇的社区,从乡村社火锣鼓走出的优秀鼓手,从乡村社火锣鼓传承而来的鼓谱都在城镇锣鼓中发挥了重要的作用。

城镇厂矿锣鼓在乡村社火锣鼓鼓谱的基础上,编创了众多优秀的新曲谱。如对传统的"一二五"鼓点改编新创,演变为对打的演奏模式,增加了锣鼓演奏的气势。"双一二五"改编为"双胜利","农村一二五"改编为"庆丰收","狗相咬"充实为"大联欢",新创"倒五二一""双五二一"。在厂矿锣鼓众多优秀鼓手的努力下,新编"迎宾鼓""欢庆锣鼓""龙城天鼓""十大欢"等鼓点,进一步提升了传统锣鼓,符合城镇经济社会发展的审美需求。

太原锣鼓通过锣鼓集会、职工锣鼓大赛、民间锣鼓大赛、锣鼓节等形式实现了各厂矿锣鼓的技艺互动。各锣鼓队互相借鉴、互相吸收,形成了较为稳定的厂矿锣鼓互动机制。并且,在实际的商业推广演出中,各厂矿锣鼓队走向市场,不得不在展演中提高艺术品格。在不断的技艺互动中,服装更加精致、乐器更加完备、曲谱不断提升、阵容不断扩大、演奏方式不断改革,形成了较为稳定的厂矿锣鼓特征。

总之,"鼓舞人心",人的互动、鼓技鼓艺的互动在文化心理、经济基础、艺术提升等层面构成了太原锣鼓城镇存续的内在动力。

结　语

太原锣鼓主要有两种形态:乡村社火锣鼓和城镇厂矿锣鼓,分别代表了不同历史阶段和地理空间中的形态。乡村社火锣鼓曾是太原锣鼓的主体,奠定了今天太原锣鼓的基本艺术风格。随着时代的发展,

---

① 范丽珠:《乡土的力量:从河北、浙江南部地区的田野调查中观察中国社会发展的内在动力》,载范丽珠等主编:《乡土的力量:中国农村社会发展的内在动力与现代化问题》,上海人民出版社2014年版,第209页。

城镇厂矿锣鼓成为太原锣鼓的主体形态。太原锣鼓的两种形态交融并存，既有关联，也有区别。两者的差异主要体现在人员构成、组织形式、功能作用、资金来源、艺术风格等方面。城镇厂矿锣鼓成为太原锣鼓的主体形态是多重原因综合作用而成，主要有城镇化的进程、与工矿企业的发展契合、锣鼓文化的深厚土壤等三个方面的原因。城镇化的进程，推动了社火锣鼓的转向，从乡村民俗演变为城镇民俗；与工矿企业的发展契合，促成了厂矿锣鼓的兴盛，太原锣鼓作为群众喜闻乐见的文艺形式，得到工矿企业的青睐；锣鼓文化的深厚土壤，保证了太原锣鼓的基本形态，依然在城镇中保有存续能力。太原锣鼓城镇存续的内在动力主要体现在人和鼓两个方面，人的互动使太原锣鼓没有在乡村—城镇的转变中传承中断，也为新时代的传承准备了足够的传承人和受众；鼓技的传承创新、鼓艺的改革提升，根据城镇的审美需要调整艺术品位，也使太原锣鼓的城镇存续形成了新的艺术风格。当然，太原锣鼓在城镇的存续中也面临着各种各样的问题，但其所展示的由乡村社火锣鼓到城镇锣鼓的转变历程，城镇存续的主要形态，城镇存续的内在动力，则具有深远的参照和启发意义。

第二节　文水鈲子：击铙舞钹的边缘清响

文水鈲子，又称岳村鈲子，因流传于山西省吕梁市文水县岳村一带而得名。文水鈲子属于广义上的民间锣鼓，但与大多数锣鼓的区别是，鼓的角色居次，很多时候也不必有锣，主要的乐器和道具是"鈲子"——当地人特制的一种小钹。文水鈲子主要有四种乐器，大鼓、大铙、大钹和鈲子，后三者都属于钹类乐器，只不过形制稍有差异。文水鈲子表演时，鈲子既是乐器，也是舞具，持鈲的众人按一定阵形动态变换，一边击鈲作响，一边引鈲起舞。从这个意义上来说，文水鈲子较传统音乐更接近舞蹈，较民间锣鼓舞更接近钹舞，呈现乐舞一体的形态。文水鈲子2006年列入第一批国家级非物质文化遗产名录传统音乐类。

钹种类繁多，形制各异，民间称呼多样。薛艺兵《中国乐器志·体鸣卷》"钹（铙、镲、铜钹）"条目下收录各类钹十九种[①]，薛宗明《中国音乐史·乐器篇》"钹之属"收录各种钹六十一种[②]，实际种类及异名应当更多。铙、钹、镲是最为常用的对钹的称呼，钹是通名，铙和镲也常用来作钹的统称。简单地讲，铙一般指大钹，镲一般指小钹；铙的古语色彩浓厚，镲的民间色彩浓厚。铙原是周代的乐器和礼器，《周礼》中"四金"（錞镯铙铎）之一，形如钟而无舌，与现在的钹差异明显。金铙渐废，铜钹盛行，"铙钹"连用，"铙"也用来指代钹。"镲"是民间对钹的俗称，或许取自钹鸣的"嚓嚓"声，犹如乡间多呼锣为"哐哐"，钹为"锵锵"。此外，钹有鑔、钗、铰、鈲、鍻、锅、铺等名号。鑔是镲的异体字，钗是镲的民间俗写。铰字本无钹的意思，"铰子"在陕西、四川、山西等地的梆子或民间舞蹈中指钹。鈲字本无钹意，在民间乐舞文水鈲子中指钹，或也因"呱呱"之声得名。北京有呼钹为鍻、锅，承德有呼钹为铺。古有铜盘、达拉等钹，今少数民族亦多流行，藏族的布哉、侗族的昨梭、壮族的斜埃等等，不胜枚举。

钹是应用颇为广泛的乐器，无论是古典交响乐合奏，还是民间社火班社吹打，皆有钹的参与。钹多由铜合金铸锻而成，故又称"铜钹"。钹的构造简单，整体为圆形铜片，中间突出，俗谓"斗笠"，古人状之为"浮沤"。两片为一副，相击而鸣，钹的边缘振动强烈，至中心渐弱。钹的声音高拔洪亮，在响器中颇具气势，极富穿透力和感染力。一般认为，钹由外来，从西亚经印度、中亚等地传入中国，并且迅速流行开来。宫廷雅乐和民间俗乐中，钹虽不是中心，却担当着不可或缺的角色。尤其是宋元以来，钹和锣鼓逐渐组成戏舞伴奏、宗教科仪、民间社火中固定的"锣鼓套"，成为人们最为熟知的乐器之一。

---

① 薛艺兵：《中国乐器志·体鸣卷》，人民音乐出版社2003年版，第45—56页。
② 薛宗明：《中国音乐史·乐器篇》(上)，(台北)商务印书馆1983年版，第272页。

与历史久远、地位显赫的鼓相比,钹在民间文艺中虽十分常见,却常处于不太引人注意的边缘位置。

一、钹的多重角色

钹的角色具有多重性,其首要的角色是乐器,其他角色都是建立在此基础上的。由于乐器的性质,早期曾有作为礼器的可能,相对于早期的"铙"而言,后世的钹一般并不珍贵,因此较少作为礼器。作为乐器的同时,钹常被用于宗教场合,带有浓厚的宗教色彩,因此在这个意义上钹具有法器的角色。另外,与乐器关系稍远,钹还是一种兵器(武器)。钹具有多重角色,主要是乐器、法器、兵器。在民间乐舞中,钹的角色也具有双重性,一种较为人所熟知,就是作为伴奏的乐器,并不充当主要角色;另一种则是作为核心道具出现,参与伴奏居次或不参与伴奏,主要是作为道具来呈现,这一类民间乐舞可以概称为"钹舞"。

(一)作为乐器的"钹"

钹是作为乐器传入中国的,乐器是核心角色,"钹"字最早用来指代传入的乐器。日本学者林谦三先生在《东亚乐器考》里说:"至于传入中国的肇始,虽无确证,至少作为乐器之名,是在东晋时代就已经知道了,这通过佛教经典来看就很明显。例如《法显传》的醯罗城(今 Hiddh)条有'敲铜钹'之类的记载;鸠摩罗什译《妙法莲华经》方便品第二有:'箫笛琴箜篌,琵琶铙铜拔'等,在唐代编纂的佛书里可以见到,而据唐代的训诂家所说,可知起初只是用拔字或跋字来作这乐器之名的,钹是这乐器充分中国化了之后才专为此乐器的名称而新造出来的字。"[①]从钹的传入以及"钹"字的新出可以看出,"钹"作为乐器的专名是无所争议的。

作为乐器的"钹"在古籍记载中俯拾皆是。

---

① [日]林谦三:《东亚乐器考》,音乐出版社1962年版,第28页。

初孝明之时，洛下以两拔相击，谣言曰："铜拔打铁拔，元家世将末。"——《北齐书·帝纪第一》①

天竺者，起自张重华据有凉州，重四译来贡男伎，天竺即其乐焉。歌曲有沙石疆，舞曲有天曲。乐器有凤首箜篌、琵琶、五弦、笛、铜鼓、毛员鼓、都昙鼓、铜拔、贝等九种，为一部。（该卷中所列西凉、龟兹、天竺、康国、安国等地乐器中均有铜钹，笔者注）——《隋书·志第十音乐》②

铜拔，亦谓之铜盘，出西戎及南蛮，其圆数寸，隐起若浮沤，贯之以韦皮，相击以和乐也。南蛮国大者圆数尺，或谓南齐穆士素所造，非也。——《旧唐书·志第九音乐二》③

铜钹，亦谓之铜盘，出西戎及南蛮。其圆数寸，隐起如浮沤，贯之以韦，相击以和乐也。南蛮国大者圆数尺，或谓齐穆士素所造，非也。——唐杜佑《通典·卷一百四十四》④

铜钹，盘沫反。古字书无钹字，近代出也。《字统》云：乐器名也。形如小瓶口，对而击之。《考声》云：形如小叠子，背上有鼻，以二口相击为声，以和众乐也。——唐慧琳《一切经音义·卷十七》⑤

铜钹本南齐穆士素所造，其圆数寸。大者出于扶南、高昌、疏勒之国，其圆数尺，隐起如浮沤，以韦贯之，相击以和乐。唐之燕乐法曲有铜钹相和之乐。今浮屠氏法曲用之，盖出于夷音也。然有正与和其大小清浊之辨欤？——北宋陈旸《乐书·卷一百二十五》⑥

铜钹，铜钹谓之铜盘，本西戎南蛮之器也。昔晋人有铜澡盘无故自鸣，张茂先谓人曰：此器与洛阳宫钟相谐，宫中撞钟故鸣也。后验之果而，大抵音比则和声同则应，非有物使之然也。铜铙，浮屠氏所用浮沤，

---

① （唐）李百药：《北齐书》，中华书局1962年版，第9页。
② （唐）魏徵等：《隋书》，中华书局1962年版，第379页。
③ （后晋）刘昫等：《旧唐书》，中华书局1962年版，第1078页。
④ （唐）杜佑：《通典》，中华书局1988年版，第3673—3674页。
⑤ 徐时仪校注：《一切经音义三种校本合刊》，上海古籍出版社2008年版，第794—795页。
⑥ （宋）陈旸：《乐书》，《景印文渊阁四库全书》(211册)，(台北)商务印书馆1986年版，第542页。

器小而声清,世俗谓之铙。其名虽与四金之铙同,其实固异矣。——元马端临《文献通考·卷一百三十四》①

在历史发展过程中,钹作为乐器不仅广泛使用于宫廷雅乐和官方礼仪配乐中,也大量使用于民间吹奏、民间戏曲、民间舞蹈中。"唐宋时期,在中国人的生活中,对钹类乐器的使用应该已相当普及……元代,钹类乐器已普遍流传于中国各地。明清时期,钹更广泛地使用于民间器乐合奏及地方戏曲伴奏,如河北吹歌、山西八大套、苏南吹打与昆曲等各地方乐种中。"②总之,钹作为一种乐器,使用越来越广泛,影响越来越大。

(二)作为法器的"钹"

"钹"作为乐器传入中国与佛教传入有密切关系,钹是佛教供养乐的器具,传入中国后也成为道教科仪奏乐的主要乐器。钹在作为乐器的同时,由于宗教的影响,具有了法器的角色。钹作为法器,在佛教中尤为明显。

《佛本行集经》:"复教宫内,色别置立诸杂音声,各各千数,其中所谓一千箜篌、一千具筝……一千铜钹……一千种歌、一千种舞,其手及声,常于宫内,昼夜不绝。"③唐《敕修百丈清规》:"铙钹,凡维那揖住持两序。出班上香时,藏殿祝赞转轮时,行者鸣之。遇迎引送亡时、行者披剃、大众行道,接新住持入院时,皆鸣之。"④周密《武林旧事》:"四月八日为佛诞日,诸寺院各有浴佛会。僧尼辈竞以小盒贮铜像,浸以糖水,覆以花棚,铙钹交迎,遍往邸第富室,以小杓浇灌,以求施利。"⑤孟元老《东京梦华录》:"就中莲华王家香铺灯火出群,而又命僧道场打花钹、弄椎鼓,游人无不驻足。"⑥《僧史略》亦说:"初集

---

① (元)马端临:《文献通考》,中华书局1986年版,第1195页。
② 施德华:《中国钹的历史及其形制之研究》,《屏东教育大学学报》(人文社会类)2012年第38期。
③ (隋)阇那崛多译:《佛本行集经》,见《大正新修大藏经》(第3册),(台北)佛陀教育基金会1990年,第715页。
④ (元)德煇重编:《敕修百丈清规》,见《大正新修大藏经》(第48册),(台北)佛陀教育基金会1990年,第1136页。
⑤ (宋)周密:《武林旧事》,见《东京梦华录》(外四种),古典文学出版社1957年版,第378页。
⑥ (宋)孟元老:《东京梦华录》(外四种),古典文学出版社1957年版,第37页。

鸣铙钹,唱佛歌赞,众人念佛行道。"①舞人击钹的图像多见于佛教的石窟。

道教和民间信仰的奏乐中也有钹。由于钹常用金属(主要是铜)打造,在限制使用铜的历史时期(如金代),民间用钹受到影响,寺庙宫观作为法器的钹能够存留延续就显得尤为重要。《中国音乐文物大系》所收录的从唐至清数十副钹中,极大比例都是作为宗教法器使用的,而不仅仅限于乐器的身份了。如山西繁峙下寨村出土的宋代窖藏佛教铜铙、江苏徐州出土的北宋雪山寺钹、陕西扶风虎王村殿台寺庙遗址出土的金代铜钹、四川三台蟠龙庙出土的元代铜钹、湖南临湘龙泉寺遗址出土的元代钹、内蒙古喀喇沁灵悦寺旧藏的明代铜钹、甘肃拉卜楞寺的清代铜钹、湖北武当山道观藏明清铙钹,等等。

(三) 作为兵器的"钹"

钹确实用于军事战争中,如所谓"鸣金收兵","金"多指声音洪亮的铜器、铁器,以锣为主,当然也不乏铙钹。《周礼》中说"以金铙止鼓",此铙非钹,郑玄注:"铙如铃,无舌,有秉,执而鸣之以止,击鼓司以金铙止鼓。"②戚继光《练兵实纪·练耳目》:"明摔钹,凡摔钹鸣,是要各兵收队,再鸣成大队,旗帜通回中军。"③可见钹也参与到古代战争中,但主要还是作为传递信号的响器,并非作为兵器。

钹作为兵器,一方面确有实证,一方面来自文学想象。在乐器钹的基础上加以改造,出现了武术中的兵器"钹"。"钹是古代陆战的一种双兵器……看起来像戏剧打击乐中的'钹',但只有一半,内侧有把柄。半圆形有锋利的刃。可以单练,可以对练,也可以和枪、棍等长器械对练,合起来起到盾的作用,可以挡对方射的箭。用法有捞、撩、铲、推、云、劈、挡、扫等。方法灵活多变,有较高实用价值。"④作为兵器的钹在民间武术中或有流派传承,但在实

---

① (宋)释赞宁:《大宋僧史略》,见《续修四库全书》(1286册),上海古籍出版社1996年版,第691页。
② (清)阮元校刻:《十三经注疏》,中华书局1980年版,第721页。
③ (明)戚继光:《练兵实纪》(三),中华书局1985年版,第76页。
④ 吴明精、刘敬仁:《钹——一种罕见兵器》,《武林》1983年第10期。

战中确实少见。

在文学想象方面,民间流传着李世民与飞钹的故事,而在演义小说中常被作为和尚道士的武器使用,这不免是受到现实生活中铙钹作为宗教法器的影响。在《三宝太监西洋记通俗演义》中有位飞钹禅师,擅长使用铙钹;《说唐》和《薛丁山征西》中都有一位飞钹和尚,以钹为兵器;《西游记》中有孙悟空被困金铙(金钹)的情节。可见钹作为兵器受到法器的影响而具有了法力。这种文学想象并非无根之木,既有一定的现实依据,也体现了对钹的民间认知。

综上所述,钹的角色具有多重性,核心角色是乐器;由于宗教乐器的性质,角色为法器;较为罕见的角色是兵器。多重的角色是在特定的文化背景下形成的,同时参与到具体艺术形式的建构上。在民间乐舞中,钹的多重角色得以保留呈现。民间舞蹈离不开音乐伴奏、武术杂技等其他艺术形式,作为乐器的钹提供伴奏,作为法器、兵器的钹则更多地呈现为舞蹈的道具,形成颇具特色的"钹舞"。

二、"钹舞"的主要类型

钹舞,主要是指以钹为核心道具、展现舞钹技艺的民间乐舞。钹舞历史悠久,今天依然活跃在中国多个省份和地区,具有多种类型。《中国舞蹈大辞典》"钹舞"条:"钹舞,民间舞蹈。流传于汉族、侗族、布依、朝鲜族中,是有佛教、道教以及原始信仰遗存的民族在斋醮、超度亡魂、祈福、驱邪等活动时,由和尚、道士或师公(巫师)以钹作为道具(法器)表演的舞蹈形式。舞蹈名称因宗教、民族、地区以及钹之大小而有不同。"[1]钹舞以击钹起舞为主要特点,"钹是声音响亮的乐器,也是金光闪烁的舞具。击钹起舞,从古代传承至今,从中原汉族传播到少数民族地区。边击边舞,飞钹出手是其特技,既是民间节日的表演技艺,也是宗教活动中的舞蹈品类。"[2]

---

[1] 王克芬等主编:《中国舞蹈大辞典》,文化艺术出版社2010年版,第41页。
[2] 王克芬编:《舞论续集》,中央民族大学出版社2011年版,第161页。

各地钹舞名称各异,有掷铙钹(戏铙钹、弄铙钹)、打钹舞(打铙钹花)、铙钹花、钹花舞、打铙钹、飞镲、瓻子、飞钹、舞十番(十番飞钹、飞钹舞)、擦大钹、翻山铰子、耍锣钹、铙钹舞、铙舞、花钹舞、对花钹、调花钹、调钹等不同名称,还有把钹舞作为其中构成部分的铜器舞(打铜器)、武吵子、花钹大鼓等。按照传承民族来划分,可以分为汉族钹舞和少数民族钹舞;按照宗教背景来划分,可以分为佛教钹舞、道教钹舞、民间信仰钹舞;按照表演场合来划分,可以分为宗教钹舞和社火钹舞。现从汉族钹舞、少数民族钹舞、宗教钹舞三个主要类型来概述钹舞状貌。

(一) 汉族钹舞

汉族钹舞流传在汉族中,最初可能有佛教和道教的影响,现在主要表现为社火形式的钹舞形态。

汉族钹舞的代表有山西文水的"岳村瓻子"、广东肇庆四会民间艺人的"钹花舞"、广西玉林贵港等地的"钹花舞"、天津的汉沽飞镲、江苏南京六合的飞钹、河北唐山遵化的"铁厂飞钹"、广东佛山的"舞十番"(十番飞钹、飞钹舞)、四川达州巴中南充等地的"翻山铰子"、辽宁朝阳的"花钹舞"、河南郏县遂平郾城许昌等地的"铜器舞"(大铜器、打铜器、铜器会)、北京大兴的"武吵子"、北京各区的"花钹大鼓"、河北香河舞中幡中的"对花钹"等。各地的锣鼓艺术(如山西的太原锣鼓、威风锣鼓)中等也有"飞钹"的技艺。

上述各地钹舞具体表现形式各不相同,清代杨恩寿《坦园日记》中描述广西北流的"花钹舞":"有伶人献飞钹技。其人短衣红襦,年甫十余,持钹而进。始而掷一钹于空中,以一钹承之;继而两钹齐掷,空中相击,自然应拍;其余或以一钹盘于首而以一钹飞击之;或以竿承钹作螺旋;或以一足踏钹,钹怒起,急以一钹承之;或以海螺承钹,钹自走有声:千奇万怪,视之疑若弹丸,疑若弄珠,殆非复寻常钹也。"[①]南京六合的"飞钹":"所用道具钹一对(有铜、铁、钢之分,有大钹、小钹、小壳子等种类)。表演飞钹时原来无伴奏,后

[①] (清)杨恩寿:《坦园日记》,上海古籍出版社1983年版,第145页。

来根据演出需要才配上民间音乐伴奏。飞钹表演动作极富个性,讲究技巧,具有舞蹈与杂耍共存的特点……舞时双手击钹,时而将钹旋转置于另一钹上,钹旋转如飞;时而将钹抛向空中,另一钹接住,其钹仍飞转不止。舞钹艺人在表演中间还穿插'翻筋斗''钻火圈'等技巧动作。"[1]其特点可见一斑。

(二) 少数民族钹舞

少数民族钹舞流传在彝族、侗族、瑶族、布依族等少数民族中,也可能受到佛教和道教的影响,但现在主要和本民族的信仰结合紧密。

少数民族钹舞的代表主要有湖南邵阳遂宁侗族的"耍锣钹"、贵州镇宁望谟等布依族的"铙钹舞"(佯躲)、贵州黔南罗甸布依族的"打铙钹"(娄哇笑)、云南保山彝族的"擦大钹"、云南河口文山瑶族的"跳钹"等。少数民族地区"钹舞"的主要特点是由当地师公(巫师)主演(后有逐渐转为群众性舞蹈的),常在禳灾祈福的仪式中进行。

布依族的钹舞"打铙钹"(娄哇笑)"是一种迎神驱瘟、避疫赶邪的娱神舞蹈,常于丧葬请神、祭祀及过年过节敬奉老人幸福长寿时表演"[2]。宗教性弱化后的钹舞成为群众性的舞蹈形式,如保山彝族的"擦大钹":"擦大钹在当地彝族村寨中十分盛行,每个村寨都有擦大钹班子,小的村寨有一两个,大的村寨有五六个之多。每逢节日庆典,红白喜事,建屋乔迁,当事人家都要邀请擦大钹班子到场表演一番。"[3]云南河口文山瑶族的"跳钹"也原是师公、道公做法事的节目,后来成为当地的民间舞蹈。

(三) 宗教钹舞

宗教钹舞主要指流传至今的由道士与和尚承担的钹舞表演。汉族钹舞

---

[1] 南京市六合区地方志编纂委员会编:《六合县志 1988—2002》,方志出版社 2013 年版,第 959—960 页。
[2] 中国民族民间舞蹈集成编辑部编:《中国民族民间舞蹈集成·贵州卷》,中国 ISBN 中心 2001 年版,第 761 页。
[3] 中国民族民间舞蹈集成编辑部编:《中国民族民间舞蹈集成·云南卷》,中国 ISBN 中心 1999 年版,第 414 页。

和少数民族钹舞在发展过程中都有明显的宗教钹舞的痕迹,随着时代发展,钹舞的宗教性质逐渐减弱,即便如此,有些地方依然保留了宗教钹舞的形态。

宗教钹舞的代表有福建泉州的"掷铙钹"、广东梅州的"铙钹花"、福建龙岩永定的"打钹舞"、贵州黔南惠水的"铙钹舞"、湖南邵阳的"打铙钹"、江苏苏州的"玄妙观飞钹"、浙江嘉兴海宁等地的"飞钹舞"、安徽宣城等地的"铙舞"、安徽歙县的"钹舞"、浙江金华的"调花钹"等。

宗教钹舞与普通钹舞相较,仍然带有浓厚的宗教性。江苏苏州玄妙观飞钹,"俗称'丢齐钹',又称《打棉带》,苏州玄妙观醮仪中带有杂技性的仪式舞蹈。该舞一般用于娱神、谢神、避神,同时增强醮仪气氛,达到吸引观众的目的。除玄妙观外,苏州农村如常熟、太仓等地的一些赴应道士(即在家道士)也有表演这种绝技的。个别寺庙(如太仓陆渡大悲寺)的和尚在'放焰口'时也有飞钹表演"[1]。流传在福建省泉州市南安、晋江、安溪等县的"掷铙钹"被看作一种道教舞蹈,"主要用于'做功德',是死者后代为使亡灵免堕'三涂'(畜生、饿鬼、地狱),请道士来家超度的一种祭奠仪式"[2]。个别地方的宗教钹舞也有转为群众性舞蹈的趋势。

三、民间乐舞中"钹"的角色建构

钹在民间乐舞中充当伴奏的角色颇为常见,因声色洪亮高远,与锣鼓搭配,节奏明快,气氛热烈。但作为乐器的钹,均作为"锣鼓套"的构成,以鼓为核心,多处于从属的地位。即便如此,钹在民间乐舞的音乐元素中仍然扮演着不可或缺的角色。更为重要的是,民间乐舞中的"钹舞",以舞动钹为主要内容,钹作为舞蹈的道具,不仅充当配乐的伴奏,而且走向舞台的中心,成为一类舞蹈所着力展示的技艺。"钹舞"融合音乐、舞蹈、武术、杂技等多种民间艺术,奇巧精妙,颇具民间影响力。各地流行的"钹舞"把伴奏乐器之一的

---

[1]《中华舞蹈志》编辑委员会编:《中华舞蹈志·江苏卷》,学林出版社 2014 年版,第 296—297 页。
[2] 中国民族民间舞蹈集成编辑部编:《中国民族民间舞蹈集成·福建卷》,中国 ISBN 中心 1996 年版,第 574 页。

钹作为舞蹈道具呈现,丰富了民间舞蹈中"钹"的角色内涵。

钹舞中的"钹"在声音、形制、寓意等层面透射出更为深厚的角色建构空间。

(一) 拟声

钹首先是一种乐器,因其形制、大小、合金的不同而音色各异,同一副钹也会因为相击的力度、角度、频度不同而声音有别。在各地的钹舞中,演奏者、舞蹈者手持双钹,尽可能地表现出钹声的多样性,并且结合具体的舞蹈语境,赋予不同声音以意义。因此,各地钹舞面临"为何以钹为舞具"的基本问题时,会给出拟声的多元解释。

在山西文水岳村,在祈雨祭祀中,有专门的钹舞"岳村钲子",也就是"文水钲子"。钲子,是当地人对乐舞中小钹的称呼。文水钲子在表演时,除了锣鼓外,最主要的乐器是大钹和小钹,小钹就是钲子,演奏时上下交错擦击发出激烈清脆的声音,犹如沙沙的下雨声。小钹演奏时可以使用不同的手法,双手捂击时发出紧迫的"呱呱"之声,犹如倾盆大雨从天而降;从上而下退击,发出嚓嚓细响,犹如细雨轻落之声;左右擦击声亮错杂,模拟风雨交加的景象。大钹也称"钹儿",钹碗比小钹大,拍击时声音响亮浑厚,常常用于表现热闹红火的大场面气氛,左右擦击时模拟风云变幻,边缘拍击时又好似小雨急急飘落而下。通过擦击、抛击、磨击、刮击等数种奏法,来模拟"电闪雷鸣""雨露普降"的场景。

天津的汉沽飞镲主要流行于当地的渔民中,镲的声音与舞的动作结合起来,被认为展现人们赖以为生的大海:"起伏的金镲、飞舞的镲缨,恰好反映出他们心中的大海形象。因此,《飞镲》的风格不仅体现渔民的纯朴粗犷,更有大海的磅礴气势和内涵。这些,也体现在艺人对飞镲舞动的感觉要求上。例如:'淴镲','要像海潮一样起落',因而,动作就要大幅度下蹲和猛然地上扬;对'攘镲'和'分镲',要有'海浪翻腾'的感觉;平静的'掏镲',恰似'海涛声声';突然紧接'捞月'的变化更要有'风浪骤起,船身颠簸在浪涛之上'的感觉。"①

多种形制的钹,多种演奏方法产生出的多种音效,在实际的舞蹈场景中,产生了丰富的意义。"钹舞"在钹声的基础上凝聚了更加丰富的情感。

(二) 象形

中国传统乐器在外形上都有"拟象外物"的特点,钹在中国化的过程中,因其独特的外形生发想象的空间。古人说钹像"浮沤",今人说钹像"帽锅",都是对其形状的概括。钹舞中的"钹"增加了舞蹈的表现力,单因这道具的独特而引人注目。

钹形中突体圆、两副一对,民间多作阴阳和谐的解释。原始乐舞多操道具,如葛天氏之操牛尾。钹类似手掌,又属响器,颇似徒手舞的延伸。

《东亚乐器考》中说:"铜钹是铜制的同形两片为一对,用来相对拍打的相击乐器;可以看作从拍手分化出来的乐器之一。所值得注意的是:这乐器在古代印度称为 tala(打拉),和巴掌、手掌是个同义语。"②这种观点具有代表性,有论者在此基础上说:"原始人学会拍巴掌,是产生节奏的基本方法。进而发现可用成对石块、棍棒或板条等互碰拍节,随后发展出包括镲在内的种种碰奏乐器,这是用器物取代拍巴掌的延伸。印度称镲为'塔拉'(tala),与巴掌是同义词。许多乐器的创始,是源自生活或劳动器物,镲也可能是由漏斗或碗钵一类器皿发始的。"③

因此,钹舞作为徒手舞的强化和延伸,通过钹的舞动增加舞蹈的表现力,实际上也是对钹充当舞蹈道具的合理想象。"对花钹是一种由鼓掌演化而成的击乐舞蹈。老艺人说,对花钹的产生是由中幡而起。相传,当初表演舞中幡,孩子们在围观时受到感染而鼓掌喝彩,为舞幡人助了威,相互的感染使表演气氛十分热烈欢快。有心的会头便以此为模型,编排了儿童双手

---

① 中国民族民间舞蹈集成编辑部编:《中国民族民间舞蹈集成·天津卷》,中国舞蹈出版社1990年版,第275页。
② [日]林谦三:《东亚乐器考》,音乐出版社1962年版,第27页。
③ 关肇元:《话说铙钹镲大家族(上)——镲的起源与传播》,《乐器》2006年第3期。

执小铜钹对击的舞蹈动作,并逐步改进,成为既是中幡的配属,又是独立的儿童舞蹈。"①从此例中可以看出,钹的外形特点给乐舞注入了新的内涵,也因为钹的参与,实质上改变了舞蹈的性质。

(三) 寓礼

在中国礼乐传统的大背景下,音乐舞蹈要符合礼制的要求。旧的礼制约束力逐渐减弱,钹能够在民间取得广泛的认可和使用,与其特殊的发展历程有关。钹最初和宗教的联系较为紧密,具有浓厚的法器色彩。钹舞在由宗教舞蹈向群众舞蹈转变的过程中可能面临生存土壤突变的问题。然而,各地的钹舞要么保留了浓厚的宗教色彩,要么依然和当地的祭祀仪式相结合。即便钹舞的娱乐性越来越强,乃至发展为独立的舞蹈形式,但仍有"合乎礼仪"的趋向。换言之,钹舞都希望从"钹"的角色中得到表演的合法性。

云南保山彝族的钹舞"擦大钹","绝大多数民族(特别是徐掌村的彝族)都一致认为,钹是神器,与神灵相通,具有不可言说的神秘性和神圣性。同时,钹也是做法法师们的法器,是不能随便触摸的。尤其是女人,是绝对不能触摸的。再者,钹的声音大,好听,能创造热闹的气氛。"②其实,钹的法器角色,为钹舞充当了极佳的注脚,而且有宗教性的解读路径。例如,广东梅州的钹舞"铙钹花"和佛教关系密切,"铙钹花舞蹈表演中的道具铙钹为圆形,圆形的不断转动象征宇宙中生命体生生不息的运动状态,同时非常切合佛教中的'六道轮回'学说。"③

在宗教氛围逐渐弱化的情况下,钹舞与生产生活更加贴近,娱乐审美的性质更加突出。例如天津汉沽飞镲:"汉沽地区的渔民每年第一次出海打渔遇到鱼群时,都要展开旗子,焚香烧纸,敲锣打鼓,诱鱼入网,谓之'赶鱼'。收船回港时,更是锣鼓震天,庆祝渔业丰收。汉沽飞镲表演者手中的镲、铙、钹、鼓既是演奏乐器,同时又是舞蹈和表演的道具。镲、钹、铙作为过去寺庙

---

① 《中华舞蹈志》编辑委员会编:《中华舞蹈志·河北卷》,学林出版社 2013 年版,第 162—163 页。
② 熊云、丁今主编:《徐掌村彝族舞蹈擦大钹保护调查》,云南大学出版社 2013 年版,第 59 页。
③ 张月龙:《梅州客家舞蹈"铙钹花"的符号解读》,《北京舞蹈学院学报》2016 年第 3 期。

中和尚用于敲击法门之音的乐器,其作用在民间被称之为'打喜'。打,即是'报信',喜,则是吉祥之意,'打喜'便是报喜信之意。"①山西文水的"岳村鈲子"也从当初的祈雨仪式中独立出来,成为当地群众的社火舞蹈形式。据人们传说,明代文水遭遇了百年不遇的旱灾,邻近十八村的人们就聚集起来,祈祷仙姑赐雨。在这一规模盛大的民俗活动中,岳村人独创了模拟雷公闪电的鈲子演奏形式,参加了浩浩荡荡的祈雨活动。当普降喜雨后,人们在为仙姑庆功时,乡村的社火精粹云集县城,而神奇的《岳村鈲子》和《桥头大鼓》出现时,引来了众多的群众尾随观看,因而,有这样一句俗语在文水广泛流传:"岳村的鈲子桥头的鼓,要看红火送仙姑。"②即便到了今天,文水岳村鈲子在表演时还能听到关于仙姑的传说,依然带有祈雨的浓厚色彩,民间信仰的成分减少,但人们应时鸣钹起舞的热情却丝毫未减。

结　语

钹是常见的乐器,种类繁、形制多,使用广泛,民间称呼多种多样。钹的角色具有多重性,首要的角色是乐器,这是多重角色的核心和基础;其次是法器,钹作为乐器常常使用在宗教场合而被视为法器;再次是兵器,钹作为兵器并不常见,在实战中更为罕见,在民间武术和文学作品中确有作为兵器的钹。钹的多重角色是相互关联的,基础是乐器,因宗教用途而成为法器,在此基础上经过改造和想象成为兵器。

钹在民间乐舞中主要用来伴奏和充当道具,一物兼具乐和舞两端。用钹来伴奏配乐的民间舞蹈很多,而以钹为核心道具的成为一类舞蹈——"钹舞"。钹舞在中国各地流行较广,主要类型有汉族的钹舞、少数民族钹舞和宗教钹舞。各地钹舞的共同点是以舞动钹为特色,

---

① 路浩、王拓:《汉沽飞镲老会》,山东教育出版社2014年版,第95页。
② 蓝凡主编:《中华舞蹈志·山西卷》,学林出版社2009年版,第74页。

尤其是"飞钹"技艺引人称绝；不同点是钹的形制差异和舞蹈套路差异较大。"钹舞"融合音乐、舞蹈、武术、杂技、体育等多种艺术形式于一体，为群众所喜闻乐见。

钹舞中的"钹"丰富了该乐器的角色内涵，在声音、形制、寓意等层面透射出更为深厚的角色建构空间。首先是拟声，用钹的声音拟象万物，舞蹈者手持双钹起舞，通过钹声的多样呈现，结合具体的舞蹈语境，赋予不同声音以意义；其次是象形，以钹的特殊形态增加解读路径，增强舞蹈的表现力和感染力；最后是寓礼，钹舞的娱乐性越来越强，乃至发展为独立的舞蹈形式，希望从"钹"的角色中得到表演的合法性。

钹，相击作声，边缘振颤而声音洪亮，至中心渐趋微弱。在民间乐舞中，作为伴奏的钹向来并非处于众多乐器的核心，虽处边缘但不可或缺。更为重要的是，钹作为道具在舞蹈中形成独具特色的"钹舞"，从伴奏走向舞台中心，成为舞蹈呈现的主角。因此，钹在民间乐舞中充当了重要的角色，尤其是在击钹起舞的"钹舞"中所代表和呈现的独特生存场景。

第四章 民间舞蹈的继承发展

山西被誉为民间歌舞之乡，晋中地区的民间舞蹈种类丰富、各有千秋。左权民间歌舞闻名遐迩，寿阳爱社傩舞是北方汉族傩舞的重要代表，社火中盛行的飞叉舞又有舞武合一的风采。就整体而言，晋中每一类民间舞蹈都有独特的发展轨迹，走过了同中有异的发展道路。在新的时代背景下，这些民间舞蹈同样面临着继承发展的问题。

小花戏流行于晋中地区的多个县区，以左权小花戏最有特色，影响力最大。左权小花戏始于左权民间"文社火"，后转变为民间舞蹈形式，在表演中与左权民歌紧密相连。在抗战时期，左权县处于太行根据地的心腹地区，为了适应战争形势需要，对左权民间歌舞进行"改造和提高"。正是在这一时期，左权民间歌舞发生了明确的转向，在特定的历史条件下，通过"改造"，在题材、内容、风格、目的等方面发生了全新的变化。

爱社，又称"耍鬼"，目前仅流存于晋中市寿阳县韩沟村。寿阳爱社是北方汉族傩舞的重要代表。爱社傩舞主要在轩辕黄帝生日庆典、祭祀和祈雨等场合表演，前后约需50分钟。舞队由24人组成，其中6名大鬼戴鬼脸面具表演，18名小鬼在两边助阵。当地传说，"耍鬼"表现的是黄帝大战蚩尤的传说，黄帝为了战胜蚩尤，命将士扮作二十四家"魂头鬼"迷惑蚩尤，最终取得了胜利。传说黄帝为纪念这次战争的胜利，表彰将士爱护社稷的勇敢行为，就把众将士的舞蹈称为"爱社"。

飞叉，又称耍叉、盘叉、舞叉等，是以叉为主要道具，通过舞动叉展现高超技艺，有一定套路和规范的表演形式，兼具舞蹈、武术、杂技多种民间艺术形式。各种形式的飞叉表演常见于山西各县的民间社火中，晋中地区以晋阳三三叉、寿阳耍叉较有代表性。晋阳三三叉流传于太原市晋源区东城角村、西寨村、东庄营村一带,源自古代屯军士兵闲暇时的娱乐杂耍表演,后来逐渐演变成逢年过节时的社火演出,并带有祈雨、求福的意蕴。寿阳耍叉流传于寿阳县黑水村一带,原为当地庙会时为寿星祝寿或得雨还愿所表演的技艺,后演变为民间杂技表演形式。

第一节 小花戏:抗战时期左权民间歌舞的改造赓续[①]

1937年7月全面抗日战争爆发后不久,中国共产党领导的抗日武装进驻山西辽县(1942年左权将军殉国后更名"左权县"),开辟抗日根据地。至1945年抗战胜利,左权县一直是太行山区中国共产党领导的抗日武装和民主政权的腹心地区。在党的领导下,进驻左权的文艺工作者、文教干部和当地知识分子、民间艺人一起对左权县的民间艺术进行了改造。改造的民间艺术主要有民歌、舞蹈、戏剧三个大类,使这一时期的左权民间歌舞发生了重要的转向,因此,1937年也被认为是左权文化史上划时代的里程碑式的年份。

左权县民间歌舞历史悠久,资源丰富,乡间善歌擅舞者不可胜数。左权民间歌舞中,"歌"以民歌为最,"舞"以小花戏著称。左权民歌包括大腔、小调、杂曲三类,其中小调是主体,轻松欢快,格式自由,抗战改编的民歌常套用小调。小调中以反映爱情为主,以开花起兴的格式,被称为"开花调"。左权民间舞蹈种类繁多,小花戏最具代表性。小花戏原称"文社火",抗战时期稳定为"小花戏",其特点可概括为"一小二花三有戏",形式短小、舞姿如花、有戏剧性。左权民歌与左权小花戏两者相互促进、相互融合,歌中有舞,舞中有歌。经过不断传承发展,"开花调"和"小花戏"分别于2006年和2014

[①] 本节部分内容以《改造与赓续:抗战时期的山西左权民间舞蹈》为题发表于《舞蹈》2020年第4期,收入本书时有所增删。

年列入国家级非物质文化遗产名录。

在抗战时期,左权民间歌舞发生了明确的转向,在特定的历史条件下,通过主动的"改造",在题材、内容、风格、目的等方面发生了全新的变化。这一时期的"改造"影响深远,它不仅使得传统文艺面貌一新,而且奠定了其后发展的基本路径。同时,改造是建立在传统和民间的基础上的,改造过程中赓续民间歌舞的历史积淀;改造后的民间歌舞也被承继下来,作为后来发展的起点。在民间歌舞的"改造"与"赓续"之间,"民间"这一概念也发生偏移,进而引发了对于"民间"的重新思考。

一、改造:抗战时期左权民间歌舞的转向

五四新文化运动以来,左权民间歌舞有了一些新的变化,但依然呈现出封建遗存浓厚、质量参差不齐的样貌,甚至掺杂大量糟粕。这在战火纷飞的年代显然不符合时代发展的要求,"改造"旧文艺,为抗战服务、为政治服务具有必然性。在中国共产党的文艺方针引导下,左权民间歌舞发生了重要转向,走上了符合政治标准和艺术标准的"改造"之路。

(一)改造的背景

全面抗战开始之后,根据地文艺延续中国共产党的文艺政策,更加强调文艺为抗战服务。在教育民众、发动群众的进程中,"改造"作为文艺工作中的高频词,尤其是20世纪40年代延安整风运动。毛泽东《在延安文艺座谈上的讲话》之后,延安开展了轰轰烈烈的"新秧歌运动""新说书运动",旧文艺的"改造"运动进入高潮。随后民间歌舞的搜集、整理、改造工作也在其他抗日根据地开展起来,左权民间歌舞的改造亦是基于这样的时代背景。

"改造"的指导思想一直贯穿于这一时期的文艺政策中。毛泽东这一时期在不同场合关于文艺的讲话都着力"改造",在延安文艺座谈会上的讲话:"对于中国和外国过去时代所遗留下来的丰富的文学艺术遗产和优良的文学艺术传统,我们是要继承的,但是目的仍然是为了人民大众。对于过去时代的文艺形式,我们也并不拒绝利用,但这些旧形式到了我们手里,给了改

造,加进了新内容,也就变成革命的为人民服务的东西了。"①在陕甘宁边区文教大会上的讲话:"在艺术工作方面,不但要有话剧,而且要有秦腔和秧歌。不但要有新秦腔、新秧歌,而且要利用旧戏班,利用在秧歌队总数中占百分之九十的旧秧歌队,逐步地加以改造。"②这些讲话指导了当时的文艺实践,也成为之后中国文艺工作的指导思想。

  左权县所在的太行根据地、晋冀鲁豫边区贯彻了中央的文艺政策,在抗战开始就注重文艺的斗争作用,在20世纪40年代也掀起了民间文艺的改造运动。根据地的军政领导人都把文艺的"改造"与革命斗争结合起来,给予了高度的重视。彭德怀在晋东南文化界"五四"纪念会上讲到,当前敌后抗日根据地新文化运动的基本方针与任务,第一,应该是提倡民主的、大众化的文化;第二,应该是提倡科学的、拥护真理的文化;第三,提倡民族独立与解放信心的文化;第四,提倡马列主义,批评地接受外来文化和中国固有文化;第五,巩固与扩大以抗日为中心的文化界统一战线。③边区主席杨秀峰在文化工作的会议上讲到:"我们今天要使文化工作深入实际,配合群众运动,这就需要我们更多地研究民间形式,研究群众的思想、心理和他们的口味,真正创造出一些思想上、形式上为群众所迫切需要的东西来。"④

  抗战时期左权民间歌舞的"改造"是在中国共产党领导的各个根据地共同推进的"改造"旧文艺、发展新文艺的大背景下进行的。中央边区的"新秧歌""新说书"无疑具有示范意义,其他根据地纷纷效仿。民歌、舞蹈、戏曲是改造的重点,左权民歌和小花戏兼具歌舞戏的多重成分,因此成为改造的主要对象。左权县的民间歌舞改造是在中国共产党的文艺方针指引下,同所在根据地其他县区的民间文艺改造同步进行的。在当时的形势下,改造文

---

① 毛泽东:《在延安文艺座谈会上的讲话》,《毛泽东选集》(第3卷),人民出版社1991年版,第855页。
② 毛泽东:《文化工作中的统一战线》,《毛泽东选集》(第3卷),人民出版社1991年版,第1012页。
③ 彭德怀:《在晋东南文化界"五四"纪念会上的讲演》(摘录),载山西省文学艺术工作者联合会编:《山西文艺史料》,山西人民出版社1959年版,第8页。
④ 杨秀峰:《文化工作要配合群众运动——在晋冀鲁豫边区文联扩大执委会上的讲话》,载山西省文学艺术工作者联合会编:《山西文艺史料》,山西人民出版社1959年版,第78页。

艺与改造文艺工作者并行,具有整顿学风、整顿党风、整顿文风的政治意义。

(二) 改造的过程

左权民歌和左权小花戏的改造者主体是当时的文教工作者,主要有皇甫束玉、阎濂甫、胡之锐、王恕先、路云庆、连德华等人。其中以皇甫束玉先生最有代表性,在民歌和小花戏的改造上都作出了重要贡献,被后来者称为左权民间歌舞改造的"圣手"①。

作为左权当地知识分子,皇甫束玉先生是在民间歌舞的熏陶下成长起来的。他对左权民歌和小花戏的特点更为熟悉,使新编的民歌和小花戏盛行一时。当时他把民歌和小花戏结合起来改造,很有典范性。"左权民歌的广泛流传,与传统的文娱活动普及有关。有些民歌就是专为小花戏编的或者由小花戏传下来的。歌与舞,即内容与形式总是紧密结合互相适应的。在小花戏的传统节目中,许多是表现旧社会男恋女爱的情节,有不少淫词滥调,甚至一些猥亵动作和低级趣味的东西。它的内容和形式,与抗战时期人们的生活和思想面貌是极不相容的。革命的内容要有相应的艺术形式来表现,这就为小花戏的改造提出了现实的任务,要求小花戏能反映新生活,歌唱新人新事,充分发挥其载歌载舞的优点,更好地为抗战、生产和各项中心工作服务。在党和政府的支持和各方的协助下,我们从事文教宣传工作的同志为此开始了改造小花戏的尝试。"②

1943年,皇甫束玉和同志们一起在寺坪村二民校进行改造小花戏的试验,并在当时的农村文娱委员会议上观摩演出,取得了成功。对旧的小花戏改造出三个形式来,他在《左权县小花戏是如何改造的》一文中说:"一种是《四季生产》,利用旧的场面和步法,改成新的花场(舞扇作穿花跑步);一种是《生产劳动》,把儿童生产舞的动作与小花戏的唱调相结合,一再唱,一再作象形的表演,还要跳生产舞蹈;还有一种是《住娘家》,是新旧形式的混合

---

① 刘红庆:《亲圪蛋——唱"开花调"的人们》,齐鲁书社2009年版,第69页。
② 皇甫束玉:《抗战时期左权县的歌舞戏剧活动》,载《束玉文存》,高等教育出版社2000年版,第327—328页。

场面,通过一个故事表现出来,还加上一些必要的道具和效果(如用具、马鞭、驴头等)。"①这样的改造被当作先进经验推广,"在改造的过程中,起初是用旧形式表演新内容,闹出来不像话,后来添上了简单的跳舞动作,老百姓又不爱看。改造的经验是:必须有新的创造代替旧的一套,不能一味地取消。"②同样,皇甫束玉先生在改造民歌上也倾注大量心血,并注重总结规律:"在大唱抗战救亡歌曲的同时,普遍利用民歌小调为抗日和中心工作服务,这是左权县文化宣传工作的一个特点,也是一个优点。"③

通过文艺工作者、当地知识分子和民间艺人的共同努力,左权民歌和小花戏进行了前所未有的"改造",诞生了一批在当时颇有影响的作品,树立了左权所在根据地的改造样板,极大地提升了左权民歌和小花戏的知名度和影响力。更为重要的是,左权民歌、小花戏不仅有了"新民歌""新花戏"的称谓,而且经过改造后的左权歌舞为之一变。左权抗战民歌成为太行山抗战文化的重要组成部分,"小花戏"正式取代"文社火",名号稳定下来,并且树立为左权民间舞蹈的代表。

(三) 改造的结果

经过抗战时期的改造,左权民间歌舞实现了转向,在形式和内容上为之一新。左权民歌诞生了大量的抗战民歌,被称为"新民歌";左权小花戏的化妆、道具、音乐都有所改进,被称为"新花戏"。左权民间歌舞的改造,积累了经验,摸索了规律,出现了大量作品,产生了深远的影响。

首先,左权民间歌舞的精神内涵发生了变化。左权民歌和小花戏都直接服务于抗战,服务于当时的形势需要。"中国共产党确定了文艺为政治服务、为人民服务的方针,各级党政机构把文化工作纳入自己的议事日程,妥

---

① 皇甫束玉:《左权县小花戏是如何改造的》,转引自王荣花:《中共革命与太行山区社会文化的变迁(1937—1949)》,博士学位论文,河北大学2011年,第178页。
② 佚名:《改造小花戏》,载山西省文学艺术工作者联合会编:《山西文艺史料》,山西人民出版社1959年版,第199页。
③ 皇甫束玉:《抗战时期左权县的歌舞戏剧活动》,载《束玉文存》,高等教育出版社2000年版,第325页。

善安排,加强领导,使其更好地服务于战争。这一阶段除对传统的文艺形式加以改造外,同时又发展了一些新的活动形式……而且趋于经常化,参加人数及活动范围更为广泛,在宣传群众、组织群众、教育人民、打击敌人、活跃群众文化生活中发挥了应有的作用。"①应该说,左权民间歌舞,作为传统文化的积淀,经过改造之后,在民族危亡的关头发挥极其重要的作用。

其次,左权民间歌舞的艺术风格发生了变化。在内容上扩展到抗战的方方面面:"左权民间小曲的运用更为广泛,诸如:抗战备荒、生产自救、参军参战、减租减息、互助合作、合理负担、拥军优抗、妇女解放、民主建设、扫盲运动、制止内战、瓦解敌军、追悼烈士、歌唱英雄……等各个方面,都有许多新歌传唱,有的是宣教部门组织编的,有的是群众自编自唱的,新歌层出,不可胜数,可以说是一部反映太行山抗日活动的史诗。"②在形式上,人员角色增加了,曲调丰富了,伴奏乐器丰富了。内容和形式上的变化,使得民间歌舞出现了新旧的分野:"经过这番改造,小花戏出现了新的面貌。为了区别于过去的小花戏,人们称之为'新花戏'。"③

最后,左权民间歌舞诞生了一大批作品,堪称民间文艺改造的典范。据不完全统计,抗战期间,根据地军民共创编了抗战民歌200余首,1943年编印有《辽县小调》,1945年有《辽县小调集》(解放战争时期和1949年后依然有民歌集编印出版)。其中,《石匣有个狼牙山》《左权将军》《百团大战》《红都炮台》《四季生产》《拥军》等影响很大,被广为传唱的新民歌不下百首。小花戏也出现了大量作品,如《狼牙山》《逃难》《打红都炮台》《四季生产》《生产劳动》《新告状》《住娘家》《太行民兵》《参军》《春耕曲》《拥护八路军》,等等。左权民间歌舞在根据地各县传演,扩大了影响,提高了声誉,"旧民歌不断地得到改造,新民歌不断地大量产生,使左权民歌在抗日根据地的太行山上,

---

① 王保牛主编:《左权县文化志》,中国农业出版社2004年版,第2页。
② 皇甫束玉:《抗战时期左权县的歌舞戏剧活动》,载《束玉文存》,高等教育出版社2000年版,第326页。
③ 同上书,第329页。

颇具盛名"①。

二、赓续：抗战时期左权民间歌舞的承继

抗战时期左权民歌和左权小花戏的"改造"，既尊重历史传统，又兼顾民间艺术规律，而且服务于现实需要，因此可以说，这种"改造"既不是无源之水，也不是空中楼阁，更不是无病呻吟。"改造"是对传统民间文艺的改造，这类民间文艺往往有着数百上千年的承传，"改造"是对传统文化的赓续。改造后的民间歌舞并非昙花一现，因其独特的时代烙印和美学风格，依然被人们传演，这是对"改造"成果的赓续。沿着民间歌舞的发展脉络，在新时代的话语环境中，左权民间歌舞有着一脉相承的内核。

（一）抗战前的左权民间歌舞

左权民间歌舞有着漫长的历史发展过程，在抗战之前已经发展成为较成熟的民间艺术。《左权文化志》梳理的大事记虽然从1937年始，但也看到左权民间歌舞在起源和发展过程中的历史积淀。尤其是明清以来，左权县（辽县）在北方的社火大环境中，形成了独具地方特色的社火，而左权民歌与左权小花戏都与民间社火关系密切。左权民歌和小花戏在明清时期都形成较为经典的曲目。如民歌《绣荷包》《闹五更》《吃洋烟》《走西口》《跌断桥》《小黑老鼠上灯台》，民国时期产生了《查脚》《绿梅花》《刘梅躲婚》《打辽县》《哭丈夫》等。小花戏直接导源于"文社火"，明清民国以来，有《瞌睡多》《怀孩》《游花园》《妓女告状》《铲菜》《大娘呀》《二婶婶》《拐带》《送小姨》等。《流传千年的歌舞》一书更是梳理了先秦以来左权的民间歌舞史②。因此，可以说，左权民间歌舞经过漫长的历史发展，已经形成成熟的音乐、舞蹈形式，在左权民间具有深厚的群众基础。

尽管左权民间歌舞在内容和形式上部分地无法适应抗战的需要，但民

---

① 山西省左权县党史县志办公室编：《左权抗战民歌选》，内部资料1987年，第2页。
② 王占文：《流转千年的歌舞》，山西人民出版社2012年版。

间歌舞的旋律和叙事框架为广大群众所熟悉,为抗战时期的"改造"准备了条件。皇甫束玉先生结合实践,认为:"选用流行最广泛、群众最熟悉的民歌小调歌唱抗日新内容,确有其方便之处:第一,不必教新谱,只注明用什么小调唱(如仿《绣荷包》《卖菜》《卖扁食》《走西口》等调)即可。开会时唱,小报上一登,就传唱开了。第二,尽可能把宣传重点编在歌里,比如《拥军公约》有几条,《合理负担》怎么算,布置一项中心工作,说明为什么,怎么做,简明扼要地编成歌,可以收到事半功倍之效。"①就革命实践来看,在民众易于接受的基础上,对民歌、小花戏的改造确实取得了不错的宣传效果。"左权县民歌、小花戏,是具有悠久历史、当地群众喜闻乐见,甚至人人参与的地方传统文化奇葩。在残酷的战争环境中、在汹涌的抗日洪流中、在抗战新文化的引领下,左权县民歌、小花戏迅速以新的形式、新的内容,展示了战争的残酷、对侵略者的痛诉;展示了人民群众对共产党、八路军的衷心拥戴;展示了军民同仇敌忾奋起抗战的英雄气概。"②以左权民歌、小花戏为代表,通过对传统民间文艺的改造,迅速形成了左权抗战文艺,构成了左权抗战文化。

(二) 抗战后的左权民间歌舞

解放战争时期,左权民间歌舞延续了抗战时期的"改造"之路。"在解放战争时期,小花戏仍然发挥着它的战斗作用。因为左权是后方根据地,这就为新花戏在全县推广创造了极为有利的条件。《送郎参军》《刘邓大军南下》等就在这个时期流行。"③左权民歌和小花戏在火热的战争年代,根据时代的需要不断调整改造,创造了一批脍炙人口的作品。

中华人民共和国成立之后,左权民歌和小花戏迎来了空前繁荣的时代。一方面,左权民歌和小花戏延续战争时代的改造经验,不断创新传承,紧跟时代形势,新编大量讴歌新中国、配合革命建设事业的新作品,展现了前所

---

① 皇甫束玉:《抗战时期左权县的歌舞戏剧活动》,载《束玉文存》,高等教育出版社2000年版,第326页。
② 皇甫建伟、张基祥编:《抗战文化》,山西人民出版社2012年版,第8页。
③ 李明珍、刘瑜、刘瑞琪:《左权小花戏》,新世界出版社2015年版,第13—14页。

未有的活力;另一方面,左权民歌和小花戏走出县城,走向全省,乃至走向全国,赢得了全国性的声誉。1953 年,左权小花戏艺人参加全国第一届音乐舞蹈观摩演出大会;1954 年,左权民歌手刘改鱼出席全国民间音乐舞蹈会演。在战争年代经过改造面貌一新的左权民间歌舞,在和平年代散发出民间文艺的独特魅力。

民歌和小花戏在左权受到重视,各类文化团体兴起,一时间活跃于乡间城镇。新编民歌和新编小花戏层出不穷。延续抗战时期的经验,左权民歌在抗战后不断收集出版,在 1946 年至 1998 年间,计有《左权小调汇编》《左权小调选辑》《左权歌谣集》《左权新民歌》《左权民间歌曲选集》《左权民歌选》《小调战歌史诗》《左权县抗战民歌选》《左权歌谣集成》《左权民歌集粹》等十余种[①]。至 20 世纪末,左权民歌和小花戏在全国性的民间文艺汇演比赛中屡屡获奖,成为左权民间歌舞的突出代表。抗战时期的"改造"奠定了新时期民间歌舞的繁荣。

由于左权民歌和小花戏在民间文艺中地位突出,已经成为左权县的民间文化品牌。左权县相继于 1995 年和 1996 年被命名为"山西民间艺术之乡""中国民间艺术之乡",肇始于抗战时期的民间歌舞改造,其延续和发展得到进一步肯定。

(三) 21 世纪以来的左权民间歌舞

进入 21 世纪以来,左权民间歌舞沿着歌颂时代、歌颂生活的路途继续前进。抗战以来诞生的众多民歌、小花戏常唱常新、长演不衰,在新时代继续展现着民间文艺的能量。左权民歌和小花戏作为民间文化、地方文化、红色文化、抗战文化的重要代表,在当前的文化建设中发挥着作用。

21 世纪以来,左权民间歌舞发展的标志性事件是列入国家级非物质文化遗产名录。左权民歌的代表"开花调"于 2006 年列入国家级非物质文化遗产名录传统音乐类,左权小花戏于 2014 年列入国家级非物质文化遗产名

---

① 刘玉林编:《左权民歌》,泰山出版社 2012 年版,第 42—43 页。

录传统舞蹈类。其重要意义在于左权民间歌舞身份的再次转向,从民间文化形态进入国家非物质文化遗产的系统中。左权民间歌舞几乎和陕北秧歌、陕北说书等民间艺术走着同样的发展路径。"百年来,陕北秧歌遭遇了三种文化身份的更迭:一是作为自发自地的民间艺术,尚未从整体性的日常生活中分化出来,它不是审美的对象,而是百姓日常生活不可或缺的有机组成部分;二是作为新秧歌运动的民间资源,从民间文化中被剥离出来,成为现代意识的'对象',逐渐被改造为一种审美的艺术形态;三是作为非物质文化遗产,成为传统的象征,被重新嵌入现代文化中,一方面成为重构本土文化的识别符码,另一方面获得了一种展示价值,成为文化消费的对象。"[1]左权民间歌舞的身份更迭亦如是。实质上,左权民间歌舞和陕北秧歌这类民间艺术的身份更迭,背后不仅有"艺术"观念的更迭,更主要是对"民间"的认知和态度,这在对民间艺术的改造与赓续中体现得尤为明显。

三、"民间"的改造与赓续

回顾整个20世纪的民间歌舞(乃至民间文艺、民间文化)变迁,抗战时期恰恰处于承前启后的阶段,"改造"不仅是这一时期的关键词,而且可以前溯20世纪上半叶"民间"的发现,后启20世纪下半叶"民间"的赓续。从这个角度来看,抗战时期的左权民间歌舞"改造"具有某种普遍意义,指向了更为深层的"民间"意涵转变。

(一) 重新审视被改造的"民间"

"民间"作为一个日常词汇,核心包含着"非官方"的意义。当人们不加限定地使用"民间"一词时,常常暗含着与"官方"对立或区别的态度,带有"权威"之外的意味。而作为学术概念的"民间",通常广泛使用于文学、艺术、历史等多个领域中,而且基于不同学科的限定,"民间"概念并不完全一致。但无论是哪一个领域,都无法回避"民间是什么"的起点问题,这个问题

---

[1] 季中扬:《陕北秧歌的百年遭遇与民间艺术的现代命运》,《艺术百家》2014年第1期。

显然不容易回答。比较有代表性的如"民间文学",作为学科和研究对象双重性质的中国民间文学,从 20 世纪初兴起,直到 20 世纪末还在讨论"什么是民间文学"的根本问题。"民间文学"所面临的问题实际上与涉及"民间"的诸学科遇到的问题具有共性。通行的民间文学教材把民间文学界定为"劳动人民的口头创作",这个概念实际上无法圆满回答"民间"的关键问题,后续的修正一直在"民间"的界定上思考。

民间歌舞的"改造"不仅面临着"怎么改造歌舞""为何改造歌舞"的对象问题,而且从根本上触及了"民间被改造"的内在问题。左权民间歌舞与陕北秧歌、陕北说书及其他民间艺术形式的改造都是这样。陈思和先生基于文学史的"民间"概念,认为:"国家意识形态不能不倚重民间文化来沟通信息,这就引出了另一组矛盾:政治意识形态对民间文化渗透和改造以及引起的一系列的冲突……既然政治意识形态需要让民间文化承担起严肃而重大的政治宣传使命,那就不可能允许民间自在的文化形态放任。延安时代对旧秧歌剧和旧戏曲的改造,便是冲突的第一阶段……新秧歌剧其实是知识者根据政治要求,利用民间文艺形式重新创作的,提倡了新秧歌,就意味着对旧秧歌的否定和批判。"[①]在他对"民间"界定的基础上,有学者提出"秧歌剧:被改造的民间"[②]。尤其是谈到延安时期以来的民间文艺改造的问题,"改造的民间""重塑的民间""全新的民间"之类的提法颇为常见。

在"改造的民间"背后还有一些隐隐的担忧,"延安文艺座谈会之后,民间文艺受到知识分子的关注,秧歌进入他们的视野,他们搜集、研究陕北秧歌,并对它进行改造,掀起了一场'新秧歌运动'。在新秧歌中,知识分子按照权威话语的意向构建了一个全新的'民间',但他们忽视了民间文学本身的规律和特性。"[③]这种担忧实质上在民间各类文化事象的"改造"中都能看到。一方面,从学术的角度来看,民间文学也好,民间歌舞也好,都有自

---

① 陈思和:《民间的浮沉:对抗战到文革文学史的一个尝试性解释》,《上海文学》1994 年第 1 期。
② 文贵良:《秧歌剧:被政治所改造的民间》,《华东师范大学学报》(哲学社会科学版) 2004 年第 3 期。
③ 毛巧晖:《新秧歌里的"民间"》,《民间文化论坛》2006 年第 3 期。

身的发展规律,而"改造"往往并非出于学术的目的,极有可能损伤民间文化事象的价值;另一方面,"民间"天然与"官方""权威"保持着一定的距离,在权力的边缘形成独特的传统,通过"改造",这样相对自由的空间可能荡然无存。

民间艺术被单纯改造成政治传声筒的担忧不无道理,但把民间艺术和政治全然分开是否能保持民间的纯粹性呢?从理论和实践来看,"民间"确实经历了政治主导的"改造",但却并没有带来"民间"的彻底断裂。首先,民间是一个具有浓厚"相对性"的概念,有主流、权威、官方的存在,民间就一直存在,只不过不同语境中指向不同。其次,民间文化事象无时无刻不受到政治话语的统辖和影响,这不仅是政治传统,也是文化传统,完全自由自发的民间文化事象很难找到。再次,民间文化事象有自身的发展规律,处于不断变化当中,必然受到诸多要素的影响,保持固定样貌的"民间"很难想象。

纵观整个20世纪"向民间去"的浪潮,民间资源的发现与改造,都与国家前途、民族命运紧紧联系在一起,"中国民间文学运动的重要意义,不仅在于知识分子发现了一个新的学术研究领域,还在于这场运动对知识分子的思想所产生的深远影响。对这批关心社会,同时对自己的文化感到迷惘,希望为中国社会文化危机寻求出路的新一代知识分子来说,民间文学的发现,等于点燃了新的希望,找到了新的奋斗方向"[①]。脱离特定的时代背景,无异于憧憬乌托邦式的"民间"。

对抗战时期左权民间歌舞的改造,不乏批评之声,认为其过于侧重政治宣传,并非出于文学的目的,难以达到文学的进步。如果综合分析左权民间歌舞的历史脉络以及抗战时期的时代需要,依然能够看到潜在赓续的"民间"。这有助于重估民间歌舞改造的价值,"民歌本来是特定区域的民众满足其精神需求的一个自足的艺术世界。当社会发生剧烈震荡的时候,它从内容到形式也顺应着时势发生裂变,实现新的选择与重构,其结果是表现出

---

① [美]洪长泰:《到民间去——中国知识分子与民间文学,1918—1937》,董晓萍译,中国人民大学出版社2015年版,第193页。

了浓厚的民族情感与群体意识,成为整个中华民族的心音和时代的号角。从对左权民歌的整体考察中我们更明确地认识到了这一点。"①

因此,抗战时期左权民间歌舞经过改造,形式和内容都发生了变化,作为民间艺术的民歌和小花戏呈现了新的面貌。同时,其民间的核心特点依然延续着,显示着民间艺术的生命力。

(二)左权民间歌舞的"民间"之路

左权民歌与左权民间舞蹈是在左权乡土的环境中成长起来的民间艺术形式,带有浓厚的乡土气息,反映普通民众的生产生活,抒发普通民众的真情实感,由民众自编自演,深受人们欢迎。左权民间歌舞走过一条建立在"民间"基础上的改造赓续之路。

左权民间歌舞与当地社火关系密切,明正德元年《辽州志·风俗》载:"元宵里巷门首张灯火,村中多立社,点九曲灯,蒸层糕播谷穗供神前祈丰登之意,十六日男女各结伴游行,名曰'走百病'……每年正月十五夜,村村垒火挂灯,'社火'前导,村中男女结队而行,走遍大街小巷。"②抗战之前,左权民间歌舞主要作为民众自娱自乐的形式,几乎不见于官方记载,不为社会精英阶层所重视。这个时期的左权民间歌舞更侧重底层民众感情的抒发,偏重于娱乐性,不可避免有一些俚俗粗鄙的内容和低级趣味的情调。漫长的积淀诞生了许多优秀的作品,直接被后来者化用,如后来成为左权民歌经典的《亲圪蛋下河洗衣裳》就改编自传统民歌《洗衣裳》和《小亲亲》,传唱大江南北的《桃花红杏花白》改编自传统民歌《刘梅躲婚》。

抗战时期,左权民间歌舞继续沿着民间之路前进,一方面保留了很多思想意义较为健康的传统民歌舞蹈,一方面改造旧民歌,新编民歌舞蹈,诞生一大批符合时代要求的民间歌舞。解放战争时期和中华人民共和国成立后,继承和新编同时进行。左权民间歌舞从抗战时期开始,受到党的文艺政

---

① 段友文:《人民口碑文学中的太行山抗战史——论左权抗战民歌》,《文艺理论与批评》1998年第3期。
② 转引自蓝凡主编:《中华舞蹈志·山西卷》,学林出版社2009年版,第195页。

策的重视和支持,经过文艺工作者和民间艺人的共同努力,发掘传统民间资源,形成了新的民歌、民间舞蹈财富。这个时候左权民间歌舞的地位虽然不同了,但依然作为"民间文艺"的代表出现,在唱腔、音乐、叙事、动作等方面继承了传统民间歌舞的特征。

即便走上了更高的舞台,形成了更大的影响,作为非物质文化遗产的左权民间歌舞以"民间传统音乐舞蹈"的姿态进入国家文化保护的序列,也表明经过半个多世纪的改造和传承,左权民间歌舞保持了民间艺术的形态,在非物质文化遗产的语境下得到新的体认。可以看到,左权民间歌舞的服饰、伴奏、音乐、曲目都随着时代的变化不断改变,但也需要看到没有改变的是经典曲目剧目的代代传承、乡土气息和地方风味的保留、基本音乐舞蹈特点的继承、群众性生活性现实性的延续等等,"民间"的赓续未曾中断。

结　语

在抗战时期,左权民间歌舞发生了明确的转向。在中国共产党的文艺方针引导下,"改造"旧文艺,为抗战服务、为政治服务具有必然性,左权民间歌舞通过"改造",在题材、内容、风格、目的等方面发生了全新的变化。左权民歌诞生了大量的抗战民歌,被称为"新民歌";左权小花戏的化妆、道具、音乐都有所改进,被称为"新花戏"。这一时期的"改造"影响深远,它不仅使得传统文艺面貌一新,而且奠定了其后发展的基本路径。改造后的民间歌舞因其独特的时代烙印和美学风格被承继下来,作为后来发展的起点,这是对"改造"成果的赓续。在民间歌舞的"改造"与"赓续"之间,"民间"这一概念引发了新的思考。抗战时期的"改造"具有承前启后的意义,前承传统积淀,后启现代转向。沿着民间歌舞的发展脉络,在新时代的话语环境中,左权民间歌舞有着一脉相承的内核。左权民间歌舞以民间为基调和方向,在改造赓续中前行。

第二节 耍鬼面：傩舞爱社表演的战争传说情境[①]

爱社，俗谓"耍鬼"，是流传于山西省晋中市寿阳县平头镇沟北、韩沟的独特傩舞形式。每年农历七月十三，"爱社"在附近的北神山轩辕庙表演，用于庆祝黄帝诞辰。"爱社"傩舞表演队伍一般由24人组成，6人戴面具扮演大鬼，18人涂面扮演小鬼。据乡人口传，"爱社"由来已久，有音无字，因音书写为"爱社"。2008年，寿阳爱社傩舞列入国家级非物质文化遗产名录传统舞蹈类。

目前可见的关于寿阳傩舞"爱社"的论述中，"黄帝战蚩尤"的传说受到格外的重视，无论是简单的宣传画册，还是权威的学术著作。这个传说不仅成为普通人理解"爱社"的基本知识准备，也常常成为研究者探究"爱社"某些隐秘问题的切入点。民间传说和民俗的密切关系历来为研究者所重视，"研究一个民间传说，如果不结合研究与之相应的民俗活动，其研究的成果是可想而知的；反之，研究某种民俗事项，如果不结合研究与之描述的民间传说，其研究的效果，也同样是不言而喻的。因为，民俗活动，是民间传说赖以生动表现的特定环境；民间传说，是民俗活动得以形象描绘的语言艺术"[②]。对于傩舞"爱社"而言，"黄帝战蚩尤"的传说比表演中某个动作到位与否要重要得多，因为它与"爱社"的来历、演变、作用、象征等各个方面都密不可分。可以说，傩舞"爱社"无法脱离"黄帝战蚩尤"传说营构的鬼面战争的情境。鬼面战争的传说情境关涉"爱社"表演合法性、仪式象征性、解释限定性等诸多层面。对于传说情境的探讨，在理解作为当代民俗事象的"爱社"或有发现，同时对相关普遍问题的探索亦具有启发意义。

[①] 本节内容以《鬼面战争：傩舞"爱社"的传说情境》为题发表于《北京舞蹈学院学报》2017年第5期，收入本书时有所改动。
[②] 林忠亮：《传说与民俗试探》，载蔚家麟编：《传说研究资料选》，中国民间文艺家协会湖北分会1990年，第180页。

一、何谓"传说情境"

作为汉语词汇的"情境",指在一定时间内各种情况的相对的或结合的境况;作为学术词汇,带有浓厚的文论色彩,重情境亦被视为中国文艺的基本特质。情境亦是一个重要的哲学范畴,并在美学、心理学、教育学、社会学等各种学科中使用。情境一般对译 situation,兼或翻译 context(多译语境)、circumstance(多译情形、环境),表明不同学科关注点存在差异性的同时,多学科的广泛使用也让"情境"成为通行的话语取向。

人类学在对研究对象的解读中尤其注重情境。例如对于仪式的关注,布尔迪厄(Bourdieu)视之为"实践"视野下的"情境性实践"①,而且"在于创造一种情境"②。莫斯(Mauss)则指出:"我们将从观察仪式的运作过程转到研究这些仪式的发生环境","我们不会找出一系列的巫术仪式来进行分析,而是去分析作为巫术仪式所处环境的巫术整体(ensemble of magic),并尝试对其进行描述"。③ 从人类学的研究实绩来看,对于情境的关注向来作为一种共识。

鉴于传说和民俗的密切关系,"民俗情境"的说法暗含了传说情境的某些要素。黄涛先生从语言民俗的视角论述了民俗语境:"所谓民俗情境,指民间文化传统规约下与特定空间范围内的社会处境。情境是历史传统与现代生活的交汇。历史传统储存在特定社区的民众集体的意识和记忆之中,它制约、规范着民众的活动,而现实因素又调整修改着历史传统,两个方面的会合、交融就是影响实际发生的民俗行为的主要情境因素。情境的内容可分为文化背景和现场处境两部分。文化背景指民俗事件发生之前在特定生活环境中业已存在的关于这个民俗事件的文化规约。生活环境主要指民

---

① 彭兆荣:《人类学仪式理论和实践》,民族出版社 2007 年版,第 22 页。
② T. S. Turner. *Transformation, Hierarchy and Transcendence: A Reformulation of Van Gennep's Model of the Structure of Rites of Passage*, Sally F. Moore and Barbaba G. Myerhoff. (ed.) *Secular Rituals*, Amsterdam: Van Gorcum, 1977, pp. 59 - 60.
③ Marcel Mauss. tr. by Robert Brain, *A General Theory of Magic*, London & New York: Taylor and Francis e-Library, 2005, p. 12.

俗事件所发生的环境,但有时还包括民俗行为人在个人历史上所曾经历过的另外的环境。"①上述界定及分类在传说分析上依然有效。

"传说情境"虽未被正式论述,却一直存在于关于传说的论述中。柳田国男先生对"传说"的论述本身就带有浓厚的文化情境,他对"传说"相关概念进行细致梳理对比,本身出于日本文化的内在要求。这是关于术语"传说"的背景使然,但在传说情境的有关方面,尽管没有明确阐释,但却包含在对传说的论述上:"一般的昔话(说古)形式,人所共知,总是以'从前,有一个地方,住着一个很穷的砍柴老头儿……'泛指叙述,给人的印象是:好像通用于一切地方,但具体说没有这么个地方,放在哪都行,却又哪儿都不是。与此相反,这个山,那个渊,再不就是老树、巨岩,某家的兴亡,当地的英雄、美女……尽管其叙述的方法、内容,与昔话相似,一旦同具体的地物结合起来,就再也不能按原样照搬到别处去,而人们也不会想到别处还有同样的故事。对于我们来说,这是个较为重要的根本差别。即前者的最初叙述者和听众们,是明知道故事的内容并不可信,也仍然一个传一个地把故事传下来了;而后者,则至少其中有一部分人对故事内容是很相信的,指着现存的这棵树木那个山头,总想以古老的理论来论理,证实过去的真实。"②柳田国男先生正是通过对类似于"传说情境"的另一种表述来说明其"传说的要点,在于有人相信"的关键论点。

综合不同语境下的情境阐述,传说情境可分为两个层次,一是指传说所产生、发展、演变、存在的文化环境、背景及演述心理和行为的现实场景;二是指传说所建构的影响人们认知图式、心理倾向和行为方式的现实氛围和意识环境。前者更加强调传说所存在的大文化背景,传说在其中往往被看作承受影响的一方;后者则强调传说所建构的内环境,传说在其中充当发挥主导作用的一方。这两个层次在指称具体对象上可能差别明显,由于前者指向更为广阔的文化背景,有溢出传说细部审视的风险,故而这里所说的

---

① 黄涛:《语言民俗与中国文化》,人民出版社2002年版,第261—262页。
② [日]柳田国男:《传说论》,连湘译,中国民间文艺出版社1985年版,第11—12页。

"传说情境"特指后者。以寿阳傩舞"爱社"为例,黄帝战蚩尤的传说情境既指向这一传说产生的民族文化背景、各地不同的演述场景,也可指向它在傩舞"爱社"流传地形成的独特传说氛围。两者关系密切,就分析便利,我们这里侧重于后者的讨论。

二、传说情境与表演合法性

在实际民俗生活中,"爱社"这样的傩舞形式,总是伴随着相关的传说情境。寿阳"爱社"中,"黄帝战蚩尤"传说的影响最为显著,又具体化为戴鬼样的面具,呈现战争的场面,故而突出地表达为"鬼面战争"的传说情境。如果脱离了这样的情境,"爱社"的表演可能存在某种障碍。尽管现实中,"爱社"曾被当作民俗展演,单纯地呈现于流传地韩沟村以外的舞台上,但实际上并没有脱离开鬼面战争的传说情境。完全剥离传说和民俗是不现实的,传说情境确证"爱社"傩舞表演的合法性。

"爱社"俗称耍鬼、闹鬼,这个俗称更能够恰当地标识"爱社"的特点。"爱社"实则就是扮演鬼的故事,现场最直观的感受就是十几个扮作鬼模样的人排成某种队形做一系列模拟的动作。"鬼"是民俗生活中的常见意象,扮鬼出现于各式各样的民俗活动中。从民俗接受心理的角度来看,扮鬼之所以大量出现于民俗活动,尤其是社火中,就在于它所带来的紧张感和神秘感,又因为其出于假扮而带来的娱乐心态。"爱社"名曰"耍鬼",本质上就是一种鬼舞。鬼怪、血腥、暴力等日常稀见的场面常常经过装扮出现于社火中。就这些场面带来的视觉冲击而言,往往会带来不同程度的心理不适,很多情况下,此类社火被当作陋俗遭到抵制。尤其是在移风易俗的强势话语压力下,神鬼之类被视为不太适宜的现象,"装神弄鬼"的民俗活动常在禁绝之列,"爱社"曾在一段时期内遭到禁止颇能说明问题。"耍鬼"如果要生存和延续,必须为"鬼舞"披上合法的外衣,因此,只有在"鬼面战争"的传说情境下,"爱社"才具有表演的合法性。

"耍鬼"的实质虽然没有改变,鬼舞在传说情境下表达为"鬼战",所列的阵形和动作都被赋予战争的色彩,而"鬼"的角色进一步具体为黄帝的将士,他们之所以扮成鬼的模样,是因为战胜蚩尤的需要。"鬼"转换为"将士",舞蹈转换为战争场面,"耍鬼"成为黄帝战蚩尤的民俗表达。反过来,"耍鬼"成为黄帝战蚩尤传说的傩舞呈现。与其说"爱社"来表演黄帝战蚩尤的传说,不如说黄帝战蚩尤的传说给予了"爱社"合法性。而且更为重要的是,传说情境对表演者和观赏者的心理作用,表演者和观赏者都在"鬼面战争"的传说情境下来表演和接受,表演者不是在"耍鬼",而是在表演"黄帝战蚩尤"场面,观赏者亦然。

据现场采访得知,"爱社"原先是在北神山黄帝祭祀时演出,它在黄帝诞辰献演中占有重要地位。"爱社"排在所有社火队伍的最前头,而且唯一被允许进入神庙演出,地位比其他社的竹马、社火要尊贵得多。"爱社"之所以在黄帝祭祀中享有如此特出的地位,很重要的原因就在于"鬼面战争"的传说情境确证了"爱社"作为黄帝戏的重要性。"爱社"中尽管没有黄帝蚩尤等人的角色,但在传说情境中,人们默认了"爱社"的耍鬼与黄帝的直接关联。通过黄帝神庙前献演的实际,也能从另一个侧面说明"鬼面战争"传说情境对爱社表演合法性的确证。

三、传说情境与仪式象征性

"鬼面战争"的传说情境表现在"爱社"上就在于黄帝战蚩尤的传说影响人们对于"耍鬼"的认知方式、对其应当采取的心理状态并付诸行动。马尔库斯和费彻尔在理论上把仪式的表演看作一种类似于"可阅读的文本"(can be read like a text)[①],而阅读"爱社"这样的仪式文本,离不开传说情境。"鬼面战争"的传说情境明确规定了"爱社"的象征指向,不仅确定了其解释路径,而且选定了解释话语,乃至暗示了解释模式。

就像"爱社""耍鬼""闹鬼"这些称呼都不存在与黄帝蚩尤的直接联系一样,它所呈现的舞蹈动作也很难看出与黄蚩之战的显著关联。但在鬼面战

---

① Marcus & Fischer, *Anthropology as Cultural Critique*, Chicago: University of Chicago Press, 1986, p. 61.

争的传说情境下,"爱社"表演的每个细节都象征着黄帝蚩尤战争的某个场景。"爱社"这个名字就是一例,从字面来解释十分费解,而且似乎过于现代化。在传说情境下,无论是表演者和试图进一步了解的观赏者而言,都会将"爱社"的命名和来由与黄帝联系起来,进而,在人们看来,"爱社"亦成为黄帝蚩尤之战的代名词。这种象征也反映在面具和服装的解释上:为何人们要戴面具表演,是因为这样可以迷惑蚩尤;为何面具有不同的颜色,是因为它们代表不同的将士;为何表演者手上缠着白手巾,是因为鬼是没有手的;为何表演者要有背架,因为那是战争中使用的护盾;小鬼围在四周是何寓意,他们在摇旗助威……

最具代表性的当属"爱社"六套程式动作的解读。"爱社"没有对白,没有唱词,没有明确的角色划分,更没有明确的故事情节。全程表演可以分为六个小节,每个小节表演若干动作。"爱社"每个程式动作表达什么意思,整套动作又象征什么,如果不是在特定的传说情境中,即便再丰富的想象力,也难以捉摸清楚。况且,每个动作之所以这样做,动作流程之所以这样进行,不是个人随便创造的,是世代传承下来的。人们默认这些含义深远的动作是有明确指向的,这一套动作表现的正是黄帝战蚩尤的战争过程:

表 4-2-1　　　　寿阳傩舞"爱社"的表演程式及表现内容

次序	名称	构成	表现内容
一	五势	推门脸势,踢腿猴势,拧腿猴势,下蹲势,骑马势	作战前的积极准备
二	倒上墙	护眼拳,二人拳,四人拳,直墙,工字墙,倒上墙	来到城门下,攻城对练及所摆阵势的变换
三	小场	表现队形多种变化	重新摆布阵形,包围城郭
四	过关	三势脱靴,五势跪门,夺旗,推门,拉弓放箭	攻破鬼门关,偷袭敌人机智勇敢
五	对弈	对打	过关后双方对打或进关后庆祝胜利
六	耍桌	打岔、猴势	攻占鬼门关后大破蚩尤,百姓沿街摆上贡品犒赏将士;获胜后的喜悦心情和欢庆场面

综上,"鬼面战争"的传说情境下,"爱社"从服装道具到表现内容,都集中表现为黄帝蚩尤的战争。只有经由这样的传说,"爱社"获得了通达的解释路径。作为表演者而言,鬼面战争的传说情境提供了明确的表演目的;作为观赏者而言,鬼面战争的传说情境提供了理解"爱社"的基本故事背景。就傩舞"爱社"与黄帝蚩尤传说而言,在传说情境下互为阐释。

四、传说情境与解释限定性

鬼面战争的传说情境,将"爱社"的整体民俗活动笼罩在"黄帝战蚩尤"的传说环境中,为看来神秘的民俗现象提供合理解释,为"爱社"的文化归属提供了一个理想的坐标位置。"黄帝战蚩尤"传说与"爱社"表演如此之默契,给人以"天然如此"的印象,基本不会遭遇挑战。但是,不得不承认,鬼面战争的传说情境规定了"爱社"指向黄蚩之战的解释路径,排斥了其他解释的可能。围绕"爱社"应当还存在着多种传说,鬼面战争的传说情境占据主导话语,带来了对"爱社"解读上的限定性,一定程度上遮蔽了其他传说的解释进路。

关于"爱社"傩舞动作的武术成分,除了做鬼战的解释外,还有另外一个传说。"据平头沟北八十五岁的老艺人王志恭讲述,这种民间舞蹈源自清朝一少林和尚之手。这个和尚精通少林派各种拳术,其中大洪拳、小洪拳尤为精熟,而小洪拳更是达到了炉火纯青的地步。他将这一拳术之动作、姿势,精心组合,变换队列,从而以丰富的舞蹈语汇,结合拳术的武功,表达各种不同的意境、形象,完成了这一优美民间传说的描绘。当时,这种有故事的拳术演习,仅是作为一种寺院僧徒演习武艺的形式而存在,并未传到民间。百余年前,寿阳平头沟北一兽医名王府勇,医术高超,常往来于牲口集市,他识文断字,阅历甚广,远近闻名。他曾得到记载小洪拳的寺庙藏书,便在当地演习,流传开来。清代中叶,寿阳庙会盛行,春祈、秋报、迎神、祈雨,接连不断。因此'闹鬼'作为一种'红火'活动于这些场所。到时各家在街头摆上供品由'闹鬼'人收受,从此它成了一项服务于酬神的活动形式。"[①]

---

① 寿阳县志编纂委员会:《寿阳县志》,山西人民出版社1989年版,第484页。

就这个传说而言，为"爱社"的动作的来历提供了另一种说法，也能够恰当解释"爱社"动作与拳术相近的实际情况，并且为中国由来已久的"舞武同源"的说法提供案例。但这个传说可能消解"爱社"动作来源于黄帝鬼战的说法而声音微弱。

在鬼面战争传说情境的约束下，"爱社"似乎具备了权威的解释方式。但"爱社"表演中并没有确切的黄帝和蚩尤角色，也没有确定的故事情节，这种不确定性应当为多种解释提供可能。就舞蹈动作而言，"爱社"是否来自于"关公战蚩尤"的社火演剧呢？

首先，"关公战蚩尤"和"爱社"傩舞较为相似。明代抄本《迎神赛社礼节传簿》记载了晋东南民间赛社中《关公战蚩尤》的单舞："《关大王破蚩尤》一单：三帝真宗驾头、寇准、金紫园、归使臣、城皇(隍)、土地、千里眼、顺风耳、急脚鬼、宰相王钦、张天师、鬼怪八个、炳灵公、风伯、雨师、雷公、电母、四揭地(谛)神、关公、关平、周仓、五岳阴兵降蚩尤上，散。"①尽管存在一定差别，但舞蹈形式、鬼怪扮演、赛社场景都与"爱社"较为相似。

其次，关公战蚩尤和黄帝战蚩尤并不迥异，关公战蚩尤可以看作是黄帝战蚩尤的变体，或者是加入地方元素后的衍演。换句话说，关公战蚩尤是隐含形式的黄帝战蚩尤，黄帝战蚩尤的演剧不排斥移植自关公战蚩尤。两者在故事情节上高度相似，都有久战不胜、借助扮鬼来打败蚩尤的核心情节。而鬼舞则是"爱社"最为显著的标志。况且，两者都主要出现在酬神赛社中，在实际场景并无二致。

再次，关公战蚩尤是山西较为常见的祭祀剧目，在民间具有相当深厚的影响。在雁北赛戏、晋东南锣鼓杂戏、上党队戏都有此剧。山西是关公信仰最为突出的地域，晋北晋南都有这类剧目。"爱社"借鉴周边地区关公战蚩尤的鬼面舞蹈形式，与当地黄帝祭祀结合，改变为黄帝战蚩尤的解释，未尝不是一种可能。

---

① 廖奔：《〈迎神赛社礼节传簿〉笺释》，见《宋元戏曲文物与民俗》，文化艺术出版社1989年版，第416页。

另外一个重要的问题是关于"爱社"这个名字的来源。在鬼面战争的传说情境下,对"爱社"这个名字的说法是,为了表彰将士们热爱社稷的英勇行为,因此称为"爱社";或者,这种战争形式被黄帝所钟爱,故称为"爱社"。这显然是囿于黄蚩传说情境的说法。黄帝爱社火或热爱社稷的解释,出自"爱"字面意思的联想,不确。"至于'爱社'这个名字的解释,多数人认为是热爱社稷的意思。也有一部分人因为传说是黄帝,所以当'喜爱的社火'讲。还有一些人认为应该从地名上解释,爱同艾,所以应当是艾地的社火,就如同南社、北社理解一样。我个人更认同当地名讲,因为寿阳县志说到过,寿阳古属石艾县,而且,平头附近尚有宗艾这一地名。"①

地名的关联也提供了一种解释,至少存在打破黄蚩传说垄断的尝试。"但不管怎样,'艾社'的称呼总比'爱社'更符合以地名冠(命)名的传统习惯。而'爱社'这种含有浓郁的现代文化意味的冠名,实在有些不伦不类。"②

"爱社"在当地最初只有音,没有对应的字,可以写作"爱社",也可以写作"艾社"。黄蚩爱社与艾地社火两种说法实质上都属于基于字义而非字音的解释,都属于联想。如果是基于字音的关联,个人认为"爱社"可能是"赛社"的讹传。理由如下:从性质上来讲,爱社俗称闹鬼,被当地人称为红火、热闹,这是三晋对赛社的普遍称呼,"爱社"实则是赛社的一种,在社火中表演;从字音上讲,爱、艾与赛音近,口语中辅音弱化而同音,存在演变的可能性;晋中地区社火繁盛,"爱社"属于其中,名字独一无二不符合常理。

综上,"黄帝战蚩尤"的鬼面战争传说情境某种程度上约束了"爱社"的解释路径,形成较为单维的解读方式,体现了解释的限定性。在舞蹈的武术成分、表现的故事内容、"爱社"名称的由来等基本问题上,并非只有鬼面战

---

① 王晓芳:《山西寿阳爱社考述》,载麻国钧、刘祯主编:《赛社与乐户论集》,中国戏剧出版社2006年版,第83—84页。
② 曲六乙:《蚩尤与蚩尤戏剧文化》,载遵义市人民政府等编:《中国·遵义·黔北 傩文化国际学术研讨会论文集》,西南交通大学出版社2006年版,第2页。

争的唯一解读,还存在着其他解释可能性。

结　语

　　寿阳傩舞"爱社"依靠鬼面战争——"黄帝战蚩尤"传说的情境获得表演合法性,时至今日依然保持顽强的生命力,与传说情境是分不开的。鬼面战争传说情境为"爱社"仪式象征确定指向,提供了完满的解释路径,形成了一体的民俗事象。鬼面战争情境的限定,对于"爱社"傩舞的神秘性和象征性有了明确的解释取向,能够对现存事象给予恰当的解释。而这种解释取向同时带有某种迷惑性和遮蔽性,更多地忽视了"爱社"的当代性,而倾向于将之视为某种"古物"。这是单维解释倾向所具有的风险。

　　传说情境的探讨,亦意在关注作为当代民俗事象的傩舞"爱社"。即便是"爱社"敷演"黄帝蚩尤之战"的传说故事,也不能表明它与传说时代"黄帝"有必然关系。换句话说,"爱社"更多地展现了对于"黄帝蚩尤之战"的现代认知,以及现代傩舞形式的呈现。这样的现实并不能把傩舞"爱社"的神秘古朴与"远古"直接画上等号。所有关于"爱社"来自远古时代的假说本身就是建立在现代解说基础上,不宜作为确定的认知。傩舞"爱社"同其他民俗事象一样,作为鲜活的民俗形式,既可以作上溯式的考究,当然更应当放到当代民俗语境来分析。傩舞"爱社"与"黄帝蚩尤之战"的传说是民俗和传说的当代形态,它们展示的是当代黄帝信仰、傩舞演出、鬼面战争呈现的样貌,它在当代民俗生活中所扮演的角色亦值得关注和思考。

第三节　舞飞叉：民间舞蹈现代传承的民俗场[①]

叉是民间社火中常见的表演道具，舞动飞叉是社火中常见的表演项目。由于飞叉表演惊险刺激、花样繁多，观赏性较高而受到人们的喜爱。在社火中，舞动飞叉有时候承担"开路"的角色，更多情况下以叉的技艺展示为核心。以叉为主要道具，通过舞动叉展现高超技艺，有一定套路和规范的表演形式，这类社火可以称为"飞叉类社火"。飞叉类社火广泛流行于京津冀晋鲁等地，有代表性的如天津王庆坨飞叉会（又称耍叉会，叉子会），河北廊坊苏桥飞叉会，廊坊黄漕飞叉，霸州东王庄飞叉，曲周聚英叉会，山西陵川五鬼盘叉，太原晋阳三三叉，寿阳耍叉，山东曹县南关马叉等。

晋阳三三叉流传于太原市晋源区东城角村、西寨村、东庄营村一带，根据道具的大小，分有大飞叉和小飞叉。大飞叉是一米多长的木棍，顶端套着带有三个分叉的铁器，棍子上还带着三个镲、两个环，在表演中能发出响动；小飞叉与大飞叉的样式相同，长度较短，而且棍和叉是一个整体，全部为铁质。表演者将道具通过胳膊、肩膀进行舞动，表演形式独特。寿阳耍叉流传于寿阳县黑水村一带，其表演者十至五十人，赤背赤膊上下滚动着铁叉，表演时铁叉在手、臂、肩、背、脖、胯、腋、膝、腰、臀、腕、髁、头等全身部位不停转动，铁环不时发出阵阵响声。还有一种小铁叉，长仅二尺，较大铁叉易于掌握，表演时两手持两根尺余短棍，上下翻动。在晋东南的陵川，飞叉表演敷演捉拿刘氏的故事，称之为"五鬼盘叉"。各种形式的飞叉表演常见于山西各县的民间社火中。

飞叉类社火带有浓厚的地域色彩，在钢叉的形制、动作的规范、技艺的传承等方面都存在差别。即便如此，我们依然可以根据叉在其中扮演的重要角色把它们归为一类。各类飞叉会的成熟发展，使叉的表演不仅仅局限

[①] 本节内容以《论民间舞蹈传承发展的民俗场——以飞叉为个案》为题发表于《北京舞蹈学院学报》2019 年第 2 期，收入本书时有所改动。

在社火中,而且成为富有特色的民间舞蹈种类。

一、民间舞蹈的民俗场

民俗场,是民俗事象发生、生存、发展变迁的整体民俗生态场景。众所周知,没有任何一种民俗事象可以脱离特定的文化生态环境而超然存在。民俗场并非被动地为民俗事象的解读和分析提供某些背景素材,更为重要的是,既然被看作是"场",就存在着民俗信息的互动。"民俗场"甫一提出即是如此:"我们认为民俗既有物的具象(各种、各类民俗事象),又有能的本质(由各种因素决定的人类文化心态,以能量交换的方式传承、传播,并与物象民俗双向转换),民俗是'物—能'二重结构,且由于它的时空延续性,与物理学中场的概念极为相像,所以我们提出一个新概念来描述民俗,称之为'民俗场'。"[1]

民俗场的概念最初由民俗学者提出,用来描述和分析纷繁复杂的民俗事象。尽管用此概念来分析民间舞蹈的论述并不多见,但是从民间舞蹈和民俗的关系探讨中,可以看到把民间舞蹈置于整体民俗场景中的现实需要与理论倾向。质言之,民间舞蹈的民俗场观点已内含于舞蹈艺术与民俗文化的相关论述中。杨成志先生亲身体验欧美部落族群的民间舞蹈后认为:"这些十里不同风,五里不同俗的部落,各自具有不同传统的民族风格特点、思想信仰和情感色彩,它们通过五彩缤纷的服饰、喜闻的歌乐声律、乐见的道具标识、欢快和忧悒的情调,以及与节奏相谐的动静姿态——在人们的舞蹈中显现无疑了。"[2]对一地民俗的考察,不能也不应回避当地的民间舞蹈。张紫晨先生认为民俗和民间舞蹈融为一体:"民俗为舞蹈提供了广泛的舞台,也为它增添了民族文化的色彩,更重要的是民间风俗为舞蹈艺术提供了内容、气氛和表现环境,而舞蹈又是民俗文化整体中有形传承的重要表现。

---

[1] 李稚田:《民俗场论》,《民俗研究》1987年第4期。
[2] 杨成志:《民俗与传统舞蹈散谈》,载《杨成志人类学民族学文集》,民族出版社2003年版,第504页,原载《舞蹈》1983年第6期。

特别是民间舞蹈,往往与民间风俗互相渗透、结为一体。"①按照民俗学者的理论视野,考察民间舞蹈可视为民俗学研究的重要课题,对民间舞蹈的考察离不开与之相关的各类民俗事象,那么为民间舞蹈提供"内容、气氛和表现环境"的"民俗文化整体"即指向了这里所说的"民俗场"。

民间舞蹈与民俗的密切关系在舞蹈学和民俗学间达成了共识,把民间舞蹈放入整体的民俗场景予以观照成为双方共同的理论取向。"民间舞蹈与民俗活动紧密结合,民间舞蹈的活动多半是在传统的节日、婚丧嫁娶、生日寿诞等重大活动中进行,是民俗活动中的重要组成部分,在汉族的元宵节、苗族的芦笙节、维吾尔族的麦西热甫等节日活动中,民间舞蹈是不可缺少的内容。传说的民俗活动因有大量的舞蹈活动而招引众多的参与者;民间舞蹈也因不间断的民俗活动而流传发展、生生不灭。"②专有名词"民俗舞蹈"和交叉学科"舞蹈民俗学"的提出可以看作舞蹈与民俗之间关系的学理探究,"我们将民间舞蹈中与民俗事象联系最为密切的部分称为'民俗舞蹈'。民俗舞蹈与民间舞蹈的关系为交叉互渗的关系,若以图表示可描画为两个交叉相连的环,它们之间的重合面大于分离面,共同点大于相异点。然而作为一个专业名词,首先应该强调的是,民俗舞蹈是一种民俗文化现象,需要把它置于社会文化这个大的人文背景中,进行宏观透视,而不仅看作是一种舞蹈形态。其次应该强调的是,民俗舞蹈出现在民俗活动之中,依存于民俗事象。"③在民间舞蹈与民俗现实一体、学理交叉的基础上,民间舞蹈的民俗场是指民间舞蹈发生、生存、发展变迁的整体民俗生态场景,民间舞蹈既是民俗场中独立的民俗事象,同时又与民俗场中的其他要素发生物质、能量、信息转换。

与民俗场概念相近又稍有差异的术语还有"民俗语境"(folklore context)、"民俗情境"(folklore situation)和"文化空间"(culture space)等。

---

① 张紫晨:《舞蹈艺术与民俗文化》,《舞蹈》1989年第6期。
② 出自《中国舞蹈词典》,转引自李北达:《试论民俗和民间舞蹈的关系》,《北京舞蹈学院学报》1999年第4期。
③ 纪兰慰:《舞蹈民俗学的学术定位》,《民族艺术》1998年第2期。

这些概念的共同点在于把研究对象放入更加宏观的文化环境中审视，避免过于孤立地微观地观照研究对象所带来的偏差，同时受到结构主义和功能论的影响，把研究对象看作文化序列的结构组成，并在其中发挥涵盖于整体之下的文化功能。民俗场和"民俗语境""民俗情境"一样，带有鲜明的民俗学标记，后两者更加强调与一定民俗事象相关的民俗背景及一定民俗活动所处的现实场合，有时候还用来指代文学艺术等营造的民俗意象世界；而民俗场较为侧重于场理论中围绕一定民俗事象的诸要素相互作用。文化空间又称为"文化场所"，是非物质文化遗产的专有术语，用来指定为非物质文化遗产的重要形态和样式，被定义为一个集中举行传统文化活动的场所，也可以指一段通常定期举行特定活动的时间，兼具空间性和时间性。从联合国教科文组织确定为"文化空间"的非物质文化遗产代表来看，往往指凝聚文化元素的场所（如族群社区）和时间（如礼仪节日），并在此空间时间内具有代表性的风俗习惯。与民俗场相比，文化空间较侧重于承载非物质文化遗产活动的时空载体，并主要表述为非物质文化遗产的形态样式。

时至今日，谈论民俗事象的传承发展时，不得不考虑到民俗场的客观作用及现实意义，尤其是各类非物质文化遗产在其赖以生存的社会文化环境已经发生巨大变迁的时代语境下。业师郑土有先生以民间文学为例把"民俗场"看作是民间文学类非物质文化遗产活态保护的核心问题[①]。民间舞蹈与其他非物质文化遗产类型有着相似的性质，在传承发展上面临着同样的问题，民俗场的视角亦为关键。

二、民间舞蹈是特定民俗场中的产物

民间舞蹈是在特定的民俗场中产生的，并且依赖民俗场而存在。如果考察民间舞蹈，就必须结合其生存发展的民俗场，否则可能脱离现实语境。具体到民间舞蹈种类上来，探究其来源、流变、发展等问题，需要结合特定的

---

① 郑土有：《民俗场：民间文学类非遗活态保护的核心问题》，《长江大学学报》（社会科学版）2017年第3期。

民俗场来进行,一个脱离民俗场的民间舞蹈种类是不存在的。

作为民间舞蹈的飞叉也是特定民俗场中的产物,它与民俗场中的民间文学、民间信仰、民间节庆等诸要素相互依存,密不可分。脱离民俗场中诸要素来看飞叉,只能把它孤立起来。把飞叉放到其赖以生存的民俗场中,可以摒除一些不太中肯的意见。在非物质文化遗产项目的宣传中有一种倾向,经常把当地存在的某一种风俗习惯看作是独一无二、唯我独有的。然而事实往往并非如此,在民俗场中孕育的产物一向并非"孤点",极端情况下可能只留存了"孤点",但却并不能代表"独一无二"的事实。例如原先认为山西陵川的"五鬼盘叉"是其他地区没有的,独一无二的,但综合考察民俗场中的飞叉,河北曲周的"聚英叉会"和"五鬼盘叉"高度相似,可以认定为同一种民间舞蹈。结合民俗场的诸要素来审视飞叉,也是客观全面探究飞叉所需要的。

飞叉的来由、飞叉展现的内容都与民间文学(传说故事)紧密相连。民间文学(传说故事)营造的语境有助于飞叉的阐释。流传在山西陵川赵活池村的"五鬼盘叉",又叫"小鬼捉刘氏",即围绕此故事展开:传说,古时候有一位刘氏,作恶多端,虐待公婆,至为不孝。人们说她罪恶深重,必有报应。到了刘氏阳寿将尽,阎王带领众小鬼来捉拿刘氏。刘氏不服,竭力抗争,终究被缚。扮演小鬼的演员手持钢叉,做撩叉、滚叉、拖叉、绕叉花、背叉勾腿等动作①。五鬼持叉擒拿刘氏的过程是展现舞叉技艺的重头戏,也是精彩之处。不独陵川的"五鬼盘叉",河北文安苏桥飞叉会最早的表演也是以《五鬼拿刘氏》为题材,具有同样的故事内容。文安北德归的飞叉表演直接以"五鬼拿刘氏"命名。河北曲周"聚英叉会"表演的剧目则是《捉秦妻》和《捉野灵鬼》,前者表演阎王带领持钢叉的鬼卒捉拿秦桧的妻子,后者表演持钢叉的地方鬼捉拿野灵鬼。② 可以看出,飞叉表演与民间故事联系在一起,民间故事解释了飞叉表演的内容,为飞叉表演提供了故事背景,一定程度上也为飞

---

① 《中华舞蹈志》编辑委员会编:《中华舞蹈志·山西卷》,学林出版社2014年版,第105页。
② 李光清、吕计海、朱雷州:《古风神韵,聚英叉会:曲周"南阳庄聚英叉会"的起源、演变及其他》,《当代人》2009第2期。

叉表演提供了表演合法性。

飞叉及其表演有着浓厚的民间信仰背景。就叉这件器物而言，最早源于农具，作为一种生产工具，后来充当了兵器，是俗称"十八般兵器"之一，现在又是民间舞蹈、杂耍、戏剧、杂技、武术的道具。作为兵器的叉，在排行榜上并不靠前，远逊于矛、戈、戟等，战争史上没有一个普遍使用叉的时代。无论是实战应用，还是民间认知，叉都不算是一种十分高级的武器。这就决定了作为兵器的叉处于中下等的地位。史书和小说中很少有声名显赫的战将持叉作战，叉常被中下层的兵卒使用，带有浓厚的民间色彩。在佛教和民间俗信的推动下，叉又具有了道德层面的寓意。充当鬼卒的牛头就是持钢叉的："《五苦章句经》说：狱卒名阿傍，牛头人手，两脚牛蹄，力壮排山，持钢铁钗。《通俗编》引《冥祥记》称：宋何澹之得病，见一鬼，形甚长壮，牛头人身，手持铁叉。沙门意义曰：此牛头阿旁也。据《铁城泥犁经》说，牛头'于世间为人时，不孝父母，死后为鬼卒，牛头人身。'"①正是这个牛头，因为不孝才被罚作鬼卒的，叉和"不孝"联系起来。在这样的信仰语境下，叉带上了道德训诫的象征意义。只有不孝或作孽的人，才会被持叉的鬼卒捉拿，持叉捉拿意味着进行了道德审判。《目连救母》的故事在民间影响力巨大，目连的母亲刘氏因作恶被牛头马面持叉捉拿深入人心。源于《目连救母》的"五鬼捉拿刘氏"，使舞动的飞叉具有了惩恶扬善的色彩，形成了对钢叉较为固定的认知心理。河北曲周聚英叉会表演的《捉秦妻》《捉野灵鬼》亦是此认知心理的表现。

飞叉与节庆民俗有着天然的联系。绝大多数飞叉表演并非是在单独的时间单独的场地进行的，各地的飞叉会一般选择节日来表演，主要是元宵节和庙会、花会。尤其是社火上演的时节，飞叉作为社火的一种和其他项目一同演出。即便是以飞叉为主的表演，亦被视为社火的一类。在寿阳黑水村，据村民回忆，旧时耍叉每年六月初四到鹿儿神山赶会，六月初六在本村赶会。北京的"开路会"用飞叉表演给社火队伍开路，山西陵川的五鬼盘叉、河

---

① 马书田：《中国佛教诸神》，团结出版社1994年版，第357页。

北曲周的"聚英叉会"、文安苏桥飞叉会、文安北德归"五鬼拿刘氏"等飞叉表演在乡间都被称为社火。这些飞叉表演在特定的节庆中呈现,可以看作是节庆民俗的一部分。元宵节、庙会等节日,为飞叉表演提供了固定的演出时间、地点,为飞叉表演提供了相对固定的展示机会。节庆的稳定性和周期性客观上为飞叉的存续创造了条件,飞叉在节庆中与其他民俗事象相互借鉴,一定程度上促进了飞叉的良性发展。例如河北曲周"聚英叉会"糅合当地其他社火节目的服饰、化妆技巧,把雕塑、编织等民间工艺在舞叉中巧妙地加以展示。又如天津永良飞叉会,在表演中借鉴其他杂技、武术,使飞叉表演花样出新,更具观赏性。

从飞叉与民间文学、民间信仰、节庆民俗等方面的紧密关系来看,民间舞蹈是特定民俗场中的产物,对民间舞蹈的考察应结合其所存在的民俗场展开。

三、民间舞蹈的变迁取决于民俗场的要素

民间舞蹈一直处于动态的变迁过程中,任何类型的民间舞蹈从诞生起就不是一成不变的。民间舞蹈的变迁有其自身的规律,但不外乎内因与外因两个方面。依存于特定民俗场的民间舞蹈,受到民俗场内特定要素的影响,就会沿着此要素影响的方向变化,并且逐渐固定下来。在此变迁过程中,民间舞蹈不可避免具有了此种要素影响的痕迹,逐渐形成了新的样貌。因此,即便是同一种起源的民间舞蹈种类,也会在民俗场中受到不同要素的作用,逐渐衍生出不同的特点,呈现出多姿多彩的一面。

民间舞蹈的变迁是复杂的过程,不同的民间舞蹈类型在实际变迁中呈现的样貌也不相同;民俗场中的要素多种多样,民间舞蹈所受到的影响往往带有偶然性。但万变不离其宗,民间舞蹈的变迁取决于民俗场的要素,按照不同层次,可以分为以下三个层面:文艺层要素、礼俗层要素和物质层要素。

文艺层要素包括民间艺术要素、民间文学要素、民间游戏娱乐要素,这一类要素最容易对民间舞蹈的变迁产生影响。民间舞蹈属于民俗分类中的

民间艺术类,相近的民间舞蹈形式常常互相借鉴、相互模仿,民间音乐、民间戏曲、民间美术、民间工艺等民间艺术形式与民间舞蹈常有融合,民间舞蹈的变迁往往在上述其中某个要素发生变化时也随着发生变化,如各地的狮舞受到当地音乐、美术、手工艺的直接影响。民间文学和民间游戏娱乐与民间艺术相近,在审美风格、群众氛围上产生影响,如舞大头和尚敷演民间故事,又常常杂有杂技武术动作。

礼俗层要素包括民间信仰要素、节庆礼仪要素和社会组织要素等。礼俗层要素虽然没有文艺层对民间舞蹈的影响那么直接,却是至为关键的影响要素。民间舞蹈一般都和民俗信仰密不可分,如各地的傩舞都有浓厚的信仰背景,很难看到有脱离信仰环境的傩舞。民间舞蹈也依托岁时节日和人生礼仪等提供展演的条件。同样,民间舞蹈看似自发表演的过程,实则是民间社会组织发挥作用的过程,体现民间社会独特的集聚形式。在中国北方,元宵节的秧歌多以乡村班社为组织形式,并形成了约定俗成的习惯。

物质层主要包括物质生产和物质生活要素,这类要素的影响更为基础和根本。民间舞蹈的生存发展离不开特定的经济发展和社会生活水平,什么样的生产生活方式,常常在根基上决定民间舞蹈的形式。一旦物质生产生活发生变化,民间舞蹈的变迁无可避免。"对以农为业的民族来说最重要的莫过于农业丰收。传统的心理机制及农业劳动的习惯性生理动态,自然地映射在舞蹈艺术之中。汉族民间舞蹈多俯首弯腰、含胸屈膝,重下肢动律,动作幅度小;手指与手腕的动作灵活,眼神含蓄内在;感情深沉,具有东方农业舞蹈文化的特征。汉族民众中广泛流行的民间舞蹈'秧歌'、'花鼓'和'花灯',与广泛种植水稻的农业生产相关。"[1]

飞叉类民间舞蹈一个鲜明的特点就是围绕叉的表演展开的,叉在充当表演道具的同时,也标示了与其他表演项目的不同。飞叉类民间舞蹈以"叉"为最核心的标志,以展现舞叉的技艺为最主要的目的,这是不同地区不同形式飞叉类民间舞蹈一致的地方。但是,以实际情况来看,不同地区的飞

---

[1] 钟敬文主编:《民俗学概论》,上海文艺出版社1998年版,第339页。

叉类民间舞蹈均具有不同的地域特色,都是舞叉表演与当地民俗相结合的产物。可以设想,即便京津冀晋等地的飞叉拥有同一起源,也在不同的民俗场中发生了在地化的变迁。更何况,飞叉在各地的最初出现本就带有当地特色。因此,可以看到飞叉的活动都是舞动飞叉,但套路、形式、目的都各不相同了。

飞叉经过变迁呈现不同的侧重面,这一点可以从把它归入哪一类非物质文化遗产项目中看出端倪。大多数地区的飞叉被列入市级或省级的非物质文化遗产名录中,它的归类大概有四种情况。河北廊坊黄漕飞叉、天津王庆坨飞叉会、河北霸州东王庄云叉会、山西太原晋阳三三叉、寿阳耍叉都被归入传统体育、游艺与杂技一类;河北文安苏桥飞叉会被归入杂技与竞技一类;山西陵川五鬼盘叉和河北曲周聚英叉会被归入民间舞蹈一类;北京的"开路会"、河北文安北德归舞叉、山东曹县马叉等不是非物质文化遗产项目。就飞叉的表演而言,本身具有舞蹈、武术、戏剧、杂技等多种成分,它们并不互相排斥,呈现多种艺术形态合一的样貌。如果非要按照现代艺术分类标准进行划分,多少有些不适当。即便存在这样的问题,各地的飞叉表演尚能较为恰当地归入不同类别,这说明各地的飞叉发生的变化足够呈现相对鲜明的艺术特点了。

事实确实如此,山西陵川五鬼盘叉和河北曲周聚英叉会被归入民间舞蹈中去,两地的表演更侧重于"五鬼捉刘氏"故事的展演,舞叉的过程主要围绕故事情节展开,不太注重舞动钢叉的花样和技巧,因此更倾向于是舞蹈表演。而被归入传统体育、游艺与杂技一类的河北、天津、山西等地的飞叉表演,对故事情节的表演较弱,甚至不敷演某个故事,以舞叉的技艺精湛、花样繁多、惊险刺激来吸引人,更倾向于作为一种武术技巧来展示。一种侧重于演故事,一种侧重于炫技艺,这是飞叉归入舞蹈和体育杂技的不同之处。同时,还可以通过飞叉与社火的关系看到飞叉表演的变迁走向。大多数飞叉都是社火中表演的,如北京的舞叉"开路会"为社火队伍开道,山西陵川的五鬼盘叉是社火节目,晋阳三三叉、寿阳耍叉都是社火中表演的,可以说这样的飞叉表演依托社火进行,作为社火的一部分出现,具有浓厚的民俗表演的成分。但也有一些飞叉表演,如天津王庆坨飞叉很大程度上可以不再借助于社火,不再受限于社火的时间、地点和形式,更多地以一项独立的技艺发展着,呈现体育项目的面貌。

叉的角色并没有发生根本性的变化,飞叉传承呈现不同的样貌,分野的原因在于民俗场中不同的要素发挥着不同的作用。在延续了演剧传统的地区,飞叉的表演服务于演剧的需要,充当了演剧的道具,并不刻意展现舞叉的精湛技艺,那么逐渐淡化了叉的舞技,沿着演剧的方向发展,呈现民间舞蹈的样貌。在注重武术传统的地区,叉还具有明显的"兵器"色彩,有相对完整规范的武术套路,一招一式颇有讲究,乃至成为"独门绝技",逐渐淡化了故事的演述,呈现体育杂技的样貌。同时也应当看到,影响飞叉变迁的要素虽有主次,但也并非单一,是综合作用的结果。飞叉表演,侧重舞蹈的也带有舞叉的某种技艺,侧重体育杂技的,也往往离不开演剧,表明民俗场中影响民间舞蹈变迁因素的复杂性。

四、民间舞蹈的传承发展离不开特定的民俗场

民俗场是民间舞蹈生存的基础、延续的保证、发展的条件。有些民间舞蹈种类面临着逐渐消失的窘境,后继乏人,根本原因在于随着社会文化的变迁逐步丧失了其赖以生存的民俗场。在民间舞蹈的传承发展过程中,除了自身的完善提升外,还需要相应民俗场的保护。"最为理想的方法是,在条件允许的情况下,尽量恢复民俗场。"[1]诚然,有些民俗场是可以恢复的,有些恢复起来难度颇大。或者说,完全等同于旧时代的民俗场是不可能恢复的,但可以保持、培育民俗场中的关键要素,使民间舞蹈更好地传承发展。

对于民间舞蹈的传承发展而言,哪些要素是民俗场中的关键要素呢?首先是人的要素,包括传承人和受众两个方面。在民间舞蹈传承中,尤其是在非物质文化遗产保护的语境下,传承人承载了最为精湛的技艺,受到格外

---

[1] 郑土有:《民俗场:民间文学类非遗活态保护的核心问题》,《长江大学学报》(社会科学版)2017年第3期。

的保护。传承人是在民俗场中生活成长起来的,其所承载的技艺也需要在民俗场中呈现。同时,受众的重要性也不容忽视,再好的舞者如果没有观众也会丧失动力。民间舞蹈是普通民众的艺术形式,传承人和受众都是参与者和表演者,民间舞蹈的传承人和受众能否良性互动,乃至受众是否有热情扮演传承人的角色,可以视为民间舞蹈存续的关键。笔者在晋中、冀南乡村田野调查时发现,当地的龙舞虽然有固定的舞者,但在街头表演时,观众可以随时替换舞者,展示自己的舞龙技艺,舞龙的行进过程也是观众作为舞者不断替换的过程。飞叉也是如此,在进行飞叉表演的时候,总有练过飞叉或者有浓厚兴趣的观众"一时技痒""跃跃欲试",想要尝试舞动一番,模糊了舞者和观众的角色。其次是舞的要素。舞的技艺、舞的道具、舞的节奏、舞的动机、舞的美感等诸方面与民俗场的其他构件形成能量互换,主动适应民俗场的变动。有些民间舞蹈种类在能量转换过程中不断衰减,乃至逐渐消亡;有些则在能量转换中不断增加,日臻优异。如左权小花戏注重吸收民间小调、地方小曲、社火节目的优点,在很多社火歌舞逐渐没落的时候依然享有广泛的群众基础。第三是民间舞蹈回归民间、重塑传统的文化要素。民间舞蹈传承发展的窘境表面看是表演的时间场所不再、表演的群众不再,实质上是脱离现实生活所致。民间舞蹈部分种类走向雅致化和精致化,不再适合普通民众;部分种类过于简陋和程式,不再适应当代民众生活。民间舞蹈在民间生活中向来是从不会缺位的,增强对文化传统的认知,提升民间舞蹈在民众认知中的地位,回到民俗生活中去,都有利于所赖以生存的民俗场的培育发展。

各地的飞叉大多列入省市乃至国家级的非物质文化遗产名录中,其传承保护的问题引起更广泛的注意和更深入的思考。在非物质文化遗产保护的语境下,依然无法回避保护对象民俗场重建的问题。原先飞叉依托社火表演,当今随着节庆民俗的变迁,人们过节的方式更加多元,以前农业社会村社为单位组织的社火形式受到挑战,年轻人在脱离农业村社的生产生活方式后更乐于接受现代节日,飞叉的表演很多情况下就只能靠中老年人维持。这些人一旦故去,技艺传承的核心载体就失去了,传承保护则无从谈起。飞叉并不完全依存乡土,但乡土在一定时期内出现了适合飞叉生存发展的民俗场。

各地飞叉所面临的现实状况,为民俗场的重新培育提供了思考基础。一方面,飞叉表演更多地向群众喜闻乐见的健身项目转变,不再受制于社火表演的时间地点限制,也不再作为旧社会谋生的街头杂耍技艺。组织形式逐渐向现代舞蹈团体、武术协会、体育社团靠拢,实现现代形式的技艺传承,不再受制于村社组织和家族内部传承。另一方面,飞叉表演所依托的乡村文化环境亟须保护,培育新式的社火形式,提供必要的时间和场所要求,创造有利于民间文学、民间信仰生存的环境,维持传承人的参与保护热情。在此基础上,飞叉的表演形式和宣传包装也需要贴合当代民众生活特点,尝试以新颖的民间舞蹈形式融入民众生活,出现在街头巷尾。飞叉具备了适应当下文化生态的民俗场,飞叉表演就能实现由被动保护向主动发展的转变。

结　语

民间舞蹈的民俗场是指民间舞蹈发生、生存、发展变迁的整体民俗生态场景,民间舞蹈既是民俗场中独立的民俗事象,同时又与民俗场中的其他要素发生能量转换。民间舞蹈是特定民俗场中的产物,无法脱离民俗场来孤立地看待民间舞蹈。民间舞蹈的变化遵循一定规律,其变迁受到民俗场中不同要素的影响。民间舞蹈的变迁取决于民俗场的要素,按照不同层次,可以分为三个层面:文艺层要素、礼俗层要素和物质层要素。民间舞蹈的传承发展离不开特定的民俗场,在民间舞蹈的传承保护中须将民俗场置于关键层面来探讨。保持、培育民俗场中的人、舞、生活等关键要素,采取相关的保护激励举措,会使民间舞蹈得到更好的传承发展。

第五章　民间社火的当代生态

民间社火有诸多名称，如社会、社贺、射虎、闹红火等，各地都有不同的叫法。中国民间社火主要分布在北方和部分南方地区，集中分布在河北、内蒙古、山东、河南、山西、陕西、新疆、甘肃、辽宁、吉林等华北、西北、东北地区，还有安徽、江西、四川、安徽、浙江、福建、广东、广西等中部、南部地区，几乎遍布全国。山西是北方社火最为炽盛的地区，晋中被誉为中国民间社火之乡。晋中地区的民间社火历史悠久、种类丰富，在当地民众的民俗生活中依然具有深厚的影响力。

架火是富有地方特色的民间社火种类，属民间杆架焰火的一种。民间杆架焰火流行于全国多地，形式各异，精彩纷呈。晋中地区的架火以榆次南庄架火和清徐高白架火最为有名。榆次南庄架火的主火，用十三张方桌一层叠一层垒起，高达四五丈，因中心没有支撑的主杆，故称"无根架火"，这是南庄架火的特色。清徐高白架火与南庄架火大体相似，当地称为"桌火"，方桌垒起，每层绑缚多种焰火，并在架火上装饰各种工艺品。

抬阁又称"抬角""抬歌""高抬""挠阁""脑阁""高装"等，是常见的社火形式。晋中地区流行的"铁棍"（背铁棍、抬铁棍）亦属于抬阁，尤以清徐的铁棍最有名，当地有"榆次的架火太谷的灯，清徐的铁棍爱煞人"的民谚。清徐徐沟背铁棍内容上取材于民间传说、戏曲故事及现实生活，以一根棍反映一出戏或一个故事。表演时一支彩枝悬挂一人，一根弓弦站立一人，上下一体，同歌共舞，显示出无限的魅力，被誉为"空中舞蹈""无言戏剧""活动雕塑""流动杂技"。

第一节 架火：民间杆架焰火的高光与尴尬

焰火，又作"烟火"，指烟花爆竹燃放时呈现多彩火光，也指代烟花爆竹。民间焰火种类繁多，其中一类可称之为"杆架焰火"。杆架焰火以各类烟花绑缚于杆架上燃放为特色，具有燃放效果立体性、艺术样式多元性、制作技艺精巧性、信仰寄托丰富性等特点。杆架焰火流行于我国多个省市区，主要有杆火、架火、架花、烟火架等代表，各地的杆架焰火在绑扎技艺上具有地域特色，燃放于元宵节、庙会、庆典等场合。

历史上，杆架焰火肇始于火药的发明，至宋代，在单独燃放的爆竹之外，民间出现了"成架烟火"，各类烟火花炮开始盛行。明清时期，"集百巧为一架"的杆架焰火盛极一时，把各种花炮经过精心设计，绑缚于高大杆架上，并对杆架覆以各种装饰，杆架及花炮呈现特定造型，辅以戏曲故事人物，颇为流行。清末以来，杆架焰火稍有消歇，但依然广泛见于乡间。杆架焰火以民间焰火为中心，融合多种文化形式，如烟花制作的传统工艺、杆架绑缚的传统技艺、纸扎装饰的民间美术、敷演故事的烟火戏、组织形式的烟火社、信仰背景的民间崇祀等。民间杆架焰火曾经有过盛行的高光时期，同时也面临着传承发展的尴尬处境。

一、民间杆架焰火的分布与特点

民间杆架焰火在各地有杆火、放老杆、点老杆、老杆烟火、点杆、响杆、架火、架子火、架花、架子花、烧架花、烧烟架、烟火架、架子烟火、架子焰火等十余种称呼。有的地方称呼不同，实则极为相似；有的称呼虽然一致，但具体焰火构设却存在差异。各地杆架焰火存在一定的共性，也有极大的个性。同时，民间杆架焰火的分布呈现一定的区域整体性。

（一）地域分布

杆架焰火的称呼与地域分布有一定的关联性，笼统地说，北方社火地区多称为"杆火",山西中部区别于杆火而称为"架火",南方客家地区多称为"架花",西南地区多称为"烟火架"。

杆火,又称放老杆、点老杆、老杆烟火、点杆、响杆等,因各类烟花绑缚于高杆(老杆)上而得名,广泛分布于陕西、山西、河北、河南等地。杆火在陕西渭南地区颇为盛行,尤以蒲城杆火为代表。山西河北交界的太行山区杆火亦盛,多称放老杆、点老杆,尤以河北井陉杆火为代表,晋东南、冀南都是杆火集中分布地。豫北杆火可以看作太行山社火区的构成部分,除豫北外,河南其他地区也有分布。上述地区多数制作独立的杆火,个别盛行九曲黄河灯阵的村落,因灯阵正中亦竖有老杆,故在九曲黄河灯阵的老杆上绑缚杆火。

架火,又称架子火,因各类烟花、造型绑缚于高桌搭起来的塔状架子上而得名,主要流行于山西中部的太原、晋中、吕梁的部分县区,尤以榆次、清徐、太谷的架火为代表。与杆火相比,架火没有作为主轴的老杆,故又称为"无根架火"。又因主要以方桌搭架,又称"桌火"。山西长治、河北赞皇等地把当地的杆火也叫"架子火",实与晋中一带的架火有所差异。榆次南庄架火向来盛行:"民国《榆次县志》卷十'岁时'载:'春初迎神赛会,多放架火,南庄村架火尤有名。架桌高矗,常年十二,闰月十三。其桌面作金碧楼阁,全用纸制;顶竖二旗,侧簇花幡;缀铃铛,中联炮火若缨络。然炮面纸条,具各种花样,有逾纂绣,架火中无植竿,四角各以绳牵之固,它处所无也。'"[①]2014年,榆次南庄无根架火以"民间社火"的名称列入国家级非物质文化遗产名录民俗类。

架花,一名多义,字面指绑缚成架的烟花。其一,闽西、粤东、赣南的客家地区所称"架花",又叫架子花、烧架花、烧烟架,搭在竹架上燃放。其二,陕西关中、汉中地区所称"架花",也称架花焰火,以高杆梁架为扎制形式,分为多架多柱,以洋县架花焰火为代表。其三,部分地方将类似杆火的燃放形式也称为"架花",如山东文登"架花"近于"杆火","(上元)又有烟火会,银花

[①] 榆次市地方志编纂委员会编:《榆次市志》,中华书局1996年版,第890页。

火树杂以爆竹砰訇。偏远迩或竖木作高架,缚各种烟火于上,谓之'架花',皆巧立名目以竞胜。"①

烟火架,主要流行于西南地区的杆架焰火形式,川渝云贵较为常见,一般在庆典时燃放;也有用于丧祭仪的,此用途称"阴火架"。烟火架由烟火桶和竹架两部分组成,用竹篾、纸、麻线编成各种能折叠的人物、动物、建筑等各种造型分层装入大桶,升入高空,层层燃放。烟火架颇类烟火戏:"用彩纸扎成各种戏文,以火药作动力,将鞭炮、灯笼等物分5—12层装入大纸箱,用长杆悬吊高空,点燃引线,箱内戏文层层坠落,游动于空,蜡灯照妖,光彩夺目。节目有《孙悟空三打白骨精》《白蛇传》等,元宵节耍龙灯后燃放。"②

(二) 地域特点

杆架焰火的共性主要体现在以焰火呈现为核心,采用杆架为主要呈现方式,集合多种艺术形式;不同地区的杆架焰火不仅有不同的名称,也有独特的地域特点。

全国各地不同名称不同类型的造型焰火形式之所以能够统称为杆架焰火一类,在于存在极大共性。首先,无论是杆火还是架火,杆架焰火的核心特点是杆架的燃放结构,这是区别于其他焰火的根本所在。杆架焰火的骨骼在"杆架",如泽州县周村镇的老杆烟火:"顾名思义就是将高约六米长的木杆竖立起来,在立杆顶中部根据需要分别绑设长约两米的横杆,然后将预先做好约数丈长、能燃放出各种图案的烟火按顺序捆绑在竖、横杆的各个部位。燃放时,点燃垂直在下部的火捻,火捻中的引药迅速燃烧,逐层上蹿,依次引燃各个部位,最终放出二龙戏珠、狮子滚绣球、天女散花、金秋黄菊等图案。"③其次,各地杆架焰火为了增加艺术性和观赏性,在奇巧精致上颇费心力,集合了多种艺术形式。如永川的烟火架被视为"四川民间艺人集纸扎、

---

① (清)方汝翼、贾瑚:《增修登州府志》,载《中国地方志集成》(山东府县志辑48 光绪增修登州府志1),凤凰出版社、上海书店、巴蜀书社2004年版,第71页。
② 四川省渠县志编纂委员会编:《渠县志》,四川科学技术出版社1991年版,第781页。
③ 周村镇志编纂委员会编:《周村镇志》(上册),三晋出版社2015年版,第463页。

竹艺、灯艺、彩绘、焰火、书法、泥塑等为一体的用于年节庆典的工艺美术作品"①，山东文登三家庄架花"属于民间独特的传统烟花工艺。它是集烟火、爆竹、剪纸、彩绘、裱糊于一体的综合性艺术"②。在此意义上，杆架焰火可以看作民间技艺的集中展示。再次，各地杆架焰火的象征意义大体接近，杆架焰火架设多少层，竖立多少杆，尽管不同地域有不同解释，但都把杆架的形式与岁月周行结合起来。如在河北蔚县，"点杆，顾名思义，就是在长长的直立木杆上，捆绑数根横担，平年十二层，闰年十三层，每层上绑有各种不同的花炮"③；在河北井陉，赵村铺的太平杆火有50多种反映山区生活，"这些杆火是用一根长10米的木杆外加高粱秆用铁丝扎绑而成，形状呈塔形，分二十四阶梯，代表农事二十四节气，闰年多一阶梯"④；在陕西韩城，"全架火，老杆四柱，一杆常年十二筒火，闰年十三筒火，小杆火四百八十桩。半架火，大小杆为全架的二分之一。一角火，大小杆为全架的四分之一。"⑤；在山西太原，高白架火平年12桌为一架，闰年13桌为一架，晋源区南街村老架火一般12层，闰年为13层。

杆架焰火总体构成有杆火、架火、架花、烟火架等大类，在大类内部由于分布地域不同，又具有不同的地域特点。整体而言，各地杆架焰火以元宵节燃放居多，都需要较为开阔的场地，均是一条引线逐次燃放，不同之处主要体现在具体杆架的形式和呈现内容上。

杆火的主要特点体现在以杆计数，杆为托架，架架相连，以活动主题、传奇故事、英雄事迹等内容为依据，"杆"是杆火的核心构成。蒲城杆火技艺具有代表性："杆火是绑在木架上燃放的焰火，分全杆、半杆和一角三种。全杆96个杆，另加两个老杆，两盘笸篮火，共计100个；半杆为50个杆；一角为

---

① 永川县文化局主编：《永川县文化艺术志》，内部资料1992年，第99页。
② 文登市政协文史资料委员会编：《文登文史资料》（第8辑），内部资料1993年，第119页。
③ 政协河北省蔚县委员会文史资料委员会编：《蔚县文史资料选辑》（第13辑），内部资料2003年，第194页。
④ 马佶、柳敏和、张树林主编：《井陉非物质文化遗产》，线装书局2011年版，第251页。
⑤ 政协陕西省韩城市委员会文史资料研究委员会编：《韩城文史资料汇编》（第7辑），内部资料1987年，第124页。

24个杆,另加一个老杆。杆火又分为文武两种程子。文火有猴戏、天女散花、鱼龙变化和各种戏文故事。武火有花盆开花、铁树开花、金蜂齐鸣等,总计不下一百七八十种。在燃放时,文武并重,银花盛开,鞭炮齐鸣,热烈壮观。老杆焰火有故事、图案标语,以点明晚会主题,杆高10米以上。"①其他地区杆火虽与蒲城杆火稍有差异,也主要围绕"杆"布设焰火。

架火的主要特点是不用主杆,而用方桌搭设骨架,以榆次南庄无根架火具有代表性。"'架火'的主火,用十三张大方桌,一张接缚一张地叠起来,高约四五丈,群众叫'无根架火',因别处是立杆架火,把高杆栽好,又把一张方桌捆到杆上。唯独榆次南庄架火,是用八条大绳、斜刺牵拴,从最下面一张方桌开始,用木椽抬起来,把第二张方桌叠到第一张方桌下接缚牢靠,如此一直接到第十三张方桌,真是宏伟艰巨,奇特壮观的'架火'。这就是南庄不用杆搭架,而用方桌起架放火的独到之处。"②晋中地区的架火多采用无根架火的形式。

架花的主要特点是制作繁复,规模较大,较杆火和架火构成多样。北方以陕西洋县架花为代表,吸收国内众多杆架烟花的特点,主杆上的焰火有12楼、24楼、48楼之多,场面壮观。南方以客家架花为代表,"烧烟架、烧火斗是各地客家人的节日传统节目,粤东最盛。闽西叫'焰火''架花'。烟架又叫'火树',与火斗是同一类型焰火艺术,都是在高高的木(竹)杆上,悬挂一层层用烟花、火箭、爆竹及装饰物预制的烟花节目,每杆有几层至十几层不等,每层有一套节目。点燃后,由下往上燃烧。"③

烟火架的主要特点是主火呈桶状,以此桶为焰火层次展开。如四川巴中,烟火架"在未放前看上去是团圆形纸罩,似倒置的谷箩,悬挂在高楼的爪角上。待天已黑定,由地方有声望的长者点火开放,只见一阵鞭炮响后,一层纸花放完,即掉下一人物或动物及花草等物。待细观细赏后,又是一层坠

---

① 渭南地区地方志编纂委员会编:《渭南地区志》,三秦出版社1996年版,第816页。
② 尚华整理:《晋中地区民间艺术概述》,内部资料1983年,第186页。
③ 胡希张等:《客家风华》,广东人民出版社2009年版,第369—370页。

下。如此层出不穷,目不暇接。"①在四川江油,重华烟火架颇具特色,"重华烟火架的主体呈桶状,规格可大可小,一般直径在60—85厘米,高50—75厘米不等。底部和顶部为竹编,里面可分为6层、7层、8层、9层,最高为13层……里面人物可根据用户要求绑扎、黏合故事情节,也可由艺人根据主人用途而定内容……每层根据空间大小设置1人或2人,多则5人,以人物造型为主的纸做的宫灯等,尾部吊一挂鞭炮。燃放时,把烟火架挂到6米高的固定木头架子上。"②与主要用于元宵节、庆典祝贺的杆火、架火相较,湖北湖南等地的烟火架还常用于斋醮、丧葬中。

二、民间杆架焰火的历史脉络

民间杆架焰火与当地的信仰崇祀紧密相关,一般而言,杆架焰火的"杆架"都被视为神灵加以崇拜,在焰火燃放之前,杆架前都有供崇祀的桌位,燃放过程也伴随着祭祀仪式。在很多地区,焰火带有浓厚的火神崇拜色彩。可以说,在杆架社火的历史进程中,信仰崇祀发挥着重要作用,在杆架社火的民俗活动中占有重要地位,一定程度上维系着这一活动的传承延续。就杆架焰火的衍进而言,黑火药的发明使用起到先导作用,成熟的杆架导源于唐宋宫廷焰火,明清时期在民间广为流行,清末以来在很多地方顽强地生存着。

(一)火神崇拜与杆神崇拜

杆架焰火的火神崇拜主要体现在燃放杆架焰火的目的在于"祭火神",往往围绕火神庙展开。

在河北涉县,正月十六晚上,除烤杂病以外,还要放烟火,放老杆,祭火神,西戌村在昭福寺前,南寨村在官坊③。在河南偃师,"杨庄'烟火社'也叫

---

① 李旭升主编:《巴中民俗》,四川人民出版社2006年版,第127页。
② 四川省非物质文化遗产保护中心编:《四川非物质文化遗产民间文学艺术集录》(第一部下卷),巴蜀书社2011年版,第278—279页。
③ 《西戌村志》编纂委员会编:《西戌村志》,民族出版社2005年版,第240页;《南寨村志》编纂委员会编:《河北省涉县南寨村志》,内部资料2014年,第220页。

'火神社',起初制作烟火燃放的目的主要是'祭神'(火神)"①。在河南林州,"县城西营、东姚集、姚村集西街等乡村传统的点老杆就是一种崇拜火神的集会习俗。老杆的场地均在火神庙周围"②。在河南驻马店,"区内民间信奉司火之神'火神爷',建国前城乡到处都有火神庙。农历正月间,人们在火神庙放烟火,点老杆,唱戏以禳火神"③。

围绕火神庙,杆架焰火不仅取得展演的合法性,而且实际上借用了火神庙的开阔场地及庙会搬演时机。在河南伊川县,"旧日,每年农历正月十九日,为江左的火神庙会。这天,周围数十里的群众要在火神庙前举行声势浩大的祭神活动。伊川、登封、临汝、汝阳、偃师、洛阳数县客商小贩也要在这一天来此进行物资交流。白天有大戏,狮舞、民乐、杂耍等文艺活动助兴,晚上还燃放焰火以取乐……因为晚上焰火丰富多彩,远近闻名,故又叫它为'焰火会'"④。在河南林州,"老杆的场地均在火神庙周围,场中架起20余米高的木架,用各种焰火组成火马、火伞、小猴戳蚂蜂、六郎还枪等故事,供晚间集会时点燃"⑤。在山西临汾,"村东门外有火神庙一座,庙前一片空地。面积约达十余亩,这就是烟火场"⑥。在杆架焰火上演的地方,几乎无一例外地带有崇神习俗。由于焰火用火的特性,无疑与火神最为密切。

除了火神崇拜之外,杆架焰火中的杆神崇拜也很明显。除了晋中地区的无根架火没有立地通天的主杆之外,其他地区的杆架焰火都依靠一根主杆为中轴。无根架火虽然没有杆火类的主杆,但架设完毕依然被视为神灵的存在,等同于杆神。尤其在杆火中,杆神崇拜更加明显。很多九曲黄河灯阵与杆火共同展演的地方,九曲黄河灯阵的老杆亦为杆火的老杆,视为"老

---

① 政协偃师市委员会文史委员会编:《偃师文史资料》(第十五辑),内部资料2003年,第143页。
② 李金生编:《林县民俗志》,黄河文艺出版社1988年版,第142页。
③ 驻马店市地方史编纂委员会编:《驻马店地区志》(下册),中州古籍出版社2001年版,第1729页。
④ 政协伊川县委员会文史资料研究委员会编:《伊川文史资料》(第3辑),内部资料1990年,第109页。
⑤ 李金生编:《林县民俗志》,黄河文艺出版社1988年版,第142页。
⑥ 杨迎祺编:《临汾民俗》,山西人民出版社2006年版,第49页。

杆神"。就焰火的燃放效果而言，杆架结构使原来地面施放的各类烟花呈现立体结构，增加了变化，更加富有魅力，也更便于观赏。就杆架的神灵崇拜而言，视为通天的老杆烟花四溢，也内含了通达天庭的美好寄托。

杆神崇拜由来已久，或可追溯到《山海经》中上通于天的"建木"，至今柱崇拜和塔崇拜都有杆神的影子。杆架焰火中的老杆也是杆神崇拜的体现，在埋设、装饰、燃放焰火的过程都有祭祀杆神的环节。在山西繁峙，"不论全架或半架焰火都是绑在一根长杆上，喊着号子竖起来，俗称'起老杆'。起老杆时还有鼓手吹奏助兴，称之为'吹老杆'。各种玩艺儿表演完毕，开始点放焰火"①。在山西沁水，"老杆是沁水县中村元宵节期间所用的节日用品，即在村中央竖起的3根10多米高的粗木杆，从上到下挂满鞭炮。正月十四晚，村里社首老汉们在搭好的老杆棚前烧香上供、三叩九拜，礼毕开始点老杆（即点燃三根老杆上的鞭炮）。此活动用以祈祷来年五谷丰登、六畜兴旺"②。一旦杆架焰火搭设完成，没有燃放之前，都作为当地民众供奉的对象。在山西清徐，"正月十五一大早，人们都起来忙于去顶架火，街上人每年最讲究的是供献架火，正月十五架火顶好后，架火前面供桌上摆满了各式供品，桌下跪着许愿的善男信女，有祈祷风调雨顺的，有许愿升官发财的，有祈望全家平安的，有渴望生儿传宗接代的"③。

（二）宋代成熟与明清繁盛

各地杆架焰火大多口述源自唐代宫廷焰火，但一般认为到宋代，告别独立焰火品种，多种焰火搭配立体呈现的"成架焰火"，代表杆架焰火较为成熟了。

《梦粱录》载民间"又有市爆仗，成架烟火之类"④。《武林旧事》中记载，

---

① 李斌主编：《繁峙县志》，今日中国出版社1995年版，第355页。
② 马刘勤主编：《沁水县中村志》，山西人民出版社2011年版，第145页，转引自段友文、卫才华主编：《中国节日志·春节·山西卷》，光明日报出版社2014年版，第346页。
③ 曹春燕：《晋中民间文化艺术之探索：以清徐县东于镇架火为例》，《美术大观》2013年第5期。
④ （宋）吴自牧：《梦粱录》，浙江人民出版社1980年版，第50页。

南宋宫廷经常施放规模较大的"成架烟火":"宫漏既深,始宣放烟火百余架,于是乐声四起,烛影纵横。"①南宋词人詹无咎《鹊桥仙·题烟火簇》言"龟儿吐火。鹤儿衔火。药线上、轮儿走火。十胜一斗七星毬,一架上、有许多包裹"②,这应当是对当时杆架造型焰火的生动描绘。

也有学者认为,现在很多地区的架花可能是宋代"药发傀儡"的遗存,"药发傀儡,在我国北宋时期就很兴盛,但对于'药发傀儡'的制作、表演形态,一直以来都没有详细记载,且元明清后,也极少有关'药发傀儡'的文献记载。只在放'烟火''火戏'中有出现傀儡表演名目,有不少学者对此也有过不同程度的描述。然陕西蒲城的'竿火''架子火'被誉为全国仅存的'药发傀儡'遗存,而这种'竿火'在福建的边远山区闽西客家民间普遍存在。"③文献记载的"药发傀儡"语焉不详,目今所见陕西蒲城和南方客家地区的架花,以焰火推动戏曲人物活动,颇有宋代药发傀儡遗意。

在宋代焰火技艺不断成熟的基础上,杆架焰火在明清时期迎来了繁盛的高光时刻。郭正谊先生在《烟火史话》中说:"豪门贵族于年节燃放大量烟火当然不在话下,然而一个个地零星燃放究竟费力而不够热闹,于是就有专门的烟火匠师登门为之扎绑成架烟火,即将各种各样的花炮分组按次序地绑扎在高大的木架上,再用火药线顺序连接起来,届时只要把起头的引线点燃,各色花炮就可以次第自动燃放,蔚为大观。这就是'集百巧于一架'的成架烟火,源于南末宫庭。明万历年间刊行的《金瓶梅词话》第四十二回'豪家拦门玩烟火,贵客高楼醉赏灯'中对于架子烟火有着十分生动的描述。"④

《金瓶梅词话》不仅对杆架焰火进行了描绘,所附插图也再现了当时的杆架焰火情状。《陶庵梦忆》也描绘了杆架焰火:"殿前搭木架数层,上放'黄

---

① (宋)周密:《武林旧事》,见《东京梦华录》(外四种),古典文学出版社1956年版,第369页。
② (宋)詹无咎:《鹊桥仙·题烟火簇》,载唐圭璋编:《全宋词》(第五册),中华书局1965年版,第3415页。
③ 梁伦勇:《闽西"药发傀儡"寻踪——上杭翁基村"扛杨光老佛"与烧"架花"调查》,载福建上杭客家联谊会编:《上杭客家》(第七期),内部资料2006年,第138页。
④ 郭正谊:《烟火史话》,载《新建筑》编辑部主编:《中华文化纵横谈》,华中工学院出版社1986年版,第83页。

蜂出窠''撒花盖顶''天花喷礴'。四旁珍珠帘八架,架高二丈许,每一帘嵌孝、悌、忠、信、礼、义、廉、耻大字。每字高丈许,晶映高明。下以五色火漆塑狮、象、橐驼之属百余头,上骑百蛮,手中持象牙、犀角、珊瑚、玉斗诸器,器中实'千丈菊''千丈梨'诸火器;兽足蹴以车轮,腹内藏人。"①《帝京景物略》载:"烟火则以架以盒,架高且丈,盒层至五,其所藏械:寿带、葡萄架、珍珠帘、长明塔等。"②与今日所见杆架焰火的架构设计几乎一致。清代关于杆架社火的记载颇多,京城"放和合"应当是当时宫廷杆架焰火的代表,《清稗类钞》中说:"上元放和合:嘉、道以前,圆明园正月十五日放和合,例也。和合即烟火盒子。大架高悬,一盒三层,一层为天下太平四大字,二层为鸽雀无数群飞,取放生之意,三层为四小儿击秧鼓唱秧歌,唱'太平天子朝元日,五色云车驾六龙'一首。"③方志中关于民间杆架社火的记载亦不稀见。

至民国时,杆架焰火在民间仍有流行,前引民国榆次县志可资说明。又见民国《府谷县志》载:"十五日,元宵日……家中到晚时,门前院内亦笼石炭火,燃点面灯,或亦有燃纸花灯、放烟火架。"④又民国《慈利县志》:"烟火架:又一烟火架。祝嘏亲舍,忏经孝家,雁行序坐,宾肃无哗。高台缚炬,眩人非邪,须臾浮出,大如鬼车。彭亨豕腹,外栏纸糊,是中有物,鬼曰挪揄。安在一握,而龙负图,巨响爆裂,桶底脱矣,鬼趣分明,阎罗活矣。续第二响,俘拿破仑,滑铁卢战,万马千军。第三、第四,层出不竭,五花八门,观者咋舌。泰西电影,犁鞯吐火,今以手工,尊独惟我。"⑤经过社会变迁,杆架焰火在很多地区渐趋消歇,除了烟花爆竹的若干传统产地外,大多数地方的杆架焰火开始逐渐淡出当地民众视野。

三、民间杆架焰火的尴尬处境

尽管民间杆架焰火经过了成百上千年的传承,在全国分布较为广泛,也

---

① (明)张岱:《陶庵梦忆》,西湖书社1982年版,第17页。
② (明)刘侗、于奕正:《帝京景物略》,北京古籍出版社1980年版,第58页。
③ 徐珂编:《清稗类钞》(第一册),中华书局1984年版,第25页。
④ 丁世良等主编:《中国地方志民俗资料汇编》(西北卷),北京图书馆出版社1989年版,第93页。
⑤ 丁世良等主编:《中国地方志民俗资料汇编》(中南卷),书目文献出版社1990年版,第671页。

形成了不同的风格,拥有一定的群众基础,并且代表性种类如榆次南庄架火、陕西洋县架花、陕西蒲城杆火、河北井陉焰火都名列国家级非物质文化遗产名录,但不可否认的是,目前杆架焰火处于较为尴尬的境地。这种尴尬处境表现在上演的机会越来越少、传承面临危机。究其原因,一方面是杆架焰火所依赖的民俗环境发生了变化,另一方面是杆架焰火的安全性受到重新审视。

(一) 民俗因素

任何民俗活动都依赖特定的民俗环境,随着民俗环境的变迁,相关的民俗活动也处于不断变迁中。历史上的杆架焰火在城乡上演,成为元宵节焰火的重要构成。近代以来,传统社会结构发生了剧烈的变化,原先依赖官方资助的宫廷焰火荡然无存,民间杆架焰火的传承也面临挑战。首先,随着元宵节节日活动的丰富和节日内涵的变迁,人们过节的形式更加多元,杆架焰火不再扮演十分重要的角色,逐步丧失搬演的时间。其次,民俗心理的变迁不仅表现在审美取向上,而且表现在民间崇祀上。杆架社火赖以存在的崇祀信仰逐步被取代,其丧失了搬演的动力。再次,杆架焰火需要相对开阔的场地,但在人口密集的城市和城镇中,这样的场地越来越少,在乡村中类似的场地需要的成本也越来越大,杆架焰火丧失搬演的空间。最后,杆架焰火的技艺需要民间艺人来传承,以此为生的艺人逐渐减少,技艺传承难以为继,杆架焰火丧失发展革新的基本保证。综上种种,民间杆架焰火的生存状况不容乐观。

(二) 安全因素

与其他民俗活动相比,民间杆架焰火具有一定的特殊性,耗费甚巨、观赏时间短等弊端尚在其次,更主要的是其在制作、运输、燃放过程中均有危险性,这在客观上限制了杆架焰火的生存发展。第一,民间杆架焰火的原料主要是黑火药,由于其具有爆炸性和易燃性,又常用于战争和特种行业中,因此经常作为管制的对象。宋元以来,对黑火药的使用都有一定的限制,有时采取颇为严厉的政策,民间杆架焰火在原料的取得上并不十分便利。第二,民间杆架焰火的燃放极有可能引发火灾,又可能伤及观赏的群众。明清时期,由于焰火燃放引发的火灾和伤亡事件时见记载,杆架焰火虽没有完全被禁绝,但燃放的场合和规模常常有所限制,禁放和限放的趋势明显。第三,环保观念深入人心以来,土法制作的杆架焰火带来的空气污染、噪声污染和光照污染也引起人们的担忧。杆架焰火在技术层面的革新速度很难及时回应环保层面的担忧。出于安全的考虑,目前我国对烟花爆竹的生产、经营、运输和燃放都有明确的规定,出台有安全管理法规条例,各地都有相应的安全管理细则。民间杆架焰火只有在允许的范围内,保证十分安全的前提下制作燃放。这有利于民间杆架焰火的健康发展,也对传统技艺的传承提出了新的要求,需要探索更加安全无害的发展路径。

结　语

从历史的角度来看,民间杆架焰火自火药发明以来,不断发展延续,两宋逐渐成熟,明清时期繁盛,至今仍然在南北方很多地区的民俗生活中扮演重要角色,成为民俗文化和传统文化的重要组成部分。在其发展过程中,如夜空中的缤纷多彩,民间杆架焰火曾有高光的表现。从地域分布的角度,民间杆架焰火形成不同的种类,融合多种民间艺术,成为地域文化和节庆文化的重要构成,至今仍作为一项重要的民间技艺传承创新,焕发出独特的生命力。在西北、华北、华中、东南、西南各地区,杆火、架火、架花等民间杆架焰火的代表绽放于城乡,丰富着人们的民俗生活。但是,也需要看到,还有很多地区的杆架焰火由于种种原因逐渐退出历史舞台,仅仅留在老一辈人的记忆里。民俗环境的变迁使杆架焰火的生存土壤逐渐丧失,安全层面的特性也加剧了传统技艺与现实需要的冲突。因此,民间杆架焰火面临尴尬境地。无疑,通过消化历史积淀,吸取民间智慧,革新传统技艺,民间杆架焰火会摆脱尴尬,探索出承继传统艺术彰显现代文明的新路。

第二节 抬阁:社火舞台展演的实践与风险①

社火是重要的民俗事象,在民间社会享有广泛的群众基础,具有深远的影响力。各地社火争奇斗艳,形成了流传范围广、构成种类多、参与人数众、技艺表演精的社火文化。民间社火及很多社火子类被列入国家级或省市级的非物质文化遗产名录中。社火在节庆、庙会、祭祀、赛社等场合搬演,尤以元宵节最为集中,现在很多地区组织社火花会的展演。城镇乡间,社火队伍且行且歌、且进且舞,观者夹道簇拥,塞途如堵,堪称社火盛况。

抬阁是民间社火中最为常见的形式之一,熔绘画、戏曲、彩扎、纸塑等艺术于一炉,并且带有鲜明的街头巡游特点。民国《阳原县志》载:"抬阁此种娱乐,亦在正月举行。以木囵铁筋(即以铁制之杠,圆径约二寸),上绑童女(皆十至十四者),扮作旧剧,如宋太祖送妹、断桥、奇双会等,八人抬之,游行街市。有时以高跷为导,以船灯或火龙灯殿后(以纸糊一长船,或一长龙,分作若干段,每人一段,徐行如船,龙在水者然,中燃烛,晚更美观);有时各自为政,不相统属……每届举行,观者塞途。"②

晋中地区各区县流行各种形式的"背铁棍""抬铁棍""撅棍(杌棍、划棍)",其中清徐徐沟的背铁棍最有代表性。当地人们传说,徐沟背铁棍可以追溯到明代嘉靖年间,经过不断丰富改进,在清代时盛行一时,每当有背铁棍表演,观众如堵。其后,不断有民间艺人对背铁棍进行改革创新,在设计、

---

① 本节内容部分观点以《由"游"以"艺":社火舞台展演的实践逻辑与传承风险》为题发表于《民间文化论坛》2020年第1期,收入本书时内容上有所增删。
② 丁世良、赵放主编:《中国地方志民俗资料汇编》(华北卷),北京图书馆出版社1989年版,第186—187页。

装饰、表演、造型、绑扎等方面更胜一筹,声名远扬。人们把徐沟背铁棍誉为"无言的戏剧、空中的舞蹈、流动的杂技"。

一、作为"游艺"的社火

"游艺"一词,溯于孔子"游于艺"言,后多有游于六艺或游学诸艺的意思。在现代汉语境中,"游艺"颇近"游戏"一词,几乎成为同义词。杨荫深先生《中国游艺研究》开篇即言"游艺就是游戏的艺术"[①]。游常取游戏、游玩义,艺常取艺术、技艺义,"游艺"可作游戏的艺术(技艺)解,此为该词汇的常见义项。郑重华、刘德增等人的《中国古代游艺》认为"游艺与游戏同义,是一种娱乐活动"[②]。李建民先生的《中国古代游艺史》重点论述"乐舞百戏"[③]。多数冠名"游艺民俗"的通俗读物多取此义,包含杂技、弈棋、博戏及儿童游戏诸类。《大辞海》"游艺民俗"条的解释相对较为宽泛:"即'娱乐性民俗'。民间传统的文化娱乐活动。包括口头表演、动作表演综合的艺术手段表演的活动以及游戏、竞技、民间艺术等,可分为民间口头文学活动、民间歌舞乐活动、民间游戏活动、民间竞技活动、民间杂艺活动等。"[④]

民俗学语境中的"游艺"包含游戏,又并非完全等同于游戏。钟敬文先生《民俗学概论》中称之为"民间游戏娱乐",同时"国内近年来出版的民俗学著作,有的称'游艺民俗',有的称'文艺游戏民俗',也有的称'游戏竞技民俗'"[⑤]。乌丙安先生《中国民俗学》使用了"游艺民俗"一词,认为"比较恰当的、大体上能概括民间文娱体育活动的词语,以'游艺'为好"。它有三个好处:一是它并不是生造的词汇,而是很容易明了其内涵的熟语词;二是它虽然是有特定含义的名词,却显现了某种动势的语意,很适用于概括讲、唱、表演、游戏、竞技等民俗活动;三是它可以包括除说唱歌舞以外的民间游戏、体

[①] 杨荫深:《中国游艺研究》,世界书局1946年版,第1页。
[②] 郑重华、刘德增:《中国古代游艺》,山东教育出版社1991年版,第1页。
[③] 李建民:《中国古代游艺史 乐舞百戏与社会生活之研究》,东大图书股份有限公司1993年版。
[④] 夏征农、陈至立主编:《大辞海·民族卷》,上海辞书出版社2012年版,第502页。
[⑤] 钟敬文主编:《民俗学概论》,上海文艺出版社1998年版,第379页。

育竞技在内"①。该书也给出了界定:"游艺民俗的概念大体确定为:凡是民间传统的文化娱乐活动,不论是口头表演的还是动作表演的,或用综合的艺术手段表演的活动,都是游艺民俗"②。当前非物质文化遗产的分类中,有"传统体育、游艺与杂技"大类,游艺(recreation)实际上依然侧重游戏的部分。

民间社火是节庆、庙会上演的民间花会演艺活动的总称,应可归入"游艺民俗"的大类中。钟敬文先生主编的《民俗学概论》把社火归入"民间游戏娱乐"中,各类民俗志(如中国民俗大系分省卷)基本都把社火归入"游艺"的一类,这应当较为妥帖。然而,由于社火包罗甚多,各地社火种类少则十余种,多则上百种。实践中,既有整体的归类,又有细分后的归类。国家级非物质文化遗产中,"民间社火"都归入"民俗"类,而非"游艺"类。社火的构成品种因其贴近的门类划分,如抬阁(芯子、铁枝、飘色)归入民俗类,秧歌、竹马、旱船、高跷归入传统舞蹈类,飞叉归入传统体育、游艺与杂技类,锣鼓归入传统音乐类等。

虽然面临实践中社火归类的多维考量,但作为整体的社火应当归入"游艺民俗"来审视。首先,就"游艺"而言,除了游戏之外,还包括更加丰富的内涵。"游"与"艺"的本义,都并不直接指向游戏。游者,旌旗之流也,具有行进、游走、流动之意,"游戏"亦从此生发。艺者,种也,引申为才能、技能、技艺、艺术得义于此。因此,"游艺"包含游戏义项的同时,还有侧重于行进中展演技艺、流动中表演艺术的内涵。社火的各类构成既不违背游艺的词汇本义,也不违背现代汉语语境,同时也较为贴合民俗事实。

蔡欣欣女士认为:"游艺、社火与会所指称的对象基本近似,亦即'俳优歌舞杂奏'(《旧唐书·音乐志》)等散乐百戏;或如漳州当地中由四方百姓鑱资参与组织的'优戏队'(陈淳《上赵寺丞论淫祀》);只是游艺表演的时机场合,可能较后两者更为宽广,亦即除了依附在岁时节庆与庙会神诞外,也可

---

① 乌丙安:《中国民俗学》,辽宁大学出版社1985年版,第343页。
② 同上书,348页。

在官方节庆、民俗节庆与历史节庆等活动中献艺;甚至民间或学界将游艺更从属于社火与会之下,专指在'广场街道游走行路'的表演团队。"①乌丙安先生概括了游艺民俗的四个基本点,其中一个即是"非剧场化、非大舞台化的表演活动"②。显然,游艺民俗更为侧重行进中的、游行式的街头展演艺术形式,而这恰恰是社火最为突出的特点。

社火的起源发展与赛社、傩仪、迎春、灯节密切相关,而迎神献艺的赛社、沿门逐疫的傩仪、郊祀表演的迎春、昼夜狂欢的灯节的综合作用,使社火呈现出多种技艺杂呈、群体性、狂欢式的特点,这些特点都离不开游街演艺的形式特征,因此,社火从发展演变而言,天然具有沿街行进表演的要求和特点。

古籍中的社火场面都是沿街狂欢、观者如堵之类的描绘。如范成大《上元纪吴中节物俳谐体三十二韵》:

轻薄行歌过,颠狂社舞呈。
(原书注:民间鼓乐谓之社火,不可悉记,大抵以滑稽取笑)
村田蓑笠野,街市管弦清。
里巷分题句,官曹别扁门。
旱船遥似泛,水傀近如生。
(原书注:夹道陆行为竞渡之乐,谓之划旱船)
钳赭装牢户,嘲哳绘乐棚。
堵观瑶席隘,喝道绮丛争。
禁钥通三鼓,归鞭任五更。③

《梦粱录》中说社火舞队的演出时,人们"拦街嬉耍,竟夕不眠":姑以舞

---

① 蔡欣欣:《妆扮游艺中的"台阁"景观》,载麻国钧、刘祯主编:《赛社与乐户论集》,中国戏剧出版社 2006 年版,第 163—164 页。
② 乌丙安:《中国民俗学》,辽宁大学出版社 1985 年版,第 349 页。
③ (宋)范成大:《范石湖集》,上海古籍出版社 2006 年版,第 326 页。

队言之,如清音、遏云、掉刀鲍老、胡女、刘衮、乔三教、乔迎酒、乔亲事、焦锤架儿、仕女、杵歌、诸国朝、竹马儿、村田乐、神鬼、十斋郎各社,不下数十。更有乔宅眷、汗龙船、踢灯鲍老、施象社。官巷口、苏家巷二十四家傀儡,衣装鲜丽,细旦戴花朵口肩、珠翠冠儿,腰肢纤袅,宛若妇人。府第中有家乐儿童,亦各动笙簧琴瑟,清音嘹亮,最可人听。拦街嬉耍,竟夕不眠……至十六夜收灯,舞队方散。①《西湖老人繁胜录》《武林旧事》所列社火种类数十种,不仅观者多,演者亦多,常常一社就有数百人,"福建鲍老一社,有三百余人;川鲍老亦有一百余人"②。这也是沿街行进演出、且演且进可容纳的场景。

明清时期社火炽盛,元宵、迎春、赛神时各色社火扮演,地方志中俯拾皆是,彼时的城乡社火均是"遍游街巷"的行进式演出。

> 一家做灯官,好游戏者群往就之,用优人衣冠器具,扮演各色故事,名为"社火",先谒官长呈伎,领赏后**遍游街巷**,且歌且舞,男女聚观,至十六夜灯火歇后,乃罢。——乾隆《延庆州志》

> 上元,沿街设立松棚,杂缀诸灯,翠缕银葩绚然溢目。又唱秧歌,谓之社火……随处演戏,戏秋千,三日为度。——乾隆《赤城县志》

> 立春前一日,彩楼、社火,迎春于东郊。……上元前后五日,街市张灯、狮火,社火甚多,谓之"斗胜"。——光绪《保安州志》

> 元宵,乡村稍有灯火,城市则鳌山灯海,秧歌、社火、角抵之戏,**喧阗街巷**,亲友过从游观焉。——光绪《续修崞县志》

> 十五夜,张灯结彩,燎炭火,放花炮,**演杂剧以游街**,谓之"闹元宵"。——光绪《岢岚州志》

> 元宵,燃灯制火,年少作百戏状,**沿街而行**,若狂者然,曰"闹元宵"。——光绪《榆社县志》③

---

① (宋)吴自牧:《梦粱录》,浙江人民出版社1980年版,第3—4页。
② (宋)题西湖老人:《繁胜录》,《东京梦华录》(外四种),古典文学出版社1956年版,第111页。
③ 丁世良、赵放主编:《中国地方志民俗资料汇编》(华北卷),北京图书馆出版社1989年版,第17、137、166、563、568、577页。

因社火的行进式演出形式与迎神祭祀的出巡、夸官、行像意义相近、相互融合,社火也常被称为"行会"或"走会"。如在河北赞皇"七月初七日,俗传刘猛将军诞辰。是日,人民以五色小帜植土箱上,用长竿两人肩荷,后有旗鼓百戏,穿街过巷,至神前焚楮帛,祈无蝗螟,名曰'行会'",三河亦如是"十五日,为上元节,亦曰灯节,点彩灯,放爆竹。又有于是日演杂剧者,名曰'走会'"。[1] 而说到"抬阁"的起源,一种说法认为来自祭神游行:"山西晋中一带民间流行这样一种说法:抬阁是由祭神仪式演化而来的。据《徐沟县志·民俗志》:'迎神祈雨得遂后,以其神妆彩异而送之。有锣鼓、音乐以引其前,有队子马随其后,以神殿之。'最初的这种形式被运用于求神祈雨,等到得雨后便抬神游行感恩谢神。在抬神当天,热闹非凡,锣鼓喧天,由当地壮汉抬出供桌,供桌上由支架支起一男一女两个小孩,表示侍神的童男童女,进行游行。"[2]

因此,从"游艺"的本义及词语意涵来讲,都内含游行献艺的意义。作为民俗学概念的"游艺",不仅包含较为广义的"游戏",还包含诸种民间传统的文化娱乐活动。社火从起源至今,依然保持着沿街行进演艺的显著特点,因此归入"游艺民俗"类,不仅是分类上的体认,也是社火基本性质的确证。

二、社火舞台展演的实践逻辑

社火具有沿街行进演出的突出特点,无论是历史上的社火,还是现在活跃在乡间城镇的社火,这一点都较为显见。即便当下各地流行的社火汇演,也多是沿街行进式或广场式的。同时,社火的舞台展演经常能够看到。由于社火包含的种类多样,像歌舞类、说唱类等在沿街行进时有"圈场表演"的特点,实际上具有舞台演出的条件。而需要过多器械、人数参与众多、对场地时长有特殊要求的社火在舞台展演时却面临困难。因此,就社火整体而言,沿街行进演出并不完全排斥舞台展演。社火的舞台展演有历史脉络可

---

[1] 丁世良、赵放主编:《中国地方志民俗资料汇编》(华北卷),北京图书馆出版社1989年版,第123、284页。
[2] 左尚鸿:《中国抬阁》,文化艺术出版社2016年版,第2页。

循,也有现代社会的诉求。

(一) 历史脉络

社火杂有戏曲、音乐、舞蹈、武术、杂技等多种艺术因素,体现出综合性的艺术特征。例如秧歌具有戏曲、音乐、舞蹈的综合特点,抬阁具有戏曲、音乐、舞蹈、杂技的综合性。传统戏曲、传统音乐、传统舞蹈等民间艺术形式又与社火关系十分密切。现代意义上的戏曲、音乐、舞蹈在发生发展史上也与社火存在交集。从历史发展的角度来看,成熟的舞台艺术形式(戏曲、音乐、舞蹈)曾有过街头行进演出的阶段,这无疑给现在沿街行进演出的社火一些暗示。

与"演有定所"的戏剧相比,社火更倾向于"巡回演出",王国维先生认为三教(即打夜胡)、讶鼓、舞队这类社火形式,在戏剧演进中扮演重要角色:"其中装作种种人物,或有故事。其所以异于戏剧者,则演剧有定所,此则巡回演之。然后来戏名曲名中,多用其名目,可知其与戏剧非毫无关系也。"[1]虽然有着沿街行进与舞台呈现的差异,但社火对戏剧内容、形式多有影响。

社火一般被称为"行进的艺术",而戏剧演出场所相对固定。这一行一停的形式差异或许具有某种界桩意义。麻国钧先生认为:"所谓'行'的戏剧,说的是中国古典戏剧是从行进礼仪逐渐演化而来,至少是受到古已有之的'行进礼仪'的深刻影响,并表现在它成长的全部过程当中……这里所说的'停'的戏剧,是相对于'行'的戏剧说的,相对于行走的、流动的演出方式说的,进而言之,是指行进的演出队伍为了满足观众的要求、为了更好地展开一个有着相对长度的故事甚至一个场面而做的短暂停留;是观演方式的一种变动——由流动的观演方式变为相对稳定的观演方式。那些行进的演艺一旦完成了上述意义的'停顿',戏剧也就宣告成立了。"[2]

---

[1] 王国维:《宋元戏曲史》,上海古籍出版社1998年版,第31页。
[2] 麻国钧:《"行"与"停"的辩证:中国古典戏剧流变及形态论》,中国戏剧出版社2003年版,第1页。

宋元戏剧的演出场所在城镇主要集中在"勾栏"之中，相对较为固定了。而在广大的乡间，最为常见的演剧场所是神庙。"宋、元以降，最普通的剧场，便是一般神庙了。神庙的建筑，照例于正殿的对面设有一所戏台。戏台与正殿之间，必留有一大片广场，以容纳看戏的观众，这种形式，在神庙的建筑上，几乎是千篇一律的。戏剧本起于祀神的仪式，故当时戏剧的演出，除了私人设有小型的舞台和内廷的专门建造外，一般人要看戏，便得到神庙或逢有礼祭的其他地方。"① 恰恰神庙是社火表演最为集中的场合，把适当的艺术形式搬上神庙的戏台，娱神娱人，社火具有极大的便利性。

在社火发展过程中，并非只有沿街行进演出一种形式，把合适的品种搬上舞台，至少从宋代就开始了，绝非近时的创举。

《东京梦华录》卷八"观神生日"条载：

> 天晓，诸司及诸行百姓献送甚多。**其社火呈于露台之上**，所献之物，动以万数。自早呈拽百戏，如上竿、跃弄、跳索、相扑、鼓板、小唱、斗鸡、说诨话、杂扮、商谜、合笙、乔筋骨、乔相扑、浪子、杂剧、叫果子、学像生、倬刀、装鬼、研鼓、牌棒、道术之类，色色有之。至暮呈拽不尽。②

《东京梦华录》卷六"元宵"条载：

> 正月十五日元宵，大内前自岁前冬至后，开封府绞缚山棚，立木正对宣德楼，游人已集御街两廊下。奇术异能，歌舞百戏，鳞鳞相切，乐声嘈杂十余里……内设乐棚，差衙前乐人做乐杂戏，并左右军百戏，在其中驾坐一时呈拽。……楼下用枋木垒成**露台**一所，彩结栏槛，两边皆禁卫排立，锦袍，幞头簪赐花，执骨朵子，面此乐棚。教坊钧容直、**露台弟子**，**更互杂剧**。近门亦有内等子班直排立。万姓皆在**露台**下观看，乐

---

① 周贻白：《中国剧场史》，中国戏剧出版社2016年版，第6页。
② (宋)孟元老：《东京梦华录(外四种)》，古典文学出版社1956年版，第48页。

人时引万姓山呼。①

《梦粱录》"八日祠山圣诞"：

> 初八日，钱塘门外霍山路有神曰祠山正佑圣烈昭德昌福崇仁真君，庆十一日诞圣之辰。……各以彩旗、鼓吹、妓乐、舞队等社，奇花异果，珍禽水族，精巧面作，诸色鍮石，车驾迎引，歌叫卖声，效京师故体，风流锦体，他处所无。**台阁巍峨，神鬼威勇**，并呈于露台之上。自早至暮，观者纷纷。②

露台始自汉代，原为降神之高台，后成为演出的舞台、戏台。至少在宋代，有些杂于社火中的艺术形式，如百戏、杂剧、台（抬）阁等，都被搬上舞台来演出了。明清以来，民间社火炽盛，特别是到元宵时，各色社火争奇斗艳，有些延续着街头行进演出的形式，有些在舞台搬演。如民国《万全县志》载："正月十四至十六日……则有社火，昼则游行各处，夜则登台演剧。每班约百余人，化装古今男女老少，应有尽有，不伦不类，状至滑稽，使人喷饭；并杂以多数锣鼓之声，沿街舞唱，万人空巷，到处围观。"③因此，社火中的很多艺术形式在合适的条件下开始舞台展演，并且参与了其他艺术形式的演变。社火中的具体艺术形式被改造后成为舞台艺术形式，如秧歌在很多地方发展成秧歌剧或秧歌戏，原先街头演出的莲花落、快板被改造后成为戏曲和快板剧。

（二）现代诉求

社火根植于中国传统农业社会，在社会转型中面临的生存问题最为紧

---

① （宋）孟元老：《东京梦华录（外四种）》，古典文学出版社 1956 年版，第 35 页。
② （宋）吴自牧：《梦粱录》，浙江人民出版社 1980 年版，第 7 页。
③ 丁世良、赵放主编：《中国地方志民俗资料汇编》（华北卷），北京图书馆出版社 1989 年版，第 206 页。

要。在种种探索和尝试之中,"舞台展演"是最为常见也最受争议的方式。不可否认的事实是,各地社火形式的存续都在进行某种程度的"舞台展演"改造。不唯如此,非物质文化遗产项目的保护也存在这样的倾向。舞台展演作为社火常见的乃至"共识"的改造方向,有些是根据自身艺术特点自然发展的,更多的是基于社会情况做出的。其暗含的逻辑是由俗转雅的努力和民俗宣传的需要。

首先,"沿街行进"和"舞台展演"两种形式的差异并非只表现在呈现方式上,实则代表了两种审美取向。由于社火多由民间自发组织,没有专业的演员,没有专业的团队,常常呈现出浓厚的土的俗的色彩。相较于舞台艺术而言,化妆、唱腔、服饰、道具都谈不上精美。因此,在对社火节目进行改造时,戏曲、舞蹈、音乐等舞台艺术提供了可对照的标杆。尤其是很多舞台艺术本就是从民间社火艺术发展而来,舞台艺术似乎成为社火的发展追求。从街头搬上舞台,实际上是反映了街头之"俗"向舞台之"雅"的惯有认知。按照此种逻辑,民间社火在面临存续困境的时候,向舞台转变的尝试多,而向民间转变的尝试少。民间社火越来越精致,即是以舞台艺术为参照和模板的。

其次,在宣传本土文化、地方文化和传统文化中,民俗占有极为重要的地位。尤其是在非物质文化遗产保护的语境下,对外宣传成为一项重要的工作。社火常被作为地方文化的代表予以展示。社火特殊的沿街行进的、群众性的、狂欢式的形式难以在另一地复现,因此只能把展示的场地、展示的时间、展示的人数、展示的方式固定在可控的范围内。往往是截取最精彩的片段或最核心的情节在固定的场合固定的时间段进行展示,这是舞台化的改造。这样的改造更加迎合当代受众读图式的、短视频式的欣赏习惯。就传播效果而言,确实能在短时间内引起足够的关注度。更为现实的是,很多民俗宣传的场所就是舞台,要求展示对象不得不因地制宜地做出改变。

社火作为街头行进演出的民间艺术形式,进行舞台展演的实践逻辑是:在历史发展中,社火诞生之后,在行进演出的同时,也被搬上舞台,这是有历史脉络的;现代社会发展带来对社火进行改造的强烈愿望,舞台艺术成为社火改造的方向和路径。

三、社火舞台展演的传承风险

社火被作为"节目"仅作宣传和汇演式的舞台展演,可能是短暂的权宜的,如果朝着舞台展演的方向改造,面临的不仅是表演场地、表演时间、艺术形式的简单变革,实际上存在着根本性质的转向。尽管社火并不完全排斥舞台展演,但单维度的改造路径很大程度上不符合社火发展的规律。尤其是当社火的舞台展演被视为"保护"和"传承"的基本举措时,所面临的风险更加突出。主要体现在民俗语境、传承主体、传承动力的变更等方面。

(一)民俗语境的剥离

把社火街头展演和舞台展演都视为"展演"(performance)的情况下,它们实践中的语境(context)差异是十分明显的。社火作为民俗,能够搬到固定场所、固定时间段的舞台上演出,所能保留的民俗信息是值得商榷的。显然,只有能够适应舞台环境的要素才可能呈现,不适合的只能舍弃,那么与社火民俗相关的信仰环境、民间组织社团、行业规则都难以呈现。社火作为"语境中的民俗",不得不剥离原有的民俗语境,呈现为"类民俗"的样貌。

理查德·鲍曼教授认为,民俗与个人、社会、文化等诸种因素相互关联,从这种关联中民俗获得存在和意义。研究民俗需要注意它存在的语境,主要是文化语境(Cultural context)和社会语境(Social context)两大层面。[①] 民俗所存在和获得意义的语境是传承的根本,脱离民俗语境的"民俗"很难获得延续性发展。笔者调查过的多种社火类非物质文化遗产赴外地汇

---

① Bauman Richard. *The Field Study of Folklore in Context*. In Richard Dorson. ed. *Handbook of American Folklore*. Bloomington: Indiana University Press. 1983,pp. 362 - 386,另参见孟慧英:《语境中的民俗》,《民间文化论坛》,2004 年第 6 期及杨丽慧、安德明:《美国当代民俗学的主要理论和方法》,周星主编:《民俗学的历史、理论与方法》,商务印书馆 2006 年版,第 600—601 页。

演、搬上电视台的舞台等类似的展演,对于提高知名度和对外宣传有前所未有的效果,但无法作为传承的基本策略。

在社火为舞台展演所做的努力中,脱离民俗语境所带来的损失同时存在着。街头行进演出所承载的信仰环境、观演互动、行业规则都是难以呈现的部分,在现实民俗中至为重要,但在舞台展演中却只能剥离。例如在山西清徐徐沟背铁棍街头行进演出中,为了协调统一,形成了独有的"号子":"为便于行进中指挥,他们还创造了一套专用语言。这种语言徐沟人叫'号子'。依此,可以在行进中的前进、后退、左弯、右拐、爬坡、过碍以及过桥、穿洞时取得准确的联系,而且不至与观众的吵嚷声混为一起而误事……行进中,如果有人发出'哎'的号子,这就说明有人要换肩,这时大家齐声答'咳'! 便行换肩的动作……遇到障碍物时,如电线、树枝、房角等,在哪面出现由哪面人喊号子……总之,为便于指挥,凡遇到一种需要注意的场合,都用一种与观众不同的语言'号子',以便引起全体抬棍人的注意,做到行动一致,步调统一。所以他们在行进中,不论路遇到什么障碍,或逢人群怎么拥挤和吵嚷,他们的行动始终能协调一致。这是徐沟背棍、铁棍特有的'号子',亦是徐沟艺人的智慧与结晶。"[①]当背铁棍被搬上舞台后,既没有观众的吵嚷声干扰,也没有了沿街行进中遇到的各种情况,铁棍的造型艺术还在,但相关的号子不大需要了。无论如何,背铁棍社火的传承,这些号子不应在舍弃的行列。

在各种社火中,歌舞类、说唱类其实较为适宜舞台展演,它们也面临着民俗语境的问题。秧歌经过发展成为相对成熟的戏剧形式,如秧歌戏、秧歌剧等,很早就被搬上了舞台,并且在很多地方作为地方剧种生存着。"传统秧歌发展到今天,发生了包括现代舞台化在内的多种形式转换,与本土民俗文化形成了一定的疏离。这一脱'俗'求'艺'的过程,大致表现为两种形态:一是创作主体在创作过程中,因应现代文化规则而自我调适,由此呈现出与本土民俗文化的暂时性远离,属于'被动疏离';二是创作主体因渴望被整合

---

① 牛广明搜集整理:《无言戏剧、空中舞蹈——记徐沟的背棍、铁棍》,载《清徐文史资料》(第1辑),清徐政协文史资料研究委员会1986年,第80—81页。

到现代文化体系中,而积极融入现代文化语境,呈现出与本土民俗文化的持续性远离,属于'主动疏离'。"①主动和被动的剥离在当代社火舞台展演中都较为常见,背后都触及如何审视社火民俗语境的实质。而像徐沟背铁棍这类社火形式,对民俗语境的依赖要比对舞台的依赖更为显著。

(二) 传承主体的变迁

社火的组织搬演常常需要整个村落或多个村落的班社来承担,呈现群体性的特点。因此很难将社火的传承者固定在某个人或某几个人身上,更何况社火的舞台展演实际上进行了某种意义的选拔,把由整体的群众表演转换为个别固定人数的表演。这对社火传承有巨大风险。笔者在华北多地调查社火时发现,当地社火在被确定为非物质文化遗产项目之前,社火活动由社首组织,村民自愿参与,确定为非物质文化遗产项目之后,若干社首成为"传承人",村民的参与热情反而受到影响。

社火的传承主体具有明显的民间结社色彩。"值得注意的是,临晋把闹社火称为闹社户(闻喜也是这样称呼),似乎不仅是一种音讹,而似乎表示它原来就是把一社之内的家家户户都'闹'遍的一种活动,一种把社区内全体人员都调动起来、都牵连进去的活动。由于政治、经济地位的不同,这种活动不可能是政治、经济活动,而只可能是社区文化活动、民俗活动,这才应该是'社火'的本意。"②社火是作为这一群体(社区)的生活本身延续的,只有在这样的条件下才有传承的可能性。"大多数民间传承都有一定的地方性特点。地域社会或其内部的复数社区,可被理解为非物质文化遗产或民间传承得以滋生、扎根和延续的社会土壤、基本条件和传承母体。在笔者看来,非物质文化遗产或民间传承的'保护'之所以成为一个问题,主要是因为市场经济、都市化和人口流动等现代社会的基本动向已导致传统社区逐渐解

---

① 张娅妮:《脱"俗"求"艺":现代舞台化背景下传统秧歌的民俗因素分析》,《民俗研究》2019年第1期。
② 赵世瑜:《狂欢与日常:明清以来的庙会与民间社会》,生活·读书·新知三联书店2002年版,第247—248页。

体,并促使地域社会发生了巨大变迁,从而使以社区和地域社会为依托的文化传承机制难以维系。"① 丧失了生存的社会土壤、基本条件和传承母体,社火难以为继。对于清徐背铁棍这类抬阁社火而言,其传承主体带有鲜明的群体性,单靠个人的力量不足以撑起传承的重任。

社火由街头行进演出到舞台展演实际上完成了传承主体的改变,尽管很多舞台展演的演职人员也是来自街头行进演出的那些人,但脱离民俗语境的前提,舞台展演的传承主要不再过度依赖村社或家族的传承模式了。

(三) 传承动力的变化

社火在传统社会的传承动力主要基于民俗生活本身,一方面作为人们日常娱乐文化的一种,能够为人们提供展示才艺的场合,带来身心的愉悦,这是自发的因素;另一方面,部分社火也是谋生的一种技艺,可以带来一定的收入,维持基本的生存。因此,社火的传承动力主要是民众生活生存的需要。随着社会的变迁,此种动力逐渐减弱,甚至难以为继。在原生的传承动力不足时,政治的经济的措施带来新的动力。很多社火品种的从业者为了生活生存的需要,有专业化、职业化的倾向。这都对社火的传承有重要作用。

社火的舞台展演似乎迎合了政治的经济的措施和专业化、职业化倾向的共同要求,因此成为当下谈到传承保护时的高频词。不可否认的是,政治导向和经济刺激在社火的发展中一直扮演着重要的角色,但这并不能为社火传承提供充足的动力。首先,政治层面的相关政策和措施对社火的宣传和扶持发挥了重要作用,但在各地的实际执行中存在差异,各个社火品种面临的问题也各不相同,政治层面的话语指令、审美取向、考核体系与民间社火发展规律并非完全符合。在社火向舞台艺术转变的过程中,当地政府的意见常常发挥了主导作用,基于短期的宣传效应还是持续的传承扶持,可能

---

① 周星:《从"传承"的角度理解文化遗产》,载周星主编:《民俗学的历史、理论与方法》,商务印书馆 2006 年版,第 138—139 页。

决定了当地社火的走向。其次,经济层面的因素对社火的传承是不可或缺的。社火从街头到舞台的变化,实际上体现着从自发到商业性质的探索。商业性质的演出也属传承的动力,但比自发的表演需要更严格的艺术要求,并且存在相应的艺术市场。不可回避的是,民间社火的舞台展演虽不乏佼佼者,但大多数民间社火的从业者并没有富有竞争力的演出技艺,再加之受众减少、市场萎缩,社火的舞台展演也很难找到足够的传承动力。

结　语

抬阁作为民间社火的一种,主体上延续了社火沿街行进展演的特点,能够体现社火"游艺"的一面。从内容、形式、技艺等方面来看,抬阁与舞台艺术有着千丝万缕的联系。如果把作为社火的抬阁搬到舞台上展示,理论和实践上并非不可能,理论上很多社火就有来自舞台、改造后成为舞台艺术的发展过程,实践中很多地方也把各种社火放到舞台上去展演。这种舞台展演并不能保证抬阁就被改造成了舞台艺术,也不能说明这种尝试有利于抬阁的传承。这需要从社火整体上来思考舞台化的实践逻辑与传承风险。

社火具有鲜明的沿街行进演艺的特点,因此可以归入游艺民俗的分类,在实际民俗生活中,社火均具有"游艺"的内涵。社火除了沿街行进演艺之外,还有舞台展演的形式,这并非近来才有的。现代对社火舞台展演的探索尝试,其实践逻辑是社火的历史发展脉络和现代社会诉求,前者包含了社火在历史演进中并不完全排斥舞台呈现,后者包含了舞台呈现的当代欣赏习惯和宣传策略。社火的舞台展演可以作为社火发展的一个考察维度,但却不是传承的唯一维度,且不宜不分种类、不分地域地搬上舞台。社火的舞台展演转向所面临的传承风险主要表现在脱离民俗语境,传承主体由社区班社转向社火演员,传承动力由民俗动力转为政治经济促发的动力。社火的舞台展演是传承的一种路径,也是重要的路径,但需要审视不同社火种类的不同特点、发展的不同阶段,充分重视培育社火发展的整体文化环境,才能规避风险,良性传承。

第六章　民间传说的民俗场景

钟敬文先生主编的《民俗学概论》里言及民间文学和民俗学的关系："民间口头文学一直是民俗学研究的对象。现在，民间口头文学的研究在我国虽然已经发展为独立的民间文艺学，但是，由于口头文学历来密切联系着各种民俗事象，渗透到各种民俗活动之中，成为多种民俗文化的载体，因而它仍然是民俗学不可缺少的重要组成部分。"[①]在钟敬文先生主编的《民间文学概论》中也表达了类似的观点。民间文学和民俗学的密切关系，无论是理论研究，还是现实观照，都具备高度的认知共识。

民间传说在一定的民俗场景中产生，天然带有民俗的成分，又在一定的民俗场景中传承发展，与地方民俗处于不断的互动过程中。

第一节　榆社石勒传说与地方民俗[②]

"民间传说是劳动人民创作的与一定的历史人物、历史事件和地方古迹、自然风物、社会习俗有关的故事。"[③]石勒传说具有民间传说的整体特点，以中心人物石勒总称，与历史人物石勒相关，与他的历史事件紧密相连，而且与石勒生活过的地方民俗联系在一起。因此，石勒传说既具有人物传说的样貌，也具有其他类型传说的特点。历史上确有石勒其人，而且历史人物石勒具有"从奴隶到皇帝"的传奇色彩，在山西中部流传着大量石勒传说。

---

① 钟敬文主编：《民俗学概论》，上海文艺出版社1998年版，第240—241页。
② 本节内容由贾利涛、王雨合作完成。
③ 钟敬文：《民间文学概论》，上海文艺出版社1980年版，第183页。

关于石勒籍贯,《晋书·石勒传》载"上党武乡"。历史上区划变迁,目前关于石勒故里有榆社、武乡、和顺三种说法,其中以榆社说最为通行。历史人物传说常常和地方民俗紧密结合在一起,呈现互动的关系。"传说流传有中心点。这和传说具有地方性的特点有关。传说中的故事往往发生在固定地点,并和一定的地方风物、名胜古迹相联系。"①石勒传说的流传中心点在石勒故里榆社,传说里的场景、人物、故事、名胜古迹,乃至方方面面都带有浓厚的榆社特色。

在榆社流传着数量可观、内容丰富、框架完整的石勒传说,这里是石勒传说流行的核心区域。作为真实历史人物的石勒充满传奇色彩,民间传说把这种传奇加了浓墨重彩的描绘。民间传说里的一些故事能在历史记载中找到原型,属于对历史事件的重新演绎,更多的故事则来自当地民众的创造。民间传说里的石勒与历史人物石勒有联系也有区别。在民间传说里,石勒体恤百姓、关心民众疾苦,为民族融合、民族团结作出了贡献。关于他重视教育、开设院校,重视农业、劝课农桑,推崇节俭、拒绝奢侈的传说依然流传在榆社。石勒传说与榆社民俗的互动表现在很多方面,石勒传说影响着榆社民俗,榆社民俗佐证着石勒传说,传说里有民俗,民俗里有传说。

一、石勒传说与榆社地名

地方志载石勒生于"榆社北",位于现在社城以北的地方。在这块地域内,很多地名传说和石勒事迹联系在一起,有村落的名字,有地方风物的名字,它们都从一个侧面反映着石勒的重要事迹。在地名来历的故事中寄托着对石勒的感情。

在村落名称方面,榆社有赵王村、仰天村、石会村、刘王后村等,它们都传说和石勒当年在这一地带的活动有关。

赵王村,这个略显谦卑的村子丝毫没有赵王石勒般的霸气。据当地乡民说,该村子原来叫胡汉村,后来因为赵王石勒安葬于此,便更名为赵王村,

---

① 钟敬文:《民间文学概论》,上海文艺出版社1980年版,第187页。

这与古志所载不谋而合。村口有两座相对而卧的小山包,看上去很怪异。据村民们说,这正是赵王石勒的两个贴身侍卫之墓。他们跟随石勒戎马一生,在石勒去世时当即自刎而死,葬于墓前道口处,继续为赵王石勒保驾护航。有如此忠肝义胆之士誓死相随,赵王石勒的统领能力可见一斑。赵王长眠于此,便有了赵王村。

仰天村与赵王村相隔不过数里。赵王石勒虽葬于赵王村,但却是逝于仰天村的。相传,后赵建平四年六月,石勒一病不起。为满足石勒"魂归故里"的愿望,一行人秘密出发,长途跋涉护送石勒回家乡。七月,行至今天的仰天村一带,早已病重不起的石勒突然回光返照,精神面貌恢复如前,一番油然而生的感慨之后,终在仰天村长辞于世。因此,所谓仰天,意即赵王石勒至此仰面朝天而终。仰面朝天而终,便有了仰天村。

石会村,位于榆社县北约七十里处。相传西晋永嘉元年石勒败兵,无奈向家乡榆社行进。半个月后,石勒来到八赋岭,这个离自己生活过的村子很近的所在,有缘结交并动员此处头领张背督及其部队投靠刘渊。张背督邀请石勒为他赐姓更名,感谢石勒带他走上了正路。石勒依着兄弟之礼赐他姓石,取名会,以此纪念他们在八赋岭相会的缘分。撤离八赋岭之时,石会下令,不得带走任何钱粮衣物,必须全部分给山下村里的乡民,乡民们对石会充满感激。感念将领恩德,便有了石会村。

刘王后村的名字来历,传说与鲜为人知的石勒妻子有关。石勒年轻时,一次出门偶然遇见附近村子的刘氏姑娘刘金香,两人相互吸引,可谓一见钟情。但刘姑娘是地道汉人,石勒则是胡人,把姑娘嫁给胡人,刘家犹豫不决。石勒虽然是胡人,平时礼遇乡亲,深受大家的喜爱。最后有情人终成眷属,石勒和刘金香走到了一起。在后来石勒被抓走的日子里,刘氏一介弱女子挑起养子敬母的大梁,任劳任怨。后来,石勒登基称帝,没有忘记结发妻子刘氏的艰辛付出,对她倍加恩宠,立为王后。刘氏温柔聪慧,贤良能干,可谓石勒戎马一生的坚强后盾。后来刘王后去世,乡亲们为了纪念她,更村名为刘王后村。不忘贤惠王后,便有了刘王后村。

在地方风物方面,以沤麻池的传说最有代表性。这个传说可能有真实的历史原型,加上民间传说的演绎,榆社沤麻池遗址和石勒传说紧紧联系在一起。

传说石勒家境贫困,年轻时曾经以沤麻为生,因此用于沤麻的水池对那时的石勒来说极其重要。当时,石勒有个名叫李阳的邻居,彪悍无比、争强好斗,同样以沤麻为生。《艺文类聚》卷十九引《晋中兴书》:"石勒与李阳相近,阳性刚愎,每争沤麻池,共相扑打,互有胜负。勒既贵,召阳至,引入,言及平生。酒酣,宣阳肘曰卿年老,臂中故有力不?颇复与人斗耶?孤往数得卿老拳,卿亦快得孤毒手因大笑。"①史书记载,石勒年轻时候,健壮而有胆量,雄武而又好骑射。能做到与石勒争锋相对、大打出手,想必李阳也绝非普通之人。于是,两人为了争夺有限的沤麻池,总是大打出手,最终结下仇怨。

据《晋书·石勒载记》,已经建立后赵政权并称赵王的石勒,宴请家乡的父老乡亲到后赵国都襄国开怀宴饮,邀请的一行人中自然也有曾经的"宿敌"李阳。李阳一直记得年轻时为争夺沤麻池而与石勒大打出手的事情,担心如今的赵王石勒会打击报复,于是委婉拒绝邀请。宴会上,石勒听说李阳没来赴宴,十分着急:"以前我们因为沤麻结下恩怨,但都过去了。我现在准备兼并天下,哪里还会怀恨于他?李阳乃是一介勇士呀!"于是石勒下令再次召唤李阳。李阳在前来的路上很是紧张,不料来了之后,石勒却充满热情地挽着李阳的胳膊,笑谈年轻冲动之事,"您虽然老了,胳膊却和年轻一样,依然孔武有力,现在还和他人打架吗?孤过去饱受您的老拳,您也饱尝我的毒手"。两人不时哈哈大笑,可谓"一笑泯恩仇"。石勒还因为赏识李阳的才能,封他为参军都督,除始兴太守。(勒令武乡耆旧赴襄国。既至,勒亲与乡老齿坐欢饮,语及平生。初,勒与李阳邻居,岁常争麻池,迭相殴击。至是,谓父老曰:"李阳,壮士也,何以不来?沤麻是布衣之恨,孤方崇信于天下,宁雠匹夫乎!"乃使召阳。既至,勒与酣谑,引阳臂笑曰:"孤往日厌卿老拳,卿

---

① (唐)欧阳询:《艺文类聚》,上海古籍出版社1982年版,第356页。

亦饱孤毒手。"因赐甲第一区,拜参军都尉。)[1]

如今,传统的沤麻工艺逐渐失传,沤麻池更是少之又少。但来到今山西榆社县,走进石勒生活的村子,依然可以靠近曾经沤麻的水池。听当地的老人讲述有关石勒"争夺沤麻池""一笑泯恩仇"的传说,能够体会当地民众对于石勒的感情。

二、石勒传说与榆社社火

在种类繁多的榆社社火中,有很多传说和石勒有关。以霸王鞭和八音会为例,它们在来源和内容上都传讲着石勒传说。石勒传说与榆社霸王鞭的形成原因、表演形式及精神内涵互融互通,传说石勒促成了霸王鞭的形成发展,霸王鞭表演体现了石勒的尚武精神。石勒传说与榆社八音会的形成与流传也密切相关,现今可用于婚丧礼仪的八音会,传说是为了庆贺作战胜利。

有关霸王鞭的传说在榆社流传很多,均与石勒相关,主要有二。其一,传说西晋末年,石勒不满西晋王朝统治的压迫,揭竿而起,带领当地百姓起来反抗,人们也都纷纷响应,势力一天天不断扩大,被称为"王朝之魁"。自此,称霸北方的想法在石勒脑中不时浮现。尤其在打仗获胜后,手下士兵们总是自发地拿起兵器手舞足蹈。后来,该舞蹈形式从军队流传到民间,兵器也以彩鞭代替,形成了后来的霸王鞭。其二,西晋末年,社会动乱,战事不断,为了生存也为了胜利,便在传统舞蹈中加入一些军事操演。如有需要,人人皆可为士兵,奔赴战场,奋勇杀敌。之后石勒称帝,就把这种掺杂军事动作的舞蹈称为霸王鞭。以上两种传说,"霸王鞭"均与石勒的帝王身份、军事活动有关,属于民间传说的名称解读。

霸王鞭历史悠久,传说有长达1700余年的历史,人们认为它的发源地正是石勒的家乡榆社。由行军打仗演化而来的霸王鞭,集舞蹈、体育、武术于一身,表演起来节奏分明、威武雄壮、粗犷豪迈、刚柔并济。作为一种社火

---

[1] (唐)房玄龄等:《晋书》,中华书局1974年版,第2739页。

节目，现今的霸王鞭已经不再是传说里所说的庆祝胜利了，动作对军事操练的模拟更加程式化，转变为群众喜闻乐见的娱乐性舞蹈表演。虽然从霸王鞭表演的动作和服装道具很难看出与石勒传说的关系，但只要提到霸王鞭的起源，人们自然又会讲起石勒的传说。只不过在当时的民俗场景中，石勒传说更加隐秘了。拥有独特地域特色的榆社霸王鞭已经申遗成功，被列入省级非物质文化遗产名录。榆社县每年正月十五前后举办的社火活动，都会有霸王鞭表演，从不缺席。霸王鞭演出时，总会有人回忆讲述起有关石勒与霸王鞭的传说。细细揣摩霸王鞭表演，有舞蹈的刚柔并济，也有武术的铿锵有力。从绚烂缤纷的彩鞭，到沙沙作响的声音，再到打跳磕碰的动作，均再现了当时的尚武精神。

八音会的来历，相传赵王石勒的谋士张宾助力赵国连攻三郡，石勒认准张宾是个难得一遇的人才，便封谋士张宾为义军左军师，行使都督权，并赐剑授权。为了给此次拜将助兴，石勒部下表演了两个精彩的节目，其中之一就是"八音会"。这个节目乃是石勒部下在原来以各自兵器杂凑"四音会"的基础之上，再配以笙箫等乐器合成"八音会"，其旋律优美、慷慨激昂、令人鼓舞、振奋人心。节目表演结束后，赵王石勒激动地说："从今以后，'八音会'就定为我们义军的军乐。每当喜庆胜利，大家就吹吹打打，以鼓士气，壮我军威。"石勒语音刚落，台上台下就立马传出片片掌声，阵阵欢呼。自此，八音会广为流传，长久不衰，直到今天。

在现实生活中，八音会属于民间艺术的一种，常用于节日庆祝、婚丧嫁娶等场合。在山西晋中一带，八音会的核心乐器是唢呐，可再分为粗乐、细乐。不论是粗乐还是细乐，均带有明显的北方地域特色，激越昂扬，粗犷豪放，令人振奋。以前，八音会的演奏深受当地乡亲喜爱，民间红事、婚嫁娶及其他活动都会请八音会来助兴，同纪念作战胜利一般，传达一种喜悦之情。榆社民间称"八音会"这种民间音乐为"王八"，也应承丧事，吹打送葬之用。如今，八音会作为榆社县社火活动的重要演出节目，起到了丰富群众文化生活的作用。八音会的起源和用途或许并不真如石勒传说里讲的那样，但就现实联系而言，石勒传说与榆社八音会常常交织在一起。

三、石勒传说与榆社饮食民俗

钱钱饭是怎么来的？炒指又有怎样的来历？胡瓜为什么改叫黄瓜？这些榆社饮食习俗都传说和石勒有关。

传说钱钱饭是石勒巧创的。有一年因为忽逢大雨，石勒及其部队被困在襄陵山上。部队在泥泞中盘桓了十几天，所带粮草全部用尽，而军中的给养还未送到。雨水稍停后，石勒立马巡视军营，检查给养。他却看到几位士兵抱着许多黄豆不知道要干什么去，上前询问才知，军需官指挥拿这些黄豆喂马。石勒找到军需官，问："军中粮食匮乏，为何还要拿黄豆喂马？"军需官愁苦又委屈地说："黄豆虽然多，但因为雨水长时间浸泡都没办法再吃了。"于是石勒亲自品尝检验，发现黄豆确实被雨水浸泡不假，但并没有变质。石勒便出主意，把这些黄豆压扁，然后和小米一起熬煮成稀饭。照着石勒的吩咐，士兵们把发软的圆滚黄豆粒按压成了扁平的黄豆片，又放入锅中与小米一起熬煮。没多久，军营里升起一柱柱青色的炊烟，还飘着一缕缕独特的香味。谁也不曾料到，黄豆搭配小米竟是如此美味，这样食物深受大家喜爱。石勒召集大家给这饭起个名字，七嘴八舌也没个结果。最后，石勒的谋士张宾说："那捣烂的黄豆金黄透亮，好似铜钱般珍贵。我看就叫钱钱饭吧！"[①]石勒开怀大笑，钱钱饭由此而来。

另外一种讲法是，一次行军途中，遇到干旱，赤地千里，士兵们由于吃不饱饭，天气又热，病倒很多。心急如焚的石勒有一天转到一片榆树林里，看到榆树上长满了榆钱钱，顺手摘下放在嘴里，觉得很好吃，就命令士兵采集榆钱钱，掺上小米煮粥喝。喝完后，士兵的病不但痊愈，而且精神十足。在无榆钱钱时，石勒就命士兵把黑豆用开水泡胀，凉后放在平面石头上，用铁锤捣成铜钱状食用，后发展为上碾碾成铜钱状。后来又由黑豆钱钱变为黄豆钱钱了。石勒的部下及士兵将此做法带回老家，逐步发展出土豆钱钱饭、豆角钱钱饭、钱钱和子饭。有的人夏天还放点新小麦，和黄豆钱钱一起煮，

---

① 李旭清：《榆社"黑瞎话"》，燕山出版社 2009 年，第 56—57 页。

快熟时放入面条,再加入炒后的葱花。后来又发展为钱钱汤捞饭。[①]

如今,榆社当地人总是特意把黄豆浸泡到鼓胀,再用石碾压扁,制成"钱钱"。然后在熬小米汤时,抓一撮"钱钱"进去,不仅充饥扛饿,增添香味,而且营养丰富,易于消化。后来,在做钱钱和子饭(榆社人叫和和饭)时,也要加入"钱钱"调味。直到今天,榆社人离不了钱钱米汤与钱钱和和饭,更加不会忘记创始人石勒,还依着老乡石勒的叫法,统称为钱钱饭。在榆社,不论谁家吃钱钱饭,总能听到长辈给小辈讲石勒是如何巧创钱钱饭的。

榆社炒指与石勒传说的来历及名称亦关系密切,在石勒带兵打仗的日子,炒指不仅携带方便,而且出乎意料地被发现还有药用价值。炒指属土炒的面食,形如手指,吃起来香脆可口。这种土炒食品依赖当地出产细土,在太行山区比较常见,山西称为"炒指""炒琪",河南豫北称为"土馍",河北称"土得漏"。西晋末年,石勒带兵打仗,频繁征战,携带的食物却极易腐烂变质,保证粮草充足成为一大难题。于是,石勒提出把和好的生面切成面条块儿,先用水煮熟,再上火炒干。这样,不仅食物易腐烂变质的问题解决了,而且在征战过程中携带也方便。由于长期接连作战,石勒手下的士兵经常会出现水土不服的症状。面对这一棘手的状况,石勒部下一火头军出一妙方,就是把家乡黄土磨成细粉,用铁锅将黄土滚沸后,加入面条块儿不断翻炒,直到变干变熟。为了纪念这种面食小吃,石勒在登基称帝后,赐其名为"皇土炒指"。由此,炒指广为流传,直至今天。

"炒指"形状酷似手指,属于地方创制的风味炒食,民间形态的"手指饼干"。与众不同之处在于,其制作工艺十分奇特——为面食加热的介质不是水、不是油,而是土。但要选取崖边光照充足的黄土,将黄土细细研磨成粉状,再放入锅中加热。待到黄土沸腾,立即加入生炒指,不断翻炒,直至变干变熟。最后,只需用筛子过滤多余的黄土,便可食用。炒指不仅香脆可口,还能久置不坏。况且,这种小吃的得名还是出自从榆社走出的皇帝石勒,更增加了人们对炒指的亲切感。如今,炒指在榆社远不如之前常见,仿佛逐渐

[①] 周彦文:《北源山传说》,北岳文艺出版社2017年版,第105页。

销声匿迹了,石勒与炒指的传说也逐渐式微。究其原因,或许是日常食品很丰富,零食种类众多,可供选择的余地很大,食品储存的方式多样,获得的途径也很便利,自制的土味食品反倒失去了市场。加之人们饮食习惯的变化,逐渐舍弃土制而成的炒指,误以为炒指不干净不卫生不能吃。实际上,炒指非但无毒无菌,而且还有药用价值,除了在传说里石勒作战时就用炒指来治疗水土不服之外,当地人认为炒指确实对溃疡和肠胃不适有奇效。在当地,如若家中有离家上学者、外出工作者,总会备点炒指带着,不只作为零嘴,也可以治疗水土不服,这一点也是受到石勒传说的影响。

黄瓜的改名传说与石勒有关,从胡瓜到黄瓜,包含着汉人对胡人浓浓的敬重之意。相传,石勒称王之后,对国人称羯族等各少数民族同胞为胡人深感不满,很是恼火。尚未登基称帝的赵王石勒颁布了《禁胡令》,号胡为国人,旨在提高羯族等各少数民族的地位,加快民族融合的步伐,从而稳固政权。自此,禁用"胡"字,违者按罪论处。襄国郡守樊坦于慌乱之中忘记禁令,怒呼无道胡贼半路抢劫。直到石勒动怒,才意识到自己犯了杀头之罪,立马叩头请罪。石勒没有追究。午饭之时,石勒特意留樊坦一同进膳,又特意吩咐端一盘胡瓜上来,指着这盘菜问道:"卿知此物为何名?"樊坦知道石勒是在考他,稍微停顿了一会儿,便说:"紫案佳肴,银杯绿茶,金樽甘露,玉盘黄瓜——此乃黄瓜是也。"言罢,的确一个"胡"字也未带。石勒一听,颇为满意。自此,胡瓜正式更名为黄瓜。①

据说,胡瓜是两汉时期西域少数民族内迁时从胡地带来的。为了方便称呼那些由胡地传入的物种,便在它们的名称之前冠以"胡"字,比如胡瓜、胡桃、胡饼等。后来,受到石勒《禁胡令》的影响,胡瓜更名为黄瓜,胡桃更名为核桃,胡饼更名为烧饼。其实,胡人忌讳胡字,体现出胡人心理上对民族身份的担忧;而汉人避言胡字,包含着汉人对胡人浓浓的敬重之意。这些食物名称的转变,均与石勒传说相关,可见食物能勾连起历史人物传说。如今,黄瓜成为最常见的蔬菜之一,它营养丰富,具有清热解毒、健脑安神、减

---

① 李旭清:《榆社"黑瞎话"》,燕山出版社2009年版,第64页。

肥强体的功效。但或许只有在榆社，黄瓜不只是一种食物，更是一种文化载体，承载着帝王石勒渴望各民族团结平等融合的梦想。黄瓜作为日常生活中常见的食物，其更名的传说与石勒的身份结合在一起，折射出复杂的历史信息，包含着刻骨铭心的记忆。

四、石勒传说与榆社民间崇祀

石勒传说与榆社民间崇祀的关系体现在多个方面，例如丧葬习俗尚简与石勒有关，榆社的"赵王墓庙"代表当地民众对石勒的崇祀，榆社的佛教寺庙传说与石勒的崇佛有关，甚至当地唬小孩的口头语都和石勒联系在一起。

石勒传说与榆社丧葬习俗的形成密不可分，丧葬习俗表现的节俭作风与石勒崇尚节俭、反对浪费的行为同样不可分割。石勒极其痛恨西晋时期王公贵族的奢靡生活。他在生前就崇尚节俭，反对浪费，形成尚简的风气。石勒在病危时，留下遗嘱，提出薄葬土葬的要求，并希望"魂归故里"。史书有载，"勒疾甚，遗令：三日而葬，内外百僚既葬除服，无禁婚娶、祭祀、饮酒、食肉，征镇牧守不得辄离所司以奔丧，敛以时服，载以常车，无藏金宝，无内器玩"[①]。如此一切从简而葬。作为后赵国君，石勒病逝后的第三天，赵国为石勒举行了葬礼，整个葬礼确如石勒临终前所交待的一般，全部从简从俭。相传，石虎为了实现石勒"魂归故里"的遗愿，一边大张旗鼓地在襄国城主持葬礼，而另一边已在石勒离世的当天晚上，就偷偷地将其运回了他的家乡榆社，终使落叶归根。这个墓地就在今榆社县北寨乡赵王村，墓地的布置遵循了石勒临终遗嘱，简单而低调，没有堆坟丘，也没有立墓碑，更没有植松柏，与普通人家无异，反映了墓主人生前推崇节俭的品格。作为一国之君尚能如此，何况百姓，石勒的简葬之风在民间影响甚巨。如今，在榆社现行的丧葬习俗里，基本延续"三日而葬"的传统，尽早让逝者"入土为安"，俗称为"热死热埋"。除此之外，丧葬礼仪皆一切从简，只亲人穿丧服，陪葬品以纸质为主，以节俭为尚。如遇白事，榆社乡亲总会称道朴素节俭之行事，而痛斥铺

---

① （唐）房玄龄等：《晋书》，中华书局1974年版，第2751页。

张浪费之作风。谈及缘由,并非是受经济条件的限制,而是一代帝王石勒"以身作则""言传身教"的示范。

榆社赵王墓的形状和寓意与石勒传说息息相关,石勒长眠于"龙椅"之上,常借出"金碗银筷",庇护一方百姓。遵照石勒"魂归故里"的遗言,石虎秘密将其安葬于自己的家乡。石勒所葬墓穴即今赵王墓,相传其中有一对"金碗银筷",如果当地老百姓有需求,尽可拿去借用,但必须勤借勤还,即使不小心有所损坏,也要将损坏后的归还,否则必然会受到墓主人石勒的严惩。于是,村里谁家有亲戚上门、朋友作客,或者是要操办红白大事,一般都会到墓前向墓主人石勒表明心迹,诚心借出金碗银筷一用。具体做法是,到赵王墓前烧三炷香,清楚地表明自己所需,等到香头一跌,那"金碗银筷"就会自动出现在墓前的石桌上。长久以来,乡亲们一直享受着来自赵王石勒的特殊庇护,一切相安无事。直到有一年,有家妇人起了贪念,故意只借未还。当天晚上该妇人便腹痛不止,丈夫害怕极了,急忙跑去赵王墓前归还了"金碗银筷"。但还是迟了,一个月后,该妇人不治而亡。自此之后,村中乡人更是勤借勤还,再也不敢心存贪念。

《榆社县志》载:"石勒墓位于城县北 12 公里赵王村东北土岗上,封土高 10.8 米,占地面积 264.4 平方米。"[①]赵王墓所在地是一处较为平缓的高垣,由于常年大风侵蚀、雨水冲刷,如今赵王墓立于悬崖边上,尤显峭拔。它曾经气势恢宏、十分威严,历经千年沧桑,仍然堪称高大雄伟。这里是一个极符合建筑环境学的福地,西东南三向如北向一样缓缓向前延伸,形成一个呈"龙椅状"的奇特地貌。古漳河在其右侧静静流淌,无名小溪从其前方淙淙而过。墓周围群山环绕,形成天然屏障,似千军万马伺候于石勒身畔。如今,立于赵王墓前,顿生"山下旌旗在望,山头鼓角相闻"的景象,不禁使人联想到墓主人石勒金戈铁马的一生。或许正是由于这份震撼力,赵王墓在当地人的心中有着非常特殊的地位。后赵开国皇帝石勒的魂灵安卧于如此一张硕大的"龙椅"之上,便是以特有的威严、特有的气魄、特有的福气庇护着

[①] 榆社县志编委会编:《榆社县志》,山西古籍出版社1999年版,第540页。

这一方百姓。善良的乡亲们也总会在清明节或其他祭祀节日，往墓地上堆几锹黄土以表哀思。

榆社昔日佛教文化之盛与石勒传说紧密相连，石勒信奉佛教，在家乡榆社更是兴建了众多寺庙，一度引领拜佛潮流。相传，在征战过程中，石勒结识了西域高僧佛图澄。登基称帝后，"奉澄尤笃"，尊称佛图澄为大和尚，还大力支持佛教发展。在石勒的鼓励和支持下，佛图澄广建寺庙，"所经州群，建立佛寺，共893所"，一个时期内佛教盛行。榆社积极响应，遂成为佛教重地。传古志书《上党国记》载："榆社邀县宰督办，集民夫三千，且将半城花插佛地，留半城为民居，凡五载毕，城内外立寺庙316所。"①由此，榆社被称为"小西天"，因为此处山山有寺，村村有佛。榆社曾经是盛极一时的佛教圣地，在其山川野岭间至今留有众多遗迹。除了大量的寺庙、雕像、石塔外，还有被称为"天下第十八塔"的榆社县塔，即大同寺舍利塔，相传其中有佛祖的真身舍利子。其寺名"大同"传说包含石勒想要实现社会大同的政治理想。2002年，140多尊佛像在这里被挖掘出来，更加印证了旧志上关于榆社大同寺舍利塔的记载。相关资料也显示，榆社大同寺舍利塔中的舍利子仍完好保存于原址之下，只是地宫还未被开启。

如今，榆社的佛教氛围已经随着历史消散，但在榆社的每座山上都能寻得古寺庙的遗址，每个村庄的寺庙内也都藏有雕刻精美的佛像，真可谓"山山有寺，村村有佛"。其中，寺内佛像保存基本完整的河峪崇圣寺、兰峪清凉寺等寺庙，过去都曾在佛教盛行的时期产生影响，如今又加以重新修葺，烧香祈福的人数只增不减。此外，今天的榆社县博物馆内藏有的大量佛教文物，也足见当时的榆社佛教文化之盛，而这些都传说离不开石勒的倡导。

榆社有用"老麻胡"唬小孩旧俗，老麻胡并非凶猛的野兽，而是石勒手下的一员大将，代表了食人凶灵。石勒本是羯族，在遇到西域高僧佛图澄之前，信奉的是拜火教，因此并不懂得"上天有好生之德"的道理。每每征战获胜，常常杀掉战俘，其手下的将士们也深受影响。比如石虎，虽然作战勇猛，

---

① 转引自魏守文：《古意雄浑属榆社》，《文史月刊》2018年第10期。

但却经常滥杀无辜。除此之外,还有一员"青出于蓝而胜于蓝"的猛将,名为麻秋,同是胡人。传说此人年有五十余岁,一脸麻子,满嘴板牙,性情暴躁,为人凶残歹毒,常常视汉人为"羔羊",随意宰杀,嗜血无情。手下之人称他秋帅,老百姓则叫他"老麻胡"。这个老麻胡还有一个丧心病狂的嗜好,那就是生食小孩内脏。其行军所到之处,当地老百姓必闭门不出。就连不懂事的小孩一听"老麻胡来了",也立马一声不吭。《太平广记》引《朝野佥载》说"老麻胡"乃:"后赵石勒将麻秋者,太原胡人也,植性鸠险鸩毒。有儿啼,母辄恐之麻胡来,啼声绝。至今以为故事。"①麻胡性鸠险鸩毒,有小孩啼哭,其母亲便以"老麻胡来了"恐吓小孩,小孩就不敢哭了。现在人们称"麻胡来"以怖小儿。由此可见,在小孩的心目中,凶残歹毒的"老麻胡"正是代表了食人凶灵。

如今,虽然千百年过去了,但是"老麻胡"之说仍然在榆社广为流传,经久不衰,甚至传到了外地。或许随着时间的推移和环境的变化,终有一天有些人会模糊"老麻胡"的概念,混沌"老麻胡"的由来,恍惚"老麻胡"的应用。但时至今日,每遇小孩顽皮捣蛋不听话时,总会有大人吓唬他"再不听话,老麻胡可就来了!"效果可谓立竿见影,小孩立马不哭不闹,变得乖巧懂事。这个吓唬小孩的口头语,日用而不知,与历史上的石勒有着如此的联系,与榆社的石勒传说有这样的渊源。

结　语

石勒传说流传在很多地方,榆社的石勒传说具有非同寻常的代表性。作为石勒故里,榆社流传着数量和质量均可观的石勒传说,而且有与石勒传说相关的遗迹、习俗,这里可以看作石勒传说流传的核心区域。石勒传说与榆社民俗有密切的互动关系,两者相互促进,共同

---

① (宋)李昉等编:《太平广记》,中华书局1961年版,第2092页。

发展。虽然就现在来说,有关石勒的众多事迹早已化为昨日东风,但与之息息相关的榆社民俗还在续写石勒传说的当代表述。不论是属于祭祀的丧葬习俗,还是属于社火的霸王鞭,或是属于饮食的钱钱饭,抑或是属于信仰的佛教文化,其中都有榆社人石勒的影子;反过来,正是石勒身影的存在,使得这些民俗活动充满意义而又得以绵延。

时至今日,石勒传说和地方民俗作为榆社民间文化的组成部分,互相交织,互相促进。对石勒传说和当地民俗的关注和研究,对打造地方文化名片,保护地方物质文化遗产和非物质文化遗产均具有重要意义。

第二节　牛郎织女传说的和顺特色[①]

牛郎织女传说是中国四大民间传说之一,最早的文字记载可以追溯到《诗经》。按照传说发展的一般规律,这个传说的起源可能还要更早。从时间维度来讲,牛郎织女传说从萌芽开始,不断丰富、充实、转变,在发展过程中和特定的节日、特有的民俗结合在一起,内容越来越丰富,内涵越来越深刻,影响也越来越大,成为中国民间文学中最有代表性的传说之一。从地理维度来讲,牛郎织女传说流行的地域不断扩大,最终广泛流行于汉字文化圈,形成独特的传说现象;同时,在地域播布不断流传的过程中,这个传说与流传地的风土人情、民俗活动融合发展,形成了具有地域特色的多维构成。因此,牛郎织女传说属于流传时间长、流传地域广的民间传说,是全民承载的文化财富;这个传说在不同地域的传承发展情况是不一致的,形成了若干有代表性的传承地。

山西省晋中市和顺县是牛郎织女传说的代表性传承地之一。2006 年

[①] 本节内容由贾利涛、焦可娇合作完成。

中国民间文艺家协会授予和顺"中国牛郎织女文化之乡"的称号,2008年"牛郎织女传说"列入国家级非物质文化遗产名录,和顺县是这一项目的保护地区之一。在和顺县南天池村、牛郎峪村一带,保留着与牛郎织女传说相关的大量地名和自然景观。这里的牛郎织女传说既与其他地区的同类传说共同构成了传说整体,又与当地的民俗环境相协调,形成了颇有地域特色的传说样态。

一、牛郎织女传说概述

(一) 基本流变

牛郎织女传说的起源十分久远。它最早应当与先民对天文星象的观测有关,在那个时候人们对于日月星辰的观测直接关乎日常生产和现实生活。像织女星和牵牛星这样十分明亮的星体,很容易引起人们的注意。它们的位置分布和最早得名,或许已经寄托了人们对星体关系的某种想象。最初的星象观察可能还没有衍生出后世这么婉转的爱情故事,甚至把星体转化为人格化形象也需要过程,但不可否认,对于包括织女星、牵牛星、银河等天文星体运动规律的观察,在此基础上产生的认知、感受、想象甚至崇拜,奠定了后世故事萌发的心理基础,提供了最初的可能性。

目前能够见到的关于牛郎织女传说的文字记载,以《诗经》为早。《小雅》中的《大东》篇有云:

维天有汉,监亦有光。跂彼织女,终日七襄。
虽则七襄,不成报章。睆彼牵牛,不以服箱。

《大东》被认为是一篇表现西周时代东方诸侯国臣民怨刺周王室的诗。上面几句话虽然提到了织女、牵牛的名字,但与后世的故事还有明显的差别。这部分内容意在讽刺当时的周王室像星体的名字一样,织女不织布、牵牛不耕田,他们虽然身居高位,却不从事生产,不过是徒有虚名而已。诗里的织女星和牵牛星还没有转变为现实的人,两个星体作为自然星辰并不特出,但诗里把它们提出来属于因名称的特异而引出一种隐喻式的联想,从诗句中也看不到明显的故事情节。这个时候,人们对于织女星和牵牛星的认识,很可能与当时农耕信仰中的谷物神和帝女之桑女神有关,主要是有关日月星辰的神话形象,与后来的牛郎织女的爱情故事还相距甚远。牵牛星和织女星作为一种符号,在象征意义上可以无限生发,为人们驰骋想象、发挥艺术才能留下广阔空间,这些为传说的生成准备了潜在的文化条件。

到西汉时期,织女、牵牛已经被传成两位神人,而且有塑像,面面相对。班固《西都赋》说道:"临乎昆明之池,左牵牛而右织女,似云汉之无涯。"李善注引《汉宫阙疏》云:"昆明池有二石人,牵牛织女像。"这些记载可以说明在昆明池畔的左右两侧分别塑有牵牛织女像,他们已经从天上来到人间,在人们的认识上有了人格化转变的迹象。在表现二人关系上,也比《大东》篇有了新的生发。

在不断流传和演变中,牛郎织女传说爱情的色彩越来越明显。《古诗十九首》中的《迢迢牵牛星》最为人熟悉:

> 迢迢牵牛星,皎皎河汉女。
> 纤纤擢素手,札札弄机杼。
> 终日不成章,泣涕零如雨。
> 河汉清且浅,相去复几许。
> 盈盈一水间,脉脉不得语。

这首诗说明那个时候的牛郎织女具备了很多现代传说的基本形态。这里的牵牛织女二星已经成为人物形象,他们夫妻的关系深入人心,并且开始被编织为一幕恩爱夫妻受着隔绝之苦的爱情悲剧。

东汉应劭的《风俗通义》载:"织女七夕当渡河,使鹊为桥,相传七日鹊首无故髡,因为梁以渡织女故也。"这段话表明,在当时不仅牵牛织女为夫妻之说已经被普遍认可,而且他们每年以喜鹊为桥,七夕相会的情节也在民间广为流传,并融入风俗之中了。这一点还可以在汉代画像石中见到。山东省历城县孝里铺孝堂山郭氏墓石祠中有一幅天象图,图中有牵牛星、织女星遥遥相望,在织女星下有一女子正在织机上劳作,旁边还有一只飞鸟,可能就是喜鹊。

梁吴均的《续齐谐记》中有一段叙述"织女渡河,诸仙还宫"的事:桂阳成武丁,有仙道,常在人间,忽谓其弟曰:"七月七日,织女当渡河,诸仙悉还宫。吾向已被召,不得停,与尔别矣。"弟问曰:"织女何事渡河?去当何还?"答曰:"织女暂诣牵牛,吾复三年当还。"明日失武丁,至今云织女嫁牵牛。

宗懔《荆楚岁时记》记载的牛郎织女故事虽然简略,但情节有所新变,相对较为完整了:"天河之东有织女,天帝之女也,年年机杼劳役,织成云锦天衣,容貌不暇整。天帝怜其独处,许嫁河西牵牛郎,嫁后遂废织衽。天帝怒,责令归河东,许一年一度相会。"

牛郎织女的故事成为后世文学创作的重要素材,在民间达到了妇孺皆知的程度。以牛郎织女、七夕入诗文者,不胜枚举。在唐宋之后的诗文中随处可见:如杜牧的《秋夕》:"银烛秋光冷画屏,轻罗小扇扑流萤。天街夜色凉如水,坐看牵牛织女星。"秦观的《鹊桥仙》:"纤云弄巧,飞星传恨,银汉迢迢暗渡。金风玉露一相逢,便胜却人间无数。柔情似水,佳期如梦,忍顾鹊桥归路!两情若是长久时,又岂在朝朝暮暮!"这些关于牛郎织女和七夕的作品都是文学史上的名篇。有学者统计,《全唐诗》中,以七夕为题或明显涉及牛郎织女的,有 54 位作者,82 首诗,如果词句中提到七夕的也计算在内,则作者多达 72 位,诗篇过百。

牛郎织女的传说代代相传,不断丰富,与七夕节融为一体,流传至今。

(二) 地域传播

民间传说处在不断传承播布的过程中,在时间上不断传承,在空间上不断播布。牛郎织女传说亦是如此,在传播中丰富发展,在丰富发展中传播。牛郎织女传说与七夕节、乞巧节结合起来,传入某个地域后,和当地的民俗结合起来,进而形成了牛郎织女文化的历时脉络和共时经纬。尽管很多地区在牛郎织女传说、七夕节、乞巧节的"起源"上争讼不断,各持一端,难以消歇，但也从一个侧面说明了牛郎织女传说在不同地域形成了相对独立的传说态、民俗态。随着非物质文化遗产保护体系的成熟，有多达十余个地市申报与牛郎织女传说相关的传说、节日、民俗类的非物质文化遗产。在非物质文化遗产申报的框架内，申报地区都能够提供相对完整的支撑素材，反映出牛郎织女传说在各个地区形成了整体度很高的形态。

现在为人们所熟悉的牛郎织女传说，各地的讲法在具体情节上有所差异，故事梗概大致相似。传说的主要人物包括牛郎、织女、老黄牛、牛郎的哥嫂，主干情节是织女下凡洗澡，牛郎自爹娘去世后时常受哥嫂的欺负，老黄牛便劝牛郎到池边偷走织女衣物，从而邂逅、相恋。但好景不长，牛郎织女的关系遭到天帝的反对，王母娘娘治织女触犯天规之罪，持簪划河加以阻挠。最终以经历层层困难的相会告终——老牛帮助牛郎织女再相见，天帝可怜一双儿女决定每年七月初七这天夫妻相会，真挚爱情打动了喜鹊，喜鹊用身体搭成彩桥让二人相见。

不同地方版本的牛郎织女大体都遵从了这个传说的核心情节，同时在细节上增加地方特色，带有当地人特有的感情色彩，并且讲述人自觉不自觉地把当地民俗生活融入传说中。牛郎织女传说形成了无数地域维度上的异文，不管是故事发生的地点还是故事人物身份都有相应的变化。以山西和顺、山东沂源、河北邢台及陕西西安这四个地区为例，首先除了织女身份均为天上的仙女外，牛郎的出身及天河的形成都有不同的地域性表述。在山西和顺，牛郎是牛郎峪村民，在他舅舅与牛的帮助下于南天池偷走织女衣物得以结为夫妻；在山东沂源，牛郎有了名字孙守义，因为遭哥嫂迫害，他在黄牛的帮助下窃走织女衣物，遂与织女成婚。在西安现留有石婆石爷的石雕，当地人也很少称牛郎织女，多以石婆石爷相称。在河北邢台，常提到牛郎是山西牛郎峪村人氏，与兄嫂分家才到河北牛郎庄。在天河的形成这个细节上，很多地方都是说王母用簪子划成的，跨越天河要借助喜鹊搭桥，而山东沂源传说恰与其余三地不同，传说故事变成了大团圆结局——王母允许织女守在牛郎和儿女身边，因此也形成了沂河、织女洞等景观。

牛郎织女传说在不同地域与当地的风物、景观、习惯联系都十分紧密，以此说明传说遗迹的保留。与当地风俗习惯、自然风物的浑然一体,在地方文化看来,牛郎织女传说有了地方归属的现实证据;在牛郎织女传说整体系统来看,地域特色反而是传说整体最有生命力的存续方式。

二、和顺牛郎织女传说的地域特色

(一) 地方民俗

地域文化可分为自然因素和人文因素两个维度来考量,自然因素作为真实性的基础,人文因素作为形成历史记忆的重要一环。谈到牛郎织女的传说故事,又不得不提到和这个传说紧密结合在一起的"七夕节",以及和七夕节合流的"乞巧节"。牛郎织女传说、七夕节、乞巧节虽各有渊源,但在发展过程中很多元素融合在一起,保持一定独立性的同时也形成了混合体。牛郎织女传说、乞巧、七夕节三者之间紧密相连却各有侧重,牛郎织女传说侧重于"传说"的形态,归属于民间文学一类,强调口头传承的文学财富;七夕节和乞巧节侧重于"节日"的形态,归属于民俗学一类,在节日内涵又有不同指向。七夕以双七重合得名,乞巧以乞巧活动为要核。三者在发展过程中呈现你中有我、我中有你的样貌,不同侧重范围加上民众的传承融合一体流传下来,再加之当地人口口相传的牛郎织女丰富情节吸纳了当地传统民俗文化中多种元素,为神秘的牛郎织女传说故事增添了真实性与完整性。

南朝梁宗懔所撰《荆楚岁时记》写有七月七日是牛郎织女团圆的日子,日落的时候,"妇人结彩缕,穿七孔针,或以金银鍮石为针,陈瓜果于庭中,以乞巧"[①]。七夕时把瓜果陈列在桌上摆在庭院中以各种形式"乞巧"。七夕既是牛郎织女相会的日子,在这一天妇女们又欲借织女的神力期盼心灵手巧。传说中织女心灵手巧,精通纺织,天上的云锦就是织女的杰作,在把"男耕女织"作为家庭理想的传统社会,女性能够拥有像织女那样的巧手,着实有现实的需要。七夕乞巧尤为女性看重。《西京杂记》对这种祈祷方式有所记

---

① (梁)宗懔:《荆楚岁时记》,山西人民出版社1987年版,第55页。

载:"汉彩女常以七月七日穿七孔针于开襟楼,俱以习之。"①在七月七日当天"织布帛"民俗应该起源颇早,借织女乞巧的民俗内容也逐渐丰富。和顺当地也有关于七夕乞巧的记载,据旧县志记载当地村民也遗留有古老的织机和纺车,村内妇女精于刺绣纺织,常常聚在一起相互取经。但是随着时代变迁,当地生产生活方式的不断变化,纺织慢慢被人们舍弃,也随着在传说故事中增加了对牛郎的叙述,和顺民俗中牛郎织女的内容在织女之外也分外关注牛郎的戏份。

民国时期《和顺县志》载:"七月初七,处女用瓦器生五谷芽,向牛郎织女乞巧。"②南天池的村民在七月初七这天有放炮、贴牛郎织女图案窗花的习俗,目的就是向牛郎织女祈求家庭安康、平安万福。这种旧时习俗代代沿袭,到现在仍然被当地村民保留,每逢"七夕"当地村民都会有"看天"望牛郎织女相会的习俗。有时还会在夜间朝南方向摆放桌子,桌上以毛豆、玉米等粮食谷物为供品,燃香拜天纪念牛郎织女。另外南天池大部分村民一直有养育耕牛的历史,一度流行"牛死大葬"的风俗,村民家家户户都圈养肉牛,几头到几十头不等。这种育牛的传统以及对牛的高度重视形成了当地的"牛郎热",且牛带来的经济效益对当地人的生产生活影响很大,逐渐形成内化于心、外化于行的"牛崇拜"。可以说,把"牛文化"作为地方文化品牌有天时地利人和的促成,当地经常搭牛台、唱牛戏、念牛经、发牛财,每年都要举办与牛有关的祭祀、娱乐活动,从而在全县上下形成了养牛、爱牛、惜牛的人文环境。

除了七月七日人们纪念牛郎织女的习俗活动外,每年正月十五元宵节,牛郎峪、南天池附近的村庄还有"唱戏贡神"的民俗,当地人把这些表演称为"敬神戏"。无论演什么戏本,唢呐开场后,演戏者必须先唱一小段韵文,数目众多,如:"天河梁下一清泉,一棵椴树盖得严。谁要喝了天池水,能成长

---

① (汉)刘歆撰,(晋)葛洪集,向新阳、刘克任校注:《西京杂记校注》,上海古籍出版社1991年版,第26页。
② 和顺县志编纂委员会编:《和顺县志》,海潮出版社1993年版,第517页。

生不老仙。"从这段韵文可看出对牛郎织女的纪念已经渗透在人们日常文化活动中。这些活动表面上来看仅仅是对信仰崇拜的表现形式,但其内在深层次的精神需要则来自当地人的普遍心理基础。地方民俗与当地的生产相关,与当地人的生活相关,也与当地人的精神心意相关。生产民俗反映了特定地域及特定时期内的社会生产力水平,和顺当地围绕"牛"形成的一系列产业有浓厚的历史积淀。集中在南天池村一带的风俗习惯不单单是生产方式、历史信息的遗留,也是人们对牛郎织女的纪念崇拜,通过生活民俗表现出来,同时是寄托信仰的实在载体。

(二) 自然风貌

和顺牛郎织女传说的地域特色不仅表现在地方民俗上,也表现在传说和当地自然风貌的契合。特殊的自然风貌形成了独特的地方文化,地方文化反过来又对独特的自然风貌进行解读。和顺牛郎织女传说在当地的流传,和这里的山山水水结合起来,尤其是传说的集中地,留下了数量众多的自然景观,人们都认为这些景观的来历和牛郎织女有关。从自然因素来讲,和顺县位于山西省东部边陲,太行山中段,属于黄土高原东侧中低山区,地形较为复杂。境内中高旁低、山多川少,形成了河谷阶地与山间盆地为主的地形,河流分布在山间。山地上群峰林立,群山万壑,奇峰怪岭渐次坐落,河水绕梁鬼斧神工。

和顺牛郎织女传说主要分布在牛郎峪村、南天池村一带,天河梁、南天池、金牛洞、南天门、喜鹊桥等为人们津津乐道的景观在两村半径二到三公里内分布。牛郎峪村海拔约 1 200 米,天河梁海拔达 1 900 米,有"天上人间"和"人间天上"之说,神秘十足。天河梁(又称天河山)是山西与河北的界山,海拔高,山梁路段极窄,断崖横路,峰峦叠翠,气势雄伟。这座山整体呈东南—西北走向,据说每年七月初七牛郎织女相会之日,银河走势与天河梁山脉走向相合,牛郎织女即可通过银河相见,聊解相思之情。从自然地理的角度可以看出,牛郎织女传说在天河梁(天河山)一带和特定的自然风貌结合起来,赋予类似天河的山脉走势以传说意义。银河顺天梁,渡河中相见,天河梁与天相接,向上看云朵变化万千,流星飞过传达彼此难耐的相思,牛郎织女"银汉迢迢暗渡"。顺天河梁攀行至山腰,便可见到牛郎织女传说中另一重要景观,织女洗浴被窃衣之地——南天池。南天池因地形高低沉降形成盆坑,凹陷处积蓄雨水,整体上形如盆状的"天然浴池"。和顺县这一带夏秋季节雨水较多,山间多有雾气。如此气候与高险地势相结合,致南天池一处雾雨蒙蒙,好似蒙着一层纱,宛然人间仙境。这样的自然环境极容易引起织女下凡洗浴、牛郎窃走纱衣的联想。

除天河梁和南天池两处自然景观外,还有位于牛郎峪村的磨子峪。传说王母娘娘为了阻隔牛郎和织女,用簪子划了一道天河,而磨子峪正是王母娘娘磨簪子的地方。这里还有牛郎寻找织女的南天门、牛郎藏牛的金牛洞、牛郎织女相会的喜鹊桥。因此,这一带的峰梁岭峪、洞池河涧、风雾雨雪都和牛郎织女传说融为一体,一草一木都有故事,传说中的风物都有实景。自然风貌和民间传说相得益彰,给人以传说亦不虚言的感受。

和顺牛郎峪村、南天池村一带独特的自然风貌,与之相应的牛郎织女传说的在地化表述,构成了和顺牛郎织女传说地域特色的重要方面。这一带独特的自然风貌为和顺得名"中国牛郎织女文化之乡"提供了最为天然且有力的支撑。

(三) 经济业态

和顺县养牛育牛习俗由来已久,形成了以牛为主干的地方产业,"牛是农家宝"是人们时常挂在嘴边的一句话。在传统农业社会,牛作为重要的生产资料,在当地的生产生活中扮演重要角色。时至今日,保留农业生产传统的地区依然延续了对牛的珍视,而且在生产方式不断变迁中充实了对牛的文化认知。当地民众的对牛的普遍亲切心理投射在牛郎织女的传说上。和顺围绕牛形成的经济业态,不仅有传统生产生活方式的积淀和延续,而且为牛郎织女传说的传承发展提供了情感基础。

牛耕作为传统农业的生产方式一直留存于农村地区,对于牛的尊崇也从来没有弱化。在传说里,牛郎、老黄牛的形象不是凭空捏造的,它们共同指向了人们对美好生活的向往。牛郎是星宿下凡也罢,是普通的农家男子也罢,老黄牛是神牛下界也好,是普通的农家耕牛也好,它们具有统一的意象内涵。牛郎和黄牛结合起来,代表了民众对牛的情感,对理想的寄托,对自身的体认。和顺以牛为主的经济业态从一个层面上说明了牛郎织女传说在此流传的生产基础、生活保证和情感真实。

和顺地处太行山,位于黄土高原东侧中低山区,山多川少。属温带季风性气候,冬干夏燥,雨水适量,因此形成了无霜期较短、降雨量充足的气候特征,使和顺肉牛对环境的适应性强,易于养育,生命周期长。供给肉牛的水源以泉水为主,水质极好,富含大量肉牛所需的营养元素;这里海拔高低差异大,地形上较为复杂,优质的牧草存量较为充足。即便到了工业为主的经济模式下,和顺当地也注意保护本地的土、水、林、草资源,为肉牛的培育提供了最适合的大自然养料。肉牛的经济效益带动了全县的经济发展,这样的经济条件使得民众相对于织女来说,对牛郎的情感也很深厚,牛郎峪村这类村落的命名就是很好的证明。

就经济发展而言,养牛业一直是和顺的优势产业,经过改良的西门塔尔牛在国内国际市场都有一定的优势。因此,无论是过去传统农业社会的牛耕,还是现代农业形式的牛饲,"和顺牛"都是个响当当的品牌。作为经济业态的养牛业和作为文学形态的牛郎织女传说看似距离遥远,但是在内在文化肌理上却并不排斥。经济发展需要文化支撑,文化进展需要经济基础。对牛的感情不是毫无来由的,对牛的推广也还需要地方文化的内涵力量。

自然因素的基础加上遗留至今的民俗习惯,优越的肉牛养殖条件和对牛的崇拜文化,综合要素下的和顺经济以养殖肉牛为特色产业。因此当地对牛郎织女传说最为重视,形成了与牛郎织女传说相关的经济业态。

三、和顺牛郎织女传说的当代传承

2008年,"牛郎织女传说"被列入国家级非物质文化遗产名录,和顺作为代表性传承地之一。这既是对和顺独具地域特色的牛郎织女传说的确证,也对当地保护传承这一传说及其相关的文化提出了更高的要求。和顺牛郎织女传说的传承从过去自发自在的传承方式转变为系统性、整体性、策略性的综合传承。

一方面,和顺当地利用牛郎织女传说的知名度和影响力,积极履行非物质文化遗产项目保护传承责任,尝试打造地方文化品牌,突出地方特色,传承民族文化。自2007年起,和顺每年都组织"中国和顺牛郎织女文化节",其内容甚丰,包括乞巧节布艺展、牛郎织女文化论坛、"牛郎织女"文化藏品展、"十大和谐家庭"等环节,借助与时俱进的网络传播技术,凝炼和顺本地特色,这些活动均受到民众的欢迎。2017年8月和顺举办了为期一个月的牛郎织女大型梦幻灯光秀,推动全社会进一步了解和顺牛郎织女传说文化,提高和顺的文化知名度。与此同时,以"牛郎织女文化"为核心要素,打造牛郎织女文化园,举办相关风俗活动,形成了别具一格的旅游经济圈。以牛郎织女文化为中心,挖掘周边文化资源,举办许村国际艺术节、"牛郎织女避暑胜地"等具有地方特色的宣传活动,形成地方文化推介合力。活动多种多样,形式丰富多彩,使牛郎织女传说在地方文化中扮演的角色得到更深的认可。借助非物质文化遗产保护的东风,和顺牛郎织女传说的传承也呈现出前所未有的态势。和顺通过对自然景观、人文景观以及民俗风情的合理利用,尽可能最大化地利用牛郎织女传说打造"相约七夕,相遇和顺"的地方品牌,不仅带动经济发展,而且也在全社会形成了对非物质文化遗产的关注,起到了真正的传承作用。在客观上,传统传承方式依然延续的同时,现代传承方式进行了有益的探索。

另一方面,和顺当地进行的创新传承路径尝试,把传说融合文化,文化带动相关产业,具有传说传承和经济发展的双重目的。尽管在当前社会条件下,经济发展的目的可能更为显性,但传说的传承与大趋势并行不悖。在山西省探索转型发展新路,晋中市打造"晋商"品牌的进程中,和顺积极开发独具优势的民族文化资源,把地方特色和区域发展的整体目标结合起来,为牛郎织女传说(及其文化)的传承提供了更富有地方风味的路径。传承保护之路任重道远,继承传统、开拓创新更非易事。牛郎织女传说所有代表性传承地对当代传承路径的实践都是对传统文化的拓进,和顺牛郎织女传说的传承在体现个性价值的同时,亦具有共性意义。

> **结　语**
>
> 　　地域是自然因素和人文因素的集合体,是由物质劳动和精神劳动共同创造的。特色是各地独一无二的,与别的区域作区分的要素。地域特色就是独有的自然和人文结合体,牛郎织女传说的和顺特色,是这一传说地域性的体现。在和顺,这一特色具体表现在地方民俗、自然风貌及经济业态三个方面。和顺作为牛郎织女传说的代表性传承地之一,在传说的历史传承、节日文化的现代保留、相关遗迹的保留、传承谱系的延续等方面也有独特的展现。
> 　　牛郎织女传说是民族文化的宝贵财富,与地方自然景观和地域民俗文化的融合,形成了牛郎织女传说的地域性,这些地域特色构成了内涵丰富的牛郎织女文化。不同地域都有不同的自然风貌和风俗习惯,当地流传的牛郎织女传说各具特色,是当地民众民俗生活、思想情感的表达。民间传说是活着的、变化的、开放的文学形式,其展现的地域特色在延续牛郎织女文化整体内涵上弥足可贵。

第三节　火山王传说与雷庄跑莲灯[①]

和顺县雷庄村的"跑莲灯",又称"莲花灯",属于以民间舞蹈为主的综合民间艺术形式。每年的正月十五,家家户户制作好莲花灯,元宵夜手持灯笼上街表演。当地文艺工作者以民间音乐为基本素材,加上以"跑"为主的台步动作,排练成现代形式的舞蹈文艺节目。因为改编后的舞蹈突出一个

[①] 本节内容由贾利涛、王靖合作完成。

"跑"字,体现一个"花"字,故改名为"跑莲灯"。

和顺县隶属于山西省晋中市,地处山西省东陲,太行山中段,西望黄土高原,东临华北平原。雷庄村属和顺县松烟镇,位于和顺县的东部。雷庄村以东是董坪沟(大董坪、小董坪),和河北省邢台市接壤。和顺人把雷庄这一带称为东乡,这里地势复杂,扼关守隘,易守难攻,是古代战争频发之地。

关于"跑莲灯"的来源和流行,在当地有不同的口头传说,其中以火山王传说影响最大。据当地老者讲,古代和顺东乡桃树坪岭是驻兵营地,每当战争前一晚兵营内就要摆开阵势,举起灯火,以振军威。久而久之古朴庄严的祭祀活动趋于完善,逐步流入民间,成为当地一种壮威风又具有娱乐观赏性质的灯舞艺术活动。随着时代发展,人们的审美取向逐渐多元化,"跑莲灯"作为和顺雷庄土生土长的传统花灯舞蹈艺术,在当地的民间艺术中占有一席之地,也同样面临着传承发展的问题。

一、"跑莲灯"的呈现形式

"跑莲灯"中的人物有大大王、二大王、两个活嗦鬼和走灯兵卒。在"跑莲灯"中,大大王打头,二大王紧随其后,走灯兵卒一列纵队跟在大大王、二大王身后,两个活嗦鬼在队尾。

"跑莲灯"在表演时,表演者们边行进边唱歌谣:

莲花灯,莲花灯,
灯舞连着咱的心。
你来跑呀我来跳,
跑莲灯跑得咱高兴。
蒜瓣二饼三环套,
老龙盘窝四斗阵,
大大王、二大王,
活嗦鬼双手拿木枪。

表演时，大鼓敲起，"跑莲灯"开始，大大王一手执令旗、一手端扇，在鼓点响起时出场，并缓慢迈八字步踩场，相当于整兵。二大王仍在队伍之中，兵卒呈一列纵队。随后鼓点变化，大大王面对队伍，一个鼓点挥一次令旗，向左向右轮流交替，二大王和兵卒等随令旗左挥、右挥而分成两列。大大王领一支队伍，二大王领一支队伍，鼓点再次变化，开始根据鼓点摆阵。活嗦鬼在"跑莲灯"中的作用就是整点兵卒，防止有人逃跑，他俩手持木枪，一人守一支队伍，一直都在队伍的最后，脚呈外八字，步伐较小，一颠一颠，浑身哆嗦，不停小跑。

走灯兵卒在表演时，手拿莲花灯，一开始是一只手拿着莲花灯，进行跑灯表演的时候分成两只手分别各拿着半个。随着鼓点和大大王的令旗或跑或走、或停或动、或快或慢地表演。走灯兵卒最少要有40人，必须要是双数，取成双成对、完满吉祥的寓意，男女老少只要会跑会跳都可以参与其中。走灯兵卒的人数之所以要这么多，有两个原因：一是表演阵型需要，兵卒的人数只有在40以上才可以完成老龙盘窝、三环套、四斗阵等阵式；二是群舞气氛需要，在表演中，兵卒越多象征这支队伍的兵力越强盛，打败敌人的希望就越大，从士气上能起到震慑敌人的作用。

大大王在队伍的前面，根据鼓点，走出数字"8"的样子，即村民俗谓"二饼"阵式。然后指挥两队的走灯兵卒按照他的样子，摆出该阵。这一阵式摆好，稍作停顿，待观众们观赏，之后鼓点再次变化，大大王再次出来"做示范"，示范"三环套"阵式。"三环套"从远处看是三个圆圈横着连在一起，两列兵卒走"S"形串起三个圆圈。在这两个阵式之中，一说圆圈之中围的是敌人，一说整个阵式之外是敌人，这个阵式是敌人破解不了的。"蒜辫"阵式顾名思义，该阵的形状像一长串蒜，两队人合成一列，在跑的时候，同一排的两个人交叉换位子，看起来就像一条"辫子"，或者说像两条龙缠绕在一起。"老龙盘窝"是大大王、二大王打头，两列队伍合成一列，跑起来呈螺旋状，远看像一条盘旋的巨龙。"四斗阵"是兵卒分成四个区域，手中的灯一上一下来回变化。

这些阵式是依据他们的形态起名的，很形象。值得注意的是，在表演过程中，所有阵式都是动态呈现的，走灯兵卒总是小跑着排布阵式。关于"跑莲灯"的阵式,村民一般认为二饼、三环套、蒜瓣、老龙盘窝、四门斗各自是一个阵式,传承人说它们加起来才是一个阵式。而且,这些阵式其实是兵营驻扎的形状,按照阵式驻扎可以在敌人来战时起到保护自己的作用,在表演时则是需要活跃起来、动起来的。

在实际表演时,阵式出场的顺序也不是一定的,根据演出现场情况有所调整。观众们的观看欲望越浓,表演者的兴头也越高,鼓点变化由鼓手决定,因为虽然曲牌不同,但是调子鼓点都大抵相同,所以阵式也可以随机上演。节奏由慢到快,演到高潮时,随着欢快的锣鼓,队形会快速变换,一盏盏的花灯笼好似流星飞转,火龙盘旋。

"跑莲灯"的曲调来自当地民间传统锣鼓点、民间小调、民间吹打乐。以唢呐、笙等民间乐器演奏为主。乐曲有《大开门》《游场子》《坐帐调》《赶紧板》等。打击乐以大锣、大鼓(六尺)等民间打击乐器为主,另外还有大镲、小镲、大铙、小铙、马锣、低音弹弹锣等乐器。锣鼓点主要有《七锣》《五锣》《三锣》《跳锣》等,在乐曲中交替运用。随着音乐和鼓点的起伏,舞步和道具摆动会形成各种各样的画面,阵式疏密交替,或快或慢。最基本的鼓点是"噔噔咦噔—咦噔噔—隆隆仓—隆隆仓—隆仓隆仓隆隆仓",整体风格具有民间打击乐粗犷壮烈的特点。

"跑莲灯"的道具有大大王的令旗和扇子,二大王的铜锤,走灯兵卒的莲花灯和活嗦鬼的木枪。"跑莲灯"表演时最多的人物是走灯兵卒,表演者每人手持两把花灯,一手各是一半的花灯,合起来是一个完整的莲花灯。莲花灯分开寓意"两全其美",合住象征"团团圆圆"。莲花灯是用当地山上特有的荆条枝扎制的,先扎成半个莲花灯的样子,再用彩色纸糊起来,并在上面贴上民间传统的剪纸、窗花。装饰都带有当年的生肖图样,譬如是在猪年就剪个"福猪",起到美观和祈福的作用。另外,花灯的上下各粘五朵小莲花,"莲花灯上扎莲花"。小莲花的制作方法是用彩色(一般是玫红色)皱纹纸剪出花瓣,一瓣一瓣粘起来,攒成花朵样子,再用黄色的纸剪出一簇花蕊粘在花朵中间。绿叶用绿色彩纸,剪出叶子形状,用毛巾揉出绿叶上的纹理,和花朵粘在一起,然后再扎在莲花灯上。由于需要精细的手艺,莲灯的制作要召集村里的能工巧匠来制灯和剪花攒叶,即便是村里的巧手妇女,一个人一天最多也只能完成一个花灯。

莲花灯的"灯"字,一是表明夜晚起舞,二是指出最重要的道具是灯。传统莲花灯,中间要挖出一个可供灯在其中燃烧的空间。旧时节点燃的是灯油,当时人们生活贫困,灯油每年由不同的人家来"舍",这也被视为积福的行为。现在的花灯已经改用电灯,也就没有了舍油的环节。在表演地打谷场要提前放两大块红布,红布上堆满五谷或玉米,祭祀谷神,现在一般用玉米在红布上摆出"年年丰收"的字样,同样是祈求丰收的寓意。

"跑莲灯"中的角色扮相也很有特点。大大王为红花脸,一半脸是白的,一半脸是红的,头戴反王盔,红色的长胡子,头盔上是双鸡翎。身上的服饰是传统的长襟大褂,里穿红袍,外披绿蟒袍,上面绣着黄龙,白边衣袖,领子是黄底绣蓝龙。一手拿的令旗为红色,黄色花边,字为金黄色。另一手拿着折扇。二大王为三花脸,黑白相间,头戴蒜臼盔,铜色与蓝色相间,呈"蒜白"状,上有一根鸡翎。黑色胡子"一字髯",身穿半身黑大褂,或红蟒袍,绣着淡蓝色的龙,领子是绿底花龙。手拿一个铜锤,也叫"木瓜锤"。两个活嗦鬼是三花脸,渣渣胡,头戴毛头盔或者反毡皮帽,身着红色戏服,手拿木枪进行诙谐幽默的表演。跑灯兵卒们和锣鼓队们都是身穿红黄相间的衣服,头上用黄布条绑一块遮头的红布,脸上没有妆容。

二、火山王的传说

"跑莲灯"目前流传于山西省和顺县雷庄村。"跑莲灯"作为该村特有的民俗活动,据传承人高天耀①说,"跑莲灯"起源于古代和顺东乡桃树坪岭。

---

① 高天耀,男,生于1957年,和顺县松烟镇雷庄村人。自幼生长在文艺世家,爷爷、父亲、叔叔全是村里的文艺骨干,特别是在雷庄跑莲灯的组织传承中发挥主要作用。高天耀从小就在村里参与跑莲灯的排演演出,退伍回来以后,成为本村跑莲灯的组织者和传承者,在村里虚心向老艺人学习跑莲灯的传承技艺。每年村里正月和庙会期间都要组织跑莲灯进行演出。特别是在2005年期间,他得到了父亲高万友老艺人的口传身教,从跑莲灯的阵法、队列、人物、扮相、服装、道具、曲牌等传统技艺,已完全掌握。2012年自筹资金购买服装、乐器并制作传统跑莲灯道具,组织村民60余人在自家办起了跑莲灯传习所。2013年带领演职人员到县城进行了演出,受到各界人士的一致好评。2015年被确定为第四批省级非物质文化遗产代表性传承人。

桃树坪岭是一道山岭，一半属于河北省邢台市，一半属于山西省和顺县。因而"跑莲灯"起源于河北省邢台县与和顺县东乡交接处，在雷庄村比较完整地保存并流传下来。

关于"跑莲灯"的起源有不少民间传说，一说，古代和顺东乡桃树坪岭是驻兵营地，当地在宋代时常有兵匪之战，所以在战争前一晚上，桃树坪岭的士兵要摆起阵式、举起灯火，烟墩座放，招魂盟誓，以振军威，后来逐步演绎传入民间。桃树坪岭在雷庄村附近，所以雷庄村的"跑莲灯"也起源于此。二说，杨家将的故事。杨家将的先人杨衮在民间被称为"火山王"，曾打败辽兵，在民间传说中是一个极富传奇的人物。关于跑莲灯的起源，雷庄村民高从梅老人说到，火山王杨衮在求娶妻子金玉荣的时候，金玉荣摆出阵式为难他，所破阵式便是老龙盘窝、二饼、三环套、蒜辫、四门斗等，杨衮成功破阵之后，去娶亲的时候用的是莲花样子的灯，自此莲花灯逐渐流传下来。这一传说在其表演内容《火山王娶亲》也可印证。

这两个传说其实是相通的，故事背景时间都放在宋代，而且都和战争有关。尽管在不同的讲述人那里，具体的人物和事件并不一模一样，但内在的传说核心却是一致的。当地人把"跑莲灯"的民俗活动和某些战争场景联系在一起，表明人们默认这种灯舞来自于对战争的模拟。在传说中，这场战争和杨家将联系起来，主要是和杨衮的关系最为紧密。

"跑莲灯"主要讲的是《火山王娶亲》的故事，即宋代杨家将的先人杨衮娶亲的故事。对于"跑莲灯"中大大王的角色也有不同的说法，一说杨衮便是灯舞中的大大王，表演的是去娶亲的过程。另一说大大王是个摆阵的将军。二大王、活嗦鬼和兵卒并无争议，他们都是大大王的部下，并没有姓名。据传，在杨衮求娶妻子金玉荣时，金玉荣摆下阵来让杨衮破阵，杨衮成功之后，带领兵将们执着花灯，抬着花轿去娶亲。因而有了《火山王娶亲》这一内容。传承人则说，"跑莲灯"讲的是杨继业求娶佘赛花时，佘赛花给他出难题破阵的故事。可见这个故事口头讲述比较混乱，总的来说更倾向于火山王杨衮。民间说唱和小戏里常见的《佘塘关》（又名《七星庙》）倒与《火山王娶亲》的故事有几分相似。在雷庄的故事讲述中都有破阵的故事，反而不太去探究是杨衮还是杨继业,村民代代口头流传,现在根源已经无处可寻。询问雷庄村民表演内容时,大部分人笼统地说讲的是杨家将的事,可见村民们对这一故事记忆的重点在于对杨家将英雄们的崇拜和对和平安乐生活的向往。杨家将的故事在民间流传极广,其中的代表人物所表现出的忠君爱国和骁勇善战令人敬佩,尽职尽责、孝敬父母、尚气节、体恤将士的精神影响深远。

跑莲灯的民俗活动为何和火山王的传说联系在一起呢?这可能是一个饶有兴味却难有确切答案的问题。很多民俗活动当来由不可查时,往往保留着与之相关的民间传说,以此作为民俗活动开展的"故事背景"。民间传说也经由民俗活动传承下来。

杨家将在民间的影响力丝毫不逊色于任何口头的纸面的忠烈题材故事。从北宋年间杨家将故事"天下之士至于里儿野竖皆能道之",到如今各种杨家将影视剧,流行千余年。无论是民间传说、民间说唱、民间曲艺,还是戏剧、小说、传说,杨家将的故事长盛不衰。杨令公、佘太君、杨六郎、杨文广、穆桂英以及孟良、焦赞、呼延赞等等都是家喻户晓的人物。杨家将故事虽没有形成一部囊括所有杨家故事的集大成的综合型作品,但恰恰是这种开放的状态,使杨家将故事表现出强劲的能产性,在杨家将的主干上不断滋生出新的故事脉络,形成众多独立的故事单元。可以说,杨家将故事是由众多人物、事件构成整体的,是一个故事系统,而不是单一故事。《宋史·杨业传》载杨业是"并州太原人",从核心人物和历史叙事来看,杨家将与山西的关系至为密切。纷繁复杂的民间演绎里杨家将群体的诸人都活动在山西及周边,诸事也发生在此。因此,山西是杨家将传说流传的核心地域,留下了无以计数与传说相关的杨家将遗迹。

无论是历史记载还是传说故事,杨家将均以杨业为中心人物,杨业的父亲虽常被提及,但故事密度远无法与杨业相比。围绕杨业的父亲——火山王杨衮的故事在民间却有着别样的影响力,和顺跑莲灯附会到他身上,绝非偶然。戏曲、小说中提到杨衮的地方很多,或详或略。民间传说里,杨衮与赵匡胤的故事广为人知,两人是河南开封朱仙镇的两个门神,画的是杨衮手拿赵匡胤赠予的玉带一条,赵匡胤手拿杨衮赠予的信物铜锤一个。两人之间有一段《铜锤换玉带》的佳话。杨衮为其子杨继业求亲于佘家的故事在戏剧中亦常见,也就是"跑莲灯"所表演内容说法之一种。

历史记载和民间演绎的杨家将有联系,更有区别。《宋史·杨业传》记载杨业的父亲是杨信,而在小说、戏曲中,杨继业的父亲是杨衮。卫聚贤先生认为:"小说以杨业父为杨衮。查辽有武定节度使、政事令杨衮,应历四年(954年)尝将万骑援刘崇,高平之战,军西偏不动,独全师而还,后自代州奔归辽。"①戏曲、小说和传说中的人物常常来自杜撰,未必真有历史依据可循。何况像杨家将这样的故事,从主要人物枝蔓出去,产生了无数相关人物的独立单元,即便没有杨业之父的片语记载,民间似乎也有编创的乐趣,构设出许多故事来。

余嘉锡先生对杨业之父杨信沿着历史的角度做过考证:

东都事略云:"父信事刘氏,为麟州刺史。"资治通鉴云:"广顺二年十二月,初,麟州土豪杨信自为刺史,受命于周,信卒,子重训嗣,以州降北汉,至是为群羌所围,复归款,求救于夏府二州。"又云:"显德四年冬,十月,北汉麟州刺史杨重训举城降,以为麟州防御使。"案:杨信之据麟州,不知何时,通鉴追叙之于广顺二年,其时重训已早嗣立,则信之受命于周,当在广顺元年,其据麟州,必在天福乾祐以前矣。以东都事略及宋史互证,信之尝事刘氏无疑,通鉴略之耳。信子重训,本名崇训,以此推之,则业本名亦当为崇贵,其后改崇为重,盖避北汉世祖之名。重训降周后,以周汉世仇,不敢为崇讳,故世宗实录为崇勋,入宋后则名重勋,不复改,殆犹念世祖旧恩也。重勋两度叛汉,盖出于不得已,然尚有礼于故君如此,况业为世祖所鞠养者乎。重勋事宋为保静军节度使,宋史虽无传,其事见于续通鉴长编,甚详,钱大昕廿二史考疑重勋为即列

---

① 卫聚贤:《杨家将考证》,载蔡向升、杜雪梅主编:《杨家将研究·历史卷》,人民出版社2007年版,第50—51页。

传第三十二之并州人杨美,因谓美与业盖昆弟行。钱氏非不见李焘书者,乃指甲为乙,何其谬耶?①

沿着历史考据的脉络,杨光亮先生认为杨业的父亲是杨(弘)信,而杨衮是耶律敌禄:

> 这个问题早在清康熙年间著名学者吴任臣的《十国春秋》中,就有考证。吴任臣在"二月,辽遣武定节度使、政事令杨衮"句的杨衮名字下自注曰:"《辽史》作政事令耶律敌禄"。……同样的事例,《辽史》无杨衮传,而有耶律敌禄传;耶律敌禄,字阳隐,《资治通鉴》所称杨衮,即耶律敌禄。……由于"耶律敌禄,字阳隐",在上面提到的《资治通鉴》和《十国春秋》中,称耶律敌禄的字"阳隐"时,由于发音相近,书写成了"杨衮"。随着"杨衮"这个名字在中原民间的流传,特别是元明以来,有些艺人,不读史书,不究原委,依据民间对于"杨衮"的误传,编入了戏剧、小说中。如,《杨衮教枪》《佘塘关》《七星庙》《佘赛花》《紫金带》等,都是把杨继业的父亲说成是杨衮。有些《杨氏族谱》的编修者,依据民间传说或戏剧、小说,也把杨衮当作杨继业的父亲,写进了谱系和叙事中,造成了今日关于杨业世系的讹传和混乱。在这个问题上,我们的一些同仁,对杨衮其人不作考察,凭着三两种《杨氏族谱》的误记,认定杨衮是杨业的父亲,这实在是陷入了一个极大的误区。前面所引的《资治通鉴》《十国春秋》等史书和《杨氏族谱》中所说的杨衮其人,就是契丹人耶律敌禄;传颂千年的抗辽名将杨业的父亲就是麟州土豪杨弘信,而不是契丹政事令耶律敌禄。②

历史人物和戏曲人物、传说人物的来由和性质毕竟是有区别的。"杨

---

① 余嘉锡:《杨家将故事考信录》,见《余嘉锡文史论集》,岳麓书社1997年版,第418页。
② 杨光亮:《杨家将研究》,三晋出版社2013年版,第41—42页。

信"和"杨衮"在名号上确实差异很大,民间所言"火山王"的,便是这个杨衮。郝树侯先生认为杨衮由杨信转来:"小说戏曲中以杨业之父为杨衮,称火山王杨令公。杨衮确有其人,他是辽的将官。公元947年,在麻答指挥下,驻兵横州。公元954年,统兵来援北汉,与周世宗激战于高平,当时他的官职是武定节度使、政事令。不可以把他和杨信混为一谈。《孤本元明杂剧》开诏救忠杂剧中杨业自云'乃火山杨滚之子','信''滚'音相近,'滚'当是'信'的音转,而'衮'又是'滚'的简写。杨信之转为杨衮,可能由于这一原因。"①寻求传说人物所凭依的历史根据并非毫无必要,但常有将传说故事视为历史或攀附历史的倾向,进而确证某传说人物的历史真实。就文人文学和民间文学的创作而言,并不能严格顾及历史的真实记载。

郝树侯先生从"火山王"的称号,认为其源自河曲县:"火山在山西河曲县南,因产硫黄(磺)而得名。宋太平兴国七年于河曲置火山军,遗址在今河曲吴堡村。火山紧靠黄河东岸,与麟州仅仅一水之隔。《保德州志》说,杨业之父曾为'火山军节度使',可见杨信在这地区活动过……像这些杨家寨,我看把它作为杨信火山王时期的遗迹,比较恰当。杨信既在火山附近活动过,所以有火山节度使、火山王的称号。不过这些称号,都出于群众对他的尊称或者是他所自称,不是政府任命的。"②

常征先生在《杨家将史事考》中持大体相似的观点:"说杨家源自河曲县有根据么?有的,那就是民间传说杨信为'火山王''火山刺史''火山节度使'的'火山'二字。火山,是一个地名……县曰河曲,取义于黄河之曲,其所以又名火山县、火山州、火山军,乃由于境内有火山……杨信一生未尝作过'节度使';他当'刺史',也是刺麟州而不是刺火山;至于'火山王'更是草头王之类……而其'刺史''节度使''大王'名号所以冠以'火山'二字,就是因为他保据自立的地方在此火山地区。"③

在戏曲小说、民间传说和民间说唱中,火山王的名号也常不一致,如有

---

① 郝树侯:《杨业传》,山西人民出版社1984年版,第10页。
② 同上。
③ 常征:《杨家将史事考》,天津人民出版社1980年版,第38—39页。

"山后磁州火塘寨火山王""山后池州火塘寨火山王""山后赤州火塘寨火山王"等诸种说法。付爱民先生在综合上述多种说法的基础上,提出"根据历史信息判断火山必然是邻近麟州的思维模式是严重错误的",并且通过考证认为"杨衮王号不是河曲火山而是辽之炭山""无论杨业还是杨衮,在故事中还是正史之中,他们均与河曲火军山之火山没有直接的关联,但如果我们顺着诞生杨衮这个人物的契丹耶律敌禄的背景资料搜索,就会找到其与节度使任上的山后'黑山'和'炭山'的直接关联"。① 这种说法又为杨衮"火山王"称号的来源和指向提供了另外一种思路,也对这里关键的"火山"提出了不同的解读。

在杨家将故事各种呈现形式中,以民俗活动为载体的并不少见。和顺雷庄"跑莲灯"和火山王杨衮的传说结合在一起,广义上属于杨家将故事的体系,只不过主要人物聚焦在杨衮上。"跑莲灯"灯舞与火山王传说的结合,在现象上似乎有偶然性,但在结果上却有某种必然性。一方面,流行跑莲灯的区域处于和顺东乡,这里是太行山区,两省交界处,沿着太行山一线都是各个历史时期兵家必争之地,因此这一地区的民间社火、民间传说、民俗活动都带有一定战争色彩。跑莲灯并不必然起源于战争,但却敷演战争的故事,这是与火山王传说结合的关键点。另一方面,太行山地区也是杨家将故事流传的主要地区,火山王的传说在民间影响力极大。在其他地区相对陌生的杨衮,在和顺东乡却是人们熟知的"火山王"。民间传说带有地域性,与当地的民俗生活紧密结合起来。

三、火山王传说与跑莲灯的共同传承

火山王的传说和跑莲灯的民俗活动融合在一起,传说为民俗活动提供故事背景,民俗活动为传说提供现实佐证,它们的传承可以看作是一体的。火山王传说与跑莲灯的共同传承表现为以跑莲灯传承为主、火山王传说传承为辅的状态。

---

① 付爱民:《明清杨家将文学与图像的接受史研究》,河北美术出版社2016年版,第294、299页。

"跑莲灯"的传承在雷庄村只有高姓一家,但是扮演者并不都是这个家族的人,扮演者们也有自己的传承谱系。据传承人高天耀说,"跑莲灯"起源于雷庄村,但是因为在高家的祖辈中曾有过举人,所以就将"跑莲灯"这个象征着红火喜庆的活动归于高家。

将"跑莲灯"的所有环节整合好、排练出来的是高金和("跑莲灯"最早组织者之一)。"跑莲灯"在高家的传承谱系如下:高金和→高万友→高天耀。"跑莲灯"中的角色主要有大大王、二大王、两个活嗦鬼和众多兵卒。扮演者的传承不专属于高家人,传承者众多。据传承人说,整个雷庄村人人都会"跑莲灯",主要的传承谱系如下:

大大王:张润宝→田金友→尹三锁→李福寿

二大王:二宝金→马占海、尹玉林、杨四孩→崔凤林

活嗦鬼:毛二海、陈满银

鼓手:高金和→高金孩→高万友→高焕文→高五孩→郑福锁

对于起源传说、阵法排列、服饰道具等并没有专门记录的册子,只有音乐(曲牌)保存得较为完整,现保存在和顺县文化馆。传承方法主要是"言传心教、言传身教":"言传"即为口头传承,老艺人将关于"跑莲灯"的起源、故事和表演等相关内容口头讲给传承人;"身教"即为示范传承,传承人观看和参与"跑莲灯"的排练、表演;参与"跑莲灯"的人数较多,也属社会群体传承。主要还是靠家族一代代传承下来的。

莲花灯刚在雷庄兴起时,要进行一场表演,其前期准备工作是非常繁琐的。进入正月,就进入了社火准备的时候。村里干部和高家人开始组织村民,家家户户各做一盏莲花灯,并召集人员抽时间开始进行排练。还要找阴阳先生算时辰,定方位,迎"喜神"。到了正月十四,要进行"演习",正月十五下午,"跑莲灯"队伍不能出声,默默地走到预定的地点,敬神,请示神灵是否要开始表演,由长者来"听动静"。待长者说可以了,再敲敲打打着热热闹闹去龙王庙,行进中不能有人回头。祭祀过程谨慎且程序繁多,人们期望通过"娱神"来表达对神的敬畏,祈求新的一年获得大丰收,祈求村里的人平平安安。

"跑莲灯"队伍先到龙王庙参拜龙王,此时先要表演一番,期待龙王看到他们的表演而心情愉悦,保佑此地一年的风调雨顺。队伍接着敲锣打鼓走到官房院,这是雷庄的村庙,在这儿再表演一番,祈求雷庄村一年平安。队伍还要到东麻地、西麻地的打谷场,来这里祈求谷神保佑下一年丰收。下一站是东五道庙、西五道庙。最后才开始在雷庄村的房前巷里进行表演。此时观看表演的人已经愈发多了,天也愈发黑了,四周村寨的人们都赶来雷庄村看"红火"。正值元宵节,"跑莲灯"外还有一些社火活动来助兴,舞狮、"卖孩"、"说相声"等。"跑莲灯"要跑一晚上,直到第二天鸡叫方才回家去,一年一次的"跑莲灯"自此结束。

通过实地调查发现,"跑莲灯"在雷庄村里不曾有过大起大落的发展过程,这项民俗活动自诞生之日起就成为雷庄村民正月里不可缺少的一部分,在雷庄村每个人都知道"跑莲灯",每个人都能跑一两下子。近年来,"跑莲灯"的蜡烛灯变成了电动灯,纸糊的灯笼变成了布艺的灯笼,家家户户都参与的手工制作变成了几个人的"批量生产",表演前的一系列仪式也被省略。

具有明显独特性的"跑莲灯",逐渐从雷庄村社火中分了出来,成为雷庄村的代表节目参与到和顺社火中,出现在和顺民间文艺花会里。和顺县的一些文艺工作者对"跑莲灯"进行改编,将其变成了现代灯舞。演员均为女性,戴莲花头饰,穿莲花色长裙,裙边是绿色莲叶状,有的两手各拿一朵莲花道具,有的拿莲叶道具。动作优美,音乐动听,摆出莲花造型,在和顺县社火节正月十八游行时表演,成为和顺人一说起来就最先进入脑海的"跑莲灯"。传统"跑莲灯"的传承人和表演者都否认这是"跑莲灯",他们认为这种灯舞失去了原有的味道,只是一种快捷式的、观赏性的舞蹈。传统"跑莲灯"依然回到了雷庄村,年复一年地在正月十五的夜晚击节动声起舞。

"跑莲灯"的故事还在高家一辈一辈向下传,但是表演者这个传承主体却在萎缩。现在断断续续在正月里表演,有时候会连着好几年没有"跑莲灯"的出现,人们似乎渐渐地不再热衷于这项活动。客观上来讲,雷庄村经济发展滞缓,经济实力有限,连续操办这类社火不免捉襟见肘。现代文化的多变、审美取向的多样,对"跑莲灯"这类民俗活动的传承造成了冲击。主观来讲，地方上对"跑莲灯"的保护意识也是在和顺成为"牛郎织女文化之乡"后，由于雷庄村距离牛郎织女文化发源地很近，才得以逐渐加强。其中很大一部分原因还是和当地文化馆馆长的持续关注和不断努力有关（因为馆长是雷庄村人）。

据传承人高天耀说，地方上只出资购买了一批表演用的服装，基本上没有给过什么补助，人员的召集排练、制作道具的花费，基本上都是自掏腰包。如果被邀请去表演，则会给发工资，最多的一次是一人发了130元。只有"七月七牛郎织女文化艺术节"或者有重大活动才有表演的机会，而且出现在活动场合的大多数经过改造的"跑莲灯"舞蹈，并不是原汁原味的传统"跑莲灯"。另外在"跑莲灯"被纳入省级非物质文化遗产保护名录后，对于"跑莲灯"的相关文献资料收集或者音频视频资料仍是空缺的。目前来看，"跑莲灯"还属于自发传承的状态，能把"跑莲灯"剥离出来当成一个独立的民间灯舞种类，亦是值得尝试的。

跑莲灯的当代传承面临着诸多问题，从传说和民俗互动的角度出发，可以从多方面考虑跑莲灯的继续传承。其中关键是保护地方传说和民俗生存的文化土壤。人们的交往思维和价值观随着社会经济发展而转变，结合"跑莲灯"的传承发展和现代人生活方式与娱乐方式的变化，要想传承"跑莲灯"正面积极的内涵，保护多样民间艺术，拓展"跑莲灯"发展路径显得非常重要。在制度设计层面，有必要创造适合民俗生存的空间和环境，引导"跑莲灯"良性发展，保持其原始性。静态保护与动态保护相结合，艺术对象和艺术传承人共同保护，增加传播途径和渠道，搭建展示平台，通过宣传和开展"跑莲灯"艺术活动，增加"跑莲灯"的民俗影响力。在经济扶持层面，加大财力投入，增加对"跑莲灯"民俗活动中演员、传承人的专项扶持力度。支持鼓励社会力量和民间力量发展壮大，培植民俗活动发展的原生力量。借助网络平台，增加"跑莲灯"这类民俗活动的多媒体呈现。在文化环境层面，保护民俗赖以生存的文化土壤，充分发挥民众的主动性，在一定区域形成自觉的保护意识和良好的活动氛围，开发地方民俗资源，形成多形态多维度的民俗整体发展态势。

结　语

和顺雷庄灯舞"跑莲灯"在20世纪80年代参加晋中地区农村文艺汇演获得一等奖。进入21世纪以来,"跑莲灯"从街头搬上舞台,又由舞台搬到广场,参与人数逐渐增多,规模宏大,表演精湛。"跑莲灯"2009年代表晋中市参加山西省第十五届广场文艺汇演,2011年代表中华人民共和国参加匈牙利国际民间艺术节,2012年参加山西电视台中国·和顺第六届牛郎织女文化旅游节等,均受到了专家和各界人士的好评。2011年"跑莲灯"被列入山西省第三批非物质文化遗产名录。

"跑莲灯"是和顺县雷庄村独有的民俗活动,起源于古时和顺县东乡的桃树坪岭在打仗前夜摆阵以戈、振奋军威的招魂盟誓活动,并有不同的传说伴随其流传至今,与火山王的传说联系最为密切。作为一种结合了古代阵式场面和民间欢庆祭祀的古老灯舞艺术,"跑莲灯"以其特有的表演形式、丰富的表演内容、多种多样的音乐与乐器、别具一格的道具与扮相构成了一种完整的民间灯舞艺术形式。在活跃于乡村宅前院内的同时,"跑莲灯"承载了雷庄村民的深厚感情,围绕这一民俗活动雷庄村形成了古朴自然、活泼大方的独特乡村文化。随着社会经济的快速变化,"跑莲灯"的生存环境发生变化,经历了几代人传承和发展的"跑莲灯"有了更高更大的舞台,逐渐成为和顺县民俗文化的重要组成部分。

通过田野调查整理和顺县雷庄村"跑莲灯"民俗资料,可以得见"跑莲灯"有鲜明的区域特色和文化内涵,它的文化生态由地理位置和人文背景两方面组成。作为古时战场,加上村民对杨家将英雄们的崇拜,拥有"跑莲灯"技艺的雷庄村形成忠信豁达的民风,"跑莲灯"独特的表演形式又赋予其潜在的经济价值。其中最重要的还属其艺术价值,体现在"跑莲灯"反映山区人民欢乐祥和的美好愿望,表现当地人民积极向上的精神状态。雷庄村民以跑莲灯这一活动为载体,展示属于自己的文化和技艺,促进民众之间的情感并丰富了自己的精神世界。在文化环境不断变化的今天,对于"跑莲灯"的发展来说,既是机遇又是挑战。在民间传说和民俗活动越来越受到重视的情况下,"跑莲灯"定会在继承传统改造创新方面不断前行。

第七章　九曲黄河灯阵的形式内涵

　　九曲黄河灯阵，以围绕九曲阵进行社火展演为显著特点，故而又称九曲黄河灯、九曲黄河阵，民间有串黄河、跑黄河、转九曲、游九曲、九曲会、灯游会、灯油会、地灯、九曲灯会、走弯弯、摆地灯、九曲迷魂阵、三元盛会、三官圣会等多种名称，不同地区也有一些别称，如在陕北又叫"闹老教"，在包头又叫"九曲圣会"，在临汾又叫"走地灯"，在大同又叫"荷花会"，在利辛又叫"花灯迷魂阵"等。九曲黄河灯阵是民间社火的重要类型，广泛分布于山西、陕西、河北、内蒙古、甘肃、北京、辽宁等十余省份，涉及民间游艺、杂技、美术、音乐、舞蹈、工艺、民间信仰、民间文学等诸方面。与《封神演义》中具有文学想象色彩的"九曲黄河阵"相比，九曲黄河灯阵民俗所依托的"九曲黄河阵"更具有现实生活性。九曲黄河灯阵作为民间社火的一种，群众参与度之高，民间吸引力之强，与九曲阵的神秘性与趣味性是分不开的。同时，九曲阵又包含着丰富的哲学思想和民间智慧，体现着深厚的文化内涵，表达了独特的创造精神。

　　山西省是九曲黄河灯阵分布最为密集的省份，山西中部又是密集分布区的核心区域。

第一节　九曲黄河灯阵的地区分布

　　明《帝京景物略》记载："（正月）十一日至十六日，乡村人缚秫秸作棚，周悬杂灯，地广二亩，门迳曲黠，藏三四里，人者误不得迳，即久，迷不出，曰'黄河九曲灯'也。"①清以降多有方志杂记等载有九曲黄河灯阵。时至今日,乡村间摆布该灯阵者甚众,多地列入非物质文化遗产名录。综合考察九曲黄河灯的地区分布,探究其现存的地缘形态,总结这一民俗的历史地理分布规律,探析其地缘形态形成的原因,将为九曲黄河灯阵乃至民间社火的文化观照提供路径。

一、九曲黄河灯阵的地区分布规律

明清记载九曲黄河灯阵的方志杂记等资料涉及的地区较为有限,这些地区基本都把这一灯俗延续了下来。文献记载较为有限,现代各类方志、地方风土记、民间文化研究资料、新闻报道对九曲黄河灯阵关注颇多,各地关于这一灯的资料逐渐丰富。再加上民间文化的普查发掘、非物质文化遗产保护的推进、自媒体时代的信息快速传播,民俗田野作业在传统方式之外有了多重补充。

综合明清地方志中的记载、现代地方志及风土记等民俗资料、各地非物质文化遗产名录、相关学术论文及著作、各地权威媒体的报道和实地田野调查等数据,九曲黄河灯阵分布在山西、陕西、河北、北京、内蒙古、辽宁、吉林、甘肃、青海、宁夏、山东、河南、安徽、江西等省(自治区、直辖市)。其分布地域广,呈现一定的分布规律。区域间分布差别较大,区域内分布密度亦存在差异,同时与自然风貌、文化特征、经济发展等区域划分有一定关联。

(一)分布广度规律

九曲黄河灯阵的分布地域很广,集中分布在中国北方。因此,九曲黄河灯阵绝非一省一县所独有,具有流传地域上的广泛性。九曲黄河灯阵在各省的分布状况也是不同的,呈现一定规律。

按照行政区划来看,九曲黄河灯阵主要分布在以下地区:山西全省,陕西省北部的榆林和延安地区,河北省北部的张家口和承德地区,保定、石家

---

① (明)刘侗、于奕正:《帝京景物略》,北京古籍出版社 1980 年版,第 66 页。

庄、邢台、邯郸的西部地区，内蒙古自治区中部的呼和浩特、包头、鄂尔多斯、巴彦淖尔、乌兰察布等地区，甘肃省中部的张掖、武威地区，北京市的延庆、昌平、密云等地区，其他省份分布较为零星。

按照省份内部比较来看，山西省全省均有分布，中部最多，北部次之，南部较少；陕西省集中在北部，中部和南部较少；河北省主要分布在西部和北部，中东部较少；北京市主要分布在京郊的北部和西部；辽宁省主要分布在西北部；内蒙古自治区主要分布在毗邻山西、陕西、河北、辽宁的地区；甘肃省主要分布在中部；河南省主要分布在和河北、山西毗邻的地区；山东、青海、安徽、吉林、江西、宁夏分布较少。

按照自然地理来看，九曲黄河灯阵分布最为集中的区域在黄河中游两岸和太行山—燕山两麓，可以概括为九曲黄河灯阵分布的"两两地区"。该区域可以看作九曲黄河灯阵的核心分布带，以此为中心，往外九曲黄河灯阵的分布渐次稀疏。

密集分布区：山西省中部（包括吕梁、太原、晋中等地区）；晋东北和晋西北（吕梁山北段和太行山北段的地区）；陕西省北部（榆林和延安地区）。

次密集分布区：晋东南（主要在长治地区），晋西南（主要在临汾地区）、河北西部太行山区、内蒙古自治区中西部、北京（主要在京北和京西）。

稀疏分布区：陕西南部、河北东部、山东、河南北部、甘肃中部、辽宁西北部。

零星分布区：青海、安徽、吉林、江西、宁夏。

按照省份来看，山西省全省均有分布，中部最多，北部次之，南部较少。陕西省主要分布在陕北和陕南的汉中。河北省主要分布在西部太行山区和北部燕山山区，中东部较少。

（二）分布密度规律

就九曲黄河灯阵县域内的分布来看，密度也并不相同。有些县（市、区、旗）范围内，九曲黄河灯阵十分常见，盛行于多个乡镇的许多村庄。而在有些县的县境内只有三五个村庄，也有某些县只有一个村子举行这种灯会。

按照九曲黄河灯阵的县域范围分布密度,可以大致分为密集分布区、稀疏分布区和零星分布点。密集分布区指在该县域内九曲黄河灯阵几乎全部覆盖,稀疏分布区指有部分覆盖,而零星分布点指仅有零星覆盖,分布密度依次降低。

密集分布区:山西中部诸县、陕北诸县、河北西部诸县等,此区域内各县盛行九曲黄河灯阵的村庄较多,覆盖乡镇较多。在山西偏关举办此灯会的主要有沿黄河一带的村庄:天峰坪、关口、黑豆垴、梨园、小偏头等,以及城关、老营、窑头、大石洼等乡村[1];张家口蔚县此灯阵流行于暖泉、桃花、吉家庄、白草窑、宋家庄和柏树等乡镇[2]。

稀疏分布区:内蒙古中西部诸县、甘肃中部诸县、京西京北、辽宁中西部诸县、河南北部诸县等。此区域内各县盛行九曲黄河灯阵覆盖村庄较少,大多在三五个左右,一般不超过十个。例如昌平主要流行在老峪沟、马刨泉、长峪城等村[3],包头市固阳县主要流行在昔连脑包、陈家区一带数村[4]。

零星分布点:有些县域内只保留一处流行九曲黄河灯阵,如青海乐都七里店、江西南昌蒋巷、安徽利辛展沟、山东临淄大马岱等。

(三) 与其他地缘分区的关联

九曲黄河灯阵作为一种民俗事象,不可能脱离特定的地域文化环境存在。中国北方是社火炽盛的地区,九曲黄河灯阵正是存在于社火环境中。九曲黄河灯阵分布地域的现状,有历史、地理、经济等多方面的原因,因此不可避免与相关的地缘分区存在某种关联。即便没有与九曲黄河灯阵分布完全相同的区域划分,但对相关地缘分区的观照,有助于理解九曲黄河灯阵的生态语境。

---

[1] 崔峥岭:《偏关民俗文化》,山西人民出版社2009年版,第130页。
[2] 蔚县地方志编纂委员会:《蔚县志》,中国三峡出版社1995年版,第663页。
[3] 昌平县志编纂委员会编:《昌平县志》,北京出版社2007年版,第967页。
[4] 中华舞蹈志编委会编:《中华舞蹈志·内蒙古卷》,学林出版社2006年版,第232页。

1. 与黄河流域的关系

九曲黄河灯阵,从字面意义上可以看出这种灯俗与黄河的密切关系。九曲黄河灯阵的多种别称多围绕"九曲"和"黄河"两词而来,九曲亦指代黄河。无论是转九曲、游九曲,或是跑黄河、串黄河,或是九曲灯会、黄河灯会,这些名字都把灯俗和黄河联系起来。从九曲阵的形式来看,弯曲成径,九曲成功,宛如九曲黄河的盘旋,九曲黄河灯阵的阵型显然包含了黄河九曲的寓意。另外,有趣的现象是,黄河流经的省份除四川外,其他八省区均有九曲黄河灯阵分布,从青海发源到山东入海,九曲黄河灯阵也像一道文化的长河。九曲黄河灯阵所分布的核心地区正是黄河孕育的中华文化的核心地带,把一种广布于乡间的民俗活动称之为"黄河",可见九曲黄河灯阵的得名与所处黄河流域渊源深厚。

2. 与晋方言区的关系

晋方言又称晋语,主要使用地区有山西、内蒙古中西部、陕西北部、河北西部、河南黄河以北大部。通过比较我们会发现一个有趣的现象,九曲黄河灯阵的核心分布区与晋方言区高度重合。晋方言最具代表性的山西中部也是九曲黄河灯阵分布最为密集的地带。山西西南部使用中原官话,不属于晋方言区,恰恰也是省内九曲黄河灯阵民俗分布较少的地区。河北西部和北部属于晋方言区的县往往都有九曲黄河灯阵分布,河南盛行九曲黄河灯阵的新乡、安阳等地亦属于晋方言区。在某种意义上,可以毫不夸张地说,九曲黄河灯阵集中分布在晋方言区,距离晋方言区的核心地带越远,九曲黄河灯阵的分布也越来越稀疏和零星。

3. 与经济欠发达地区的关系

九曲黄河灯阵主要分布于乡村,少数分布于城镇,绝少见于发达的城市。在相对欠发达的地区,社火所赖以生存的乡土环境得以延续,九曲黄河灯阵与贫困带的分布有一定契合。例如山西的九曲黄河灯阵在吕梁山和太行山区分布密集,河北的九曲黄河灯阵主要分布在西部的太行山区。九曲黄河灯阵分布的甘肃、陕北、内蒙古、辽宁西北等地相较而言均非经济高度发达的地区。即便是在较为发达的北京,九曲黄河灯阵亦主要分布在相对欠发达的京北、京西的燕山一脉。综合来看,九曲黄河灯阵主要分布于各地经济发展较为落后的乡村。随着城镇化的步伐,少数城镇乃至市区也出现了九曲黄河灯阵的身影,但依然无法改变这种灯俗集中分布在乡村的事实。

二、九曲黄河灯阵分布规律的形成原因

九曲黄河灯阵呈现的地缘形态有多方面的原因。苗峰在其硕士论文《明清黄河流域元宵灯俗的历史地理学考察》中认为,九曲黄河灯阵的分布有三个原因,一是自然地理的因素,主要是黄土高原的自然地理环境提供了条件;二是社会历史环境的影响,尤其是明代的"九边";三是移民。[①] 这三个因素确实在九曲黄河灯阵的分布中发挥了重要作用。我认为可以进一步地探究,九曲黄河灯阵呈现目前的分布状态,既有历史的原因,也有现代的要素作用;而且九曲黄河灯阵的密集分布区、稀疏分布区和零星分布区有不同的历史背景,是由多种原因促成的。

(一) 密集分布区的形成

从全国范围来看,九曲黄河灯阵分布最集中、密度最大的地区是黄河中游的山西中部、北部和陕北地区。这个区域内的九曲黄河灯阵最为炽盛,而且具有代表性。基于多种因素的考虑,这一区域应当是九曲黄河灯阵的起源地。

首先,从信仰角度来看,这一区域与黄河的关系最为紧密。依赖黄河灌溉的农耕社会使得人们对黄河怀有更直接、更深厚的感情。把黄河通过变形的方式付诸民俗中,形成较为稳定的信仰心理,通过转九曲黄河灯阵的形式寄托对黄河的情感。因此,有论者认为"对黄河的崇拜是产生摆黄河阵的原始的动机"[②]。

其次,从地理角度来看,这一区域山间多平坦地,人口不密集,符合九曲

[①] 苗峰:《明清黄河流域元宵灯俗的历史地理学考察:以九曲黄河灯会为中心》,硕士学位论文,暨南大学,2010 年。

[②] 郑全喜:《摆黄河阵浅议》,麻国钧等主编:《祭礼·傩俗与民间戏剧 '98 亚洲民间戏剧、民俗艺术观摩与学术研讨会论文集》,中国戏剧出版社 1999 年版,第 204 页。

黄河灯对场地、避风等自然因素的要求。"'转九曲'的最佳场地便是在山沟里的平坦处或者有山阻隔的平原处,黄土高原地区千沟万壑的自然地理环境给这种古老的习俗准备了天然的优越条件,而灯会民俗则适应了这种地理环境。"①从目前九曲黄河灯阵分布的各地自然风貌来看,这种地理条件显然具有特别的优势。

再次,从经济角度来看,这一区域属于传统的农业社会,经济水平较为落后。随着经济发展,原先存在的九曲黄河灯阵可能消亡,例如清代《遵化州志》记载今天唐山一带广泛分布着九曲黄河灯阵,但今日却较为少见。九曲黄河灯阵依赖农业社会的人文环境,依靠村社的组织而得以延续。黄河中游的山西中部、北部、陕北这一区域相对封闭,农业社会依然得以保持,这一区域九曲黄河灯阵的延续性更稳定。

最后,从民俗整体角度来看,这一区域是中国北方社火最为盛行的区域,社火种类丰富、形式多种多样、风格古朴粗犷、群众基础深厚、生命活力强劲。正是在这样的社火大环境中,九曲黄河灯阵才得以兴起和延续。山西中部和北部、陕西北部均是目前具有代表性的社火文化之乡,九曲黄河灯阵的丰富发展得益于当地深厚的社火文化基础。因此,段友文先生认为"九曲黄河灯会就是诞生在高原厚土上的富有特色的民俗之花。"②

综合以上诸种要素的作用,九曲黄河灯阵不仅诞生在这一区域,而且一直得以延续,至今仍是分布最为密集的地带。

(二) 移民带来的民俗传播

一种民俗活动在产生之后,必然处在动态的发展中,一方面自身不断丰富变化,一方面向外传播,九曲黄河灯阵亦是如此。从目前各地(尤其是密集分布区之外的地区)九曲黄河灯阵来源的口传资料来看,大多是山陕移民把这个灯俗带到了其他地区。

---

① 苗峰:《明清黄河流域元宵灯俗的历史地理学考察:以九曲黄河灯会为中心》,硕士学位论文,暨南大学,2010年,第46页。
② 段友文:《汾河两岸的民俗与旅游》,旅游教育出版社1995年版,第55页。

北京地区的九曲黄河灯阵主要是明清的山西移民带入。"据怀柔县沙峪村老艺人赵文清（1918—　）讲，沙峪村的黄河灯是由'放河灯'演变而来的。他说，过去，黄河经常发大水。人们为了祭祀河神，祈求平安，便于农历七月十五晚上放河灯以敬神。所谓'放河灯'就是把点燃的灯放到河水上面，使之顺流而下。这一祭祀活动随着居住在黄河沿岸农民的迁徙，逐步影响到距黄河较远的一些地方，不少村庄也有了这种活动。后来，由放河灯逐渐演化成黄河灯。从赵文清的说法中，我们可以得到……黄河灯可能从黄河畔传到北京。"①

辽宁地区关于九曲黄河灯阵的来源，也指向了山陕移民。辽西地区广泛分布着跑黄河这种习俗，人们认为："跑黄河这一民俗性活动据传是从山西、陕西流传到辽宁西部地区的。据隋永清介绍，他祖籍是山西省，迁居到这里已是第五代了。他说'早年从山西迁来一户汉族人家，户主……逢年过节为了拢住伙计，就把从老家带来的黄河阵图交与伙计，即我爷爷隋振贵，爷爷又把这一民间艺术传授给了我。'又据阜新县太平乡太平村老艺人孙景海介绍'二百多年前，周振鳌的祖父从陕西榆林挑担迁居到太平村落户，并把那里流行的唱九曲跑黄河传给儿子和孙子们。'"②

在辽西地区盛行九曲黄河灯阵的几个村子里，口传的历史都把这一灯阵的起源归到山陕一带，尤其是来自山西的说法居多。"关于黄河阵的由来，据二色村村民讲，三百年前山西一张姓人家，来本村开了一家烧锅，由他们把黄河阵传入本村，户主叫张大东；朱碌科村村民讲，他们的黄河阵是由山西河曲人在本村开了一个爆竹作坊而传入的。爆竹铺财东姓王，至今有两百余年的历史了。"③

---

① 张凤起：《北京的黄河九曲灯》，载政协北京市延庆县委员会文史委员编：《延庆文史资料第2辑》，内部资料1989年，第59页。
② 中国民族民间舞蹈集成编辑部编：《中国民族民间舞蹈集成·辽宁卷》，中国ISBN中心1998年版，第888页。
③ 任光伟：《从九曲黄河阵说开来——浅谈民间社火中的战阵文化》，载麻国钧等主编：《祭礼·傩俗与民间戏剧'98亚洲民间戏剧、民俗艺术观摩与学术研讨会论文集》，中国戏剧出版社1999年版，第318页。

河北南部的邯郸市丛中村也有黄河阵,村民认为当地的九曲黄河灯阵来自山西移民:"丛中村的摆黄河阵出现较晚,它形成于明太祖年间,是由山西沁县的移民带来的,它一出现便受到老百姓的认可和喜爱,并逐渐成为一个习俗。"①

九曲黄河灯阵还可以经传入地再向外传播,形成二次传播,流传到更远的地方。例如山东临淄皇城乡大马岱村的九曲黄河灯阵相传是来自京冀一带:"据乡老传称:清初该村杨鲸、杨霞兄弟两人,是文武二进士。查民国九年《临淄县志》载:'杨霞,清顺治乙科进士,曾任安肃县知县;杨鲸,康熙戊戌科进士,官居燕山守备'。他们在辞官归里时,从北方带来的仆从中,有人会扎九曲黄河灯,元宵节扎过一次,从此一代代流传下来。"②吉林通榆(旧称瞻榆)的九曲黄河灯阵传自辽宁卡佐:"(1939年)居住在卡佐县的农民李明德携家迁入瞻榆县乌兰花乡喇嘛白音屯。李年轻时曾多次随父摆过'黄河灯阵',熟悉阵法,而且藏有布阵图。至此,'黄河灯阵'便传入瞻榆。"③因此,可以说,九曲黄河灯阵随着人口的迁徙不断传播,从甲地传到乙地,又从乙地传到丙地,处于不间断的传播过程中,也是目前该民俗分布区域的形成原因。

与山陕毗邻的内蒙古、河北、宁夏、甘肃、河南等地均是历史上山西移民的主要目的地,尤其是明清山西向周边地区输送大量人口。"山西的移民是形成山西境外晋语区的直接原因。"④方言是人口迁徙所携带的较为显性的因子,随着移民带入的还有生产方式、生活习惯等多种文化,包括民俗。九曲黄河灯阵随着移民不断传播,形成了从山西向外扩散的大体趋势。这也是九曲黄河灯阵与晋方言区高度重合的原因所在。

---

① 郑全喜:《摆黄河阵浅议》,载麻国钧等主编:《祭礼·傩俗与民间戏剧'98亚洲民间戏剧、民俗艺术观摩与学术研讨会论文集》,中国戏剧出版社1999年版,第204页。
② 李庭萱:《大马岱九曲黄河灯》,载淄博市临淄区政协文史资料委员会编:《临淄文史资料》(第6辑),内部资料1991年,第128页。
③ 高英杰:《黄河灯阵》,载通榆县政协文史资料研究委员会编:《通榆文史资料》(第5辑),内部资料1987年,第52页。
④ 侯精一:《现代晋语的研究》,商务印书馆1999年版,第45页。

(三) 现代旅游开发的推动

民俗旅游成为近来旅游开发的热点,九曲黄河灯阵因其趣味性和神秘性受到格外关注。九曲黄河灯阵不仅在乡村火热上演,吸引了越来越多的人走进乡村,同时,有些九曲黄河灯阵已经失传的地区又通过挖掘借鉴恢复起来,有些原本没有九曲黄河灯阵的地方则借用过来作为旅游的卖点。传统九曲黄河灯阵朝着景观化的方向发展,也被当作景区开发的项目传播。

九曲黄河灯阵的景观化趋向十分明显,例如有的地区用电灯代替了油灯,用水泥铁桩子代替了原先的木头、秸秆桩子,用彩灯代替了原先的剪纸装饰,有些则修建了固化的黄河阵广场。有些地区虽然一段时期九曲黄河灯阵失传了,但经过努力又恢复起来。这类情况是九曲黄河灯阵新的时代发展,大致没有改变它的分布状况,可以看作原先九曲黄河灯阵的延续。

值得关注的现象是,有些原本没有九曲黄河灯阵的地区,为了旅游开发的目的引进了九曲黄河灯阵,并且在乡村九曲灯阵的形式上进行了适应旅游的革新。在甘肃张掖屋兰古镇的旅游开发就包含了"九曲黄河天下第一灯阵"。在河北武安西部山区的某景区用527块明清两代古老磨盘组成了"九曲黄河阵",称为世界上唯一的水上"九曲黄河阵"。这类景区的开发借鉴了周边乡村的传统九曲黄河灯阵,以新的形式呈现出来,实质上是九曲黄河灯阵的继续传播。

结 语

九曲黄河灯阵分布广泛,在地域分布上有一定的规律。分布广度上大体以黄河中游两岸和太行山—燕山两麓为中心向外辐射,分布密度上亦大致如此。在地区分布上与黄河流域、晋方言区、经济欠发达地区等地缘分区存在紧密关联,九曲黄河灯阵的得名及寄托与身处黄河流域绝非偶然,九曲黄河灯阵集中分布在晋方言区,九曲黄河灯阵与贫困带的分布有一定契合。九曲黄河灯阵的地区分布受到多种因素的作用,密集分布区的形成主要有信仰心理、自然地理、经济发展、民俗背景等原因。九曲黄河灯阵的传播与移民密不可分,现代旅游开发也是其新兴的传播方式。

第二节 九曲黄河灯阵的形式特点

九曲阵实质上属于迷宫。从结构的差异性上来讲,迷宫大致可分为有分叉路的迷宫(maze)和无分叉路的迷宫(labyrinth)两种。九曲黄河灯阵所用的九曲阵从入口进入,在不违规的情况下(不翻越围栏或隔断),一直向前行进,就可以顺利到达出口,中途没有分岔路和死胡同,因此属于迷宫中的labyrinth。这类迷宫在数学问题上较maze迷宫简单,可以概括成若干种基本的拓扑构型[①]。数学理论上,九曲阵的设计方式有成千上万种,实际生活中各地九曲黄河灯阵使用的九曲阵也千差万别。但民俗生活中常见的九曲阵不过十余种,大多都是在基本构型的基础上稍加变形而来,因此呈现极大的共性。在此意义上对九曲阵阵型种类、转阵顺序的考察有章可循。同时可以结合实践,对九曲阵的布阵规则作一基本探讨。

基于文献资料和田野调查获取九曲黄河灯阵阵图的样本,依据可见地方志、民俗文献、相关论文中的九曲黄河灯阵阵图,选取50个文献样本,覆盖山西、陕西、河北、内蒙古、北京、辽宁、山东、河南、甘肃、青海十个省(市、区),既有广泛性,也有代表性。同时,通过实地田野调查,绘制了23幅实地使用的九曲黄河灯阵阵型图。下文关于九曲黄河灯阵阵型种类、转阵顺序、布阵规则的探讨即基于上述两种途径获得的样本。

---

① 参见 Anthony Phillips, *The Topology of Roman Mosaic Mazes*, Leonardo. 1992, Vol. 25 (No. 3-4): pp. 321-329.

一、黄河灯阵的阵型种类

黄河灯阵的阵型有很多种类,按照"曲"(阵中一个单元的螺旋曲折)的多少,可以笼统地分为九曲型、简九曲型和繁九曲型。九曲型指由九个曲构成的阵型,因这种阵型最为常见,所以黄河灯阵常被称为"九曲黄河阵"。简九曲型一般少于九个曲,以四曲、六曲、八曲较为常见。繁九曲型一般多于九个曲,以十二曲、十六曲、二十四曲较常见。由于在"曲"的构造上基本相同,"九"又具有虚指的意味,很多不是九曲的黄河阵也笼统地称作"九曲黄河阵"。简九曲型和繁九曲型的灯阵可以看作九曲型增减曲数变化而来。

(一)九曲型

目前大多数黄河灯俗中使用的均是九曲型,文献样本50幅阵图中,44幅是九曲型,在九曲黄河灯阵较为盛行的山西、陕西、河北、北京、内蒙古等五个省市区,九曲型是占绝对优势的阵型。图7-2-1、7-2-2、7-2-3是

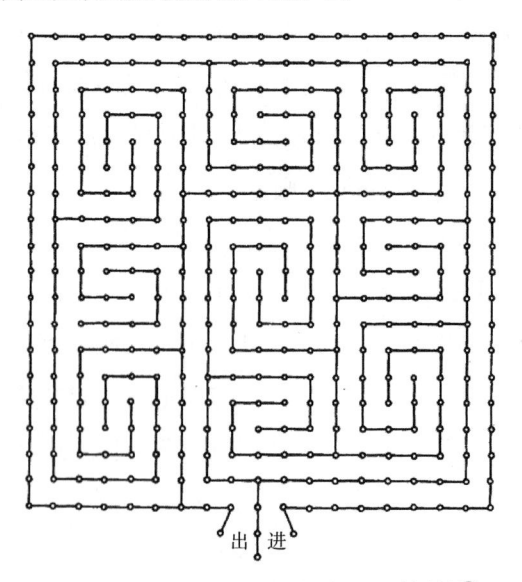

图7-2-1 九曲型黄河灯阵(山西榆社)[①]

[①] 榆社县志编纂委员会编:《榆社县志》,山西古籍出版社1999年版,第501页。

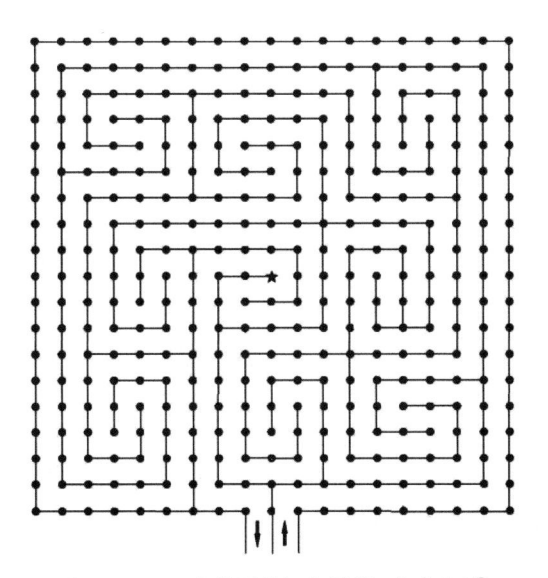

图 7-2-2 九曲型黄河灯阵(河北武安)①

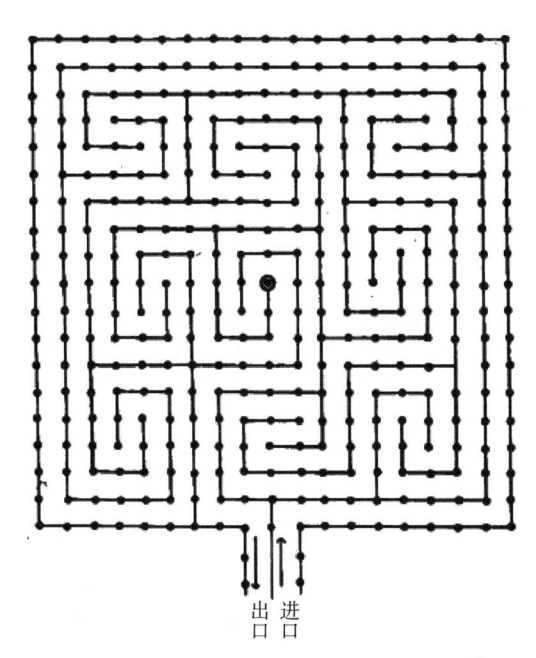

图 7-2-3 九曲型黄河灯阵(陕西延川)②

---

① 此图根据河北省武安市西土山乡骈山村农历戊戌年元宵节使用的九曲黄河灯阵手绘。
② 延川县志编纂委员会编：《延川县志》，陕西人民出版社1999年版，第594页。

三种九曲型黄河灯阵。

此种阵型的特点是：全阵呈正方形；灯桩按 19×19 均匀排布；老杆位于阵中心；全阵由九个完整的回路曲构成；入口和出口在同一侧，大体指向中心。

个别地区在此九曲阵基础上会有些许变化：河北沙河南汪村和山西兴县李家湾村的九曲黄河阵在九曲的每一曲多加一外圈，全阵按 24×24 排布。河北井陉南王庄村、河北涿鹿、山西柳林的九曲黄河阵出口和入口偏左，不指向中心。北京密云东田各庄村以 19×19 排布，但采用了多种回环曲型，实际有 14 个曲。青海乐都的九曲阵在上图九曲的外围又增加了一圈通路。还有一种不规则的九曲阵，像山东临淄大马岱村和山西汾西的九曲阵，不使用上图里这种常见的回形纹，而采取其他回旋形式。

(二) 简九曲型

简九曲型的黄河阵可以看作九曲型的简化形式，如图 7-2-4 即为一例。

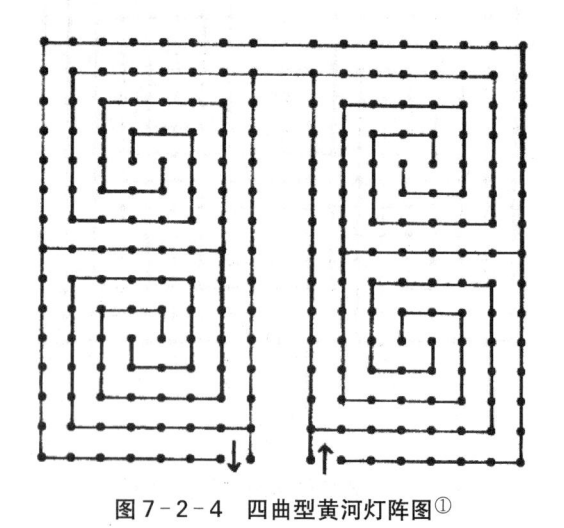

图 7-2-4　四曲型黄河灯阵图[①]

---

① 该阵见于河北定兴金台陈村。

简九曲型的黄河灯阵与九曲型的造设基本一致，一般少设置了几个曲。为了对称美观，以四曲、六曲、八曲等偶数阵型较为常见，奇数阵型较为罕见。这种阵型的出现多受制于土地的狭窄，因地设阵。辽宁朝阳地区多见四曲型黄河阵，称为"四连城"。甘肃高台的黄河阵采取八曲型，是在九曲型的基础上去除正中的曲而来。

（三）繁九曲型

繁九曲型的黄河阵是在九曲型的基础上增加曲数，图7-2-5是十六曲型黄河灯阵。繁九曲型黄河灯阵在内蒙古和辽宁地区较为常见。两地多根据地形既设置简九曲型黄河阵，也设置繁九曲型黄河阵，称为十二连城、十六连城、二十四连城等。河南渑池的黄河阵采取十六曲型，山东海阳的黄河阵采取十八曲型，内蒙古敖汉旗除有九曲外，还有十二曲型和二十四曲型，这些都属于繁九曲型的黄河阵。

图7-2-5 十六曲型黄河灯阵图[①]

[①] 该阵见于辽宁建平朱碌科村。

二、九曲黄河灯阵的转阵顺序

九曲型黄河灯阵是黄河阵的主流形态，在此类灯会中最为常见。从九曲阵的入口进入，从出口出来，依次通过阵中的九曲，此为九曲黄河阵的转阵顺序。虽然所有九曲黄河阵都遵从一进一出的转阵原则，但通过每曲的顺序却各不相同。或者说，九曲黄河灯阵外貌上大体相似，但走法却各不相同，走法的差异实质上反映着九曲阵造设方法和走阵寓意的差异。

把九曲阵均匀分为九个部分，成为常见的九宫格，九曲分别位于九宫之内。按照通过每一曲的次序，可以归纳出该灯阵的转阵顺序。以数字序号表示次序先后，可以归为几种常见的转阵顺序，见表7-2-1。

表7-2-1　　　　　　　　转阵顺序统计表

代号	转阵顺序			代　表　地　区
甲	2	7	3	延庆、延庆白河堡、峰峰西王看、井陉南王庄、沙河南汪、涿鹿、固阳(二)、乌盟(二)、车铺渠、汾西、柳林、娄烦常家坡、偏关、清徐(二)、兴县李家湾、府谷、米脂、延川、雷家崄、镇川、绥德(一)(二)、河曲、磁县、介休、呼和浩特、张掖
	8	9	6	
	1	5	4	
乙	2	6	3	固阳(一)、娄烦上龙泉
	7	9	5	
	1	8	4	
丙	2	7	3	包头(一)、平鲁、平遥
	8	5	6	
	1	9	4	
丁	2	6	3	万全、包头(二)、乌盟(一)、碛口、朔州、靖边、板桥
	7	8	5	
	1	9	4	

从上表可以看出，以甲种转阵顺序使用最为广泛。甲种转阵顺序先走左下角的曲，沿着顺时针方向依次走完四角，然后进入靠近进出口的曲，再沿逆时针走完四个正方向的曲，最后到达中心曲，从中心曲直接出阵。顺时

针走四角是最常见的转阵顺序。乙与甲的区别在于走四个正方向的曲起始点稍有差异。丁与乙的区别在于倒数两个曲的顺序互换。丙的特殊性在于转完四角后先进入中曲,然后沿逆时针转四个正方向。

除上述顺序外,还有一些较为特殊的顺序,如峰峰丛中村、青海乐都的九曲阵按照相邻曲的自然顺序行进,也有采取杂乱顺序的。

通过阵型和转阵顺序的综合对比可以发现,在所有阵型中,九曲型最为典型;在所有九曲型黄河阵转阵顺序中,甲种顺序最为典型。因此,可以把甲种转阵顺序的九曲型灯阵看作九曲黄河灯阵的典型形态。

三、典型九曲黄河灯阵的布阵规则

(一) 典型九曲黄河灯阵的布阵构件

形成回路和转角的"曲"是九曲黄河灯阵的布阵基本构件,简单或繁复的黄河阵都是由一个个"曲"串联起来的。在九曲黄河灯阵出入口的视角下,可以发现"曲"的形式有"竖曲"和"横曲"两种。(典型九曲黄河灯阵没有全是竖曲的,也没有全是横曲的,都是横曲、竖曲搭配构成,以五个竖曲配四个横曲最常用,也就是民间造设黄河阵常说的"五竖四横"规则。)横曲和竖曲是两种最基本的曲型。这两种曲型分别有两种不同形态,如横曲有"S"字形和"⌒"字形两种。因此,典型九曲黄河灯阵的曲型有横竖两类四种。在实际转阵过程中,通过每一曲的顺逆次序不同,有先顺后逆和先逆后顺两种形式。综合统计,典型九曲黄河阵中的每一曲只能是八种形式中的一种。可以表述为,典型九曲黄河灯阵的布阵构件共有八种形式。见图 7-2-6 和图 7-2-7 所示。

H 表示横曲,V 表示竖曲,A 表示先逆后顺,B 表示先顺后逆,数字表示形式区分。典型九曲黄河阵的布阵构件可以用符号概括为:VA_1、VA_2、HA_1、HA_2、VB_1、VB_2、HB_1、HB_2 八式。九曲黄河灯阵均是这八种样式构成,通过八种形式的分析可以清晰把握常见九曲阵的形式特点。九曲阵的造设,少则用到四种形式,多则八种全部用到,大多使用其中的五六种。

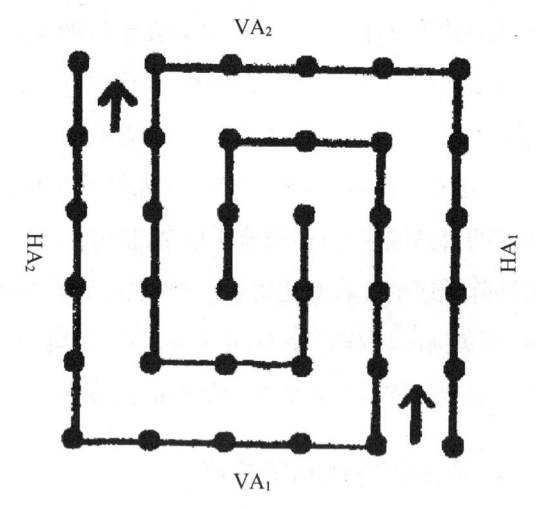

图 7-2-6 先逆后顺的四种曲型

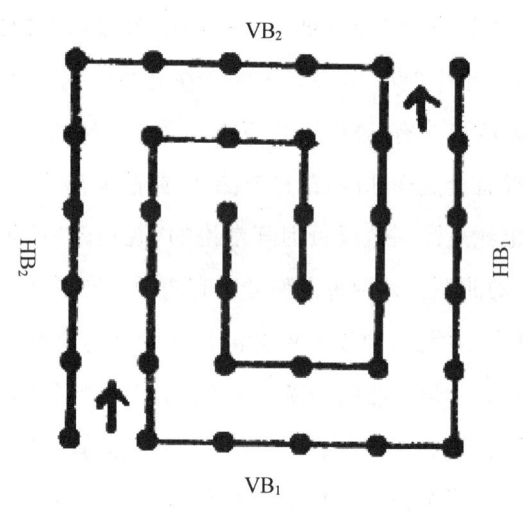

图 7-2-7 先顺后逆的四种曲型

(二) 典型九曲黄河灯阵的阵法数量

典型九曲黄河灯阵由九宫构成,每一宫在数学上有八种形式可供选择,数学上可以有 8^9 种阵法。由于九曲黄河灯阵中九曲排布还受到相互配合的限制,并非自由的排列组合,因此不存在数学计算上的那么庞大数量的种类可能。

九曲阵的造设,除了考虑九曲的排布外,还需要预留各曲间的通路,这就限定了每曲的进口和出口位置,因此并非八种形式均能满足理论上的要求。按照进出口的位置和九曲每宫的要求,只能从八种形式中选择符合形式的几个。例如左下角的第一宫,只有 3 种形式满足要求,而靠近九曲阵出入口的第五宫理论上有 5 种可能,剩下的各宫有 4 种可能。那么理论上,九曲阵有 $3\times5\times4^7$ 种阵法。这依然是个十分庞大的数字。

在实际民俗生活中,按照约定俗成的设计方式,例如横竖曲的搭配、对称美观等考虑,并没有出现数量十分巨大的九曲阵图。理论上第一宫有 3 种形式选择,每一种形式都能设计出完整的九曲阵来,但是实际生活中典型九曲黄河阵均选择 VA_1 一种形式,其他各宫情况相似。这就大大压缩了阵法的数量,很多阵法仅仅存在于理论上,现实生活中并不常见。流传各地的典型九曲黄河灯阵阵法大概仅有十余种。

在这十余种典型九曲黄河阵中,有两种十分具有代表性,我们姑且称之为柳林式(见图 7-2-8)和榆林式(见图 7-2-9)。

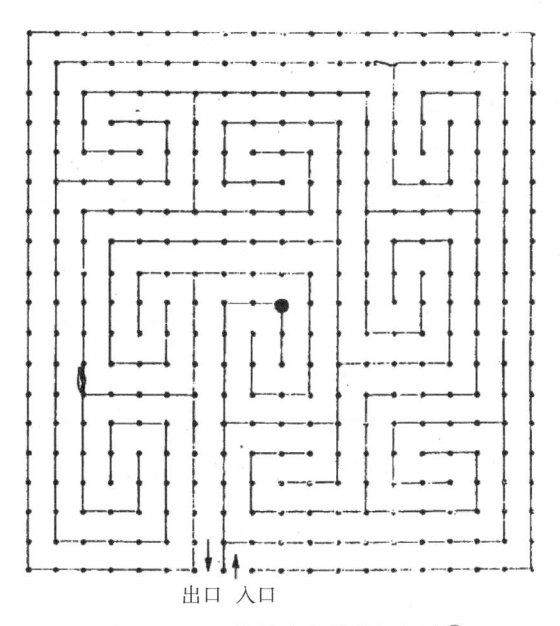

图 7-2-8　柳林式九曲黄河灯阵[①]

---

① 刘廷奎:《柳林三镇溯源》,山西人民出版社 2006 年版,第 103 页。

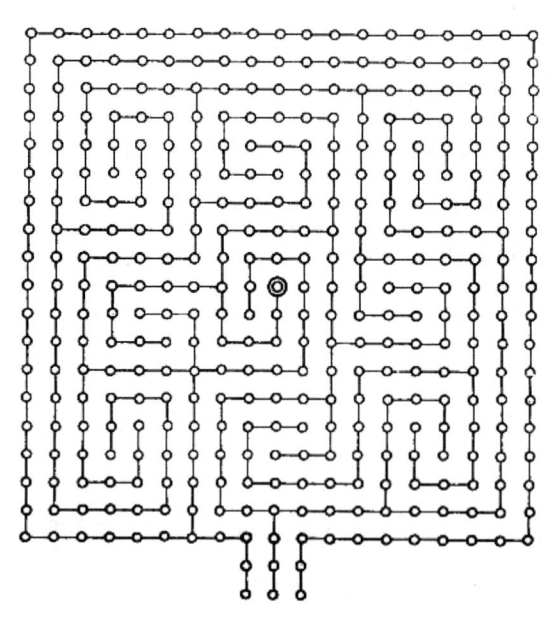

图 7-2-9 榆林式九曲黄河灯阵①

柳林式九曲黄河灯阵见于山西柳林、河北井陉南王庄、河北涿鹿等地。该阵的代表性在于行进过程中竖曲、横曲交替出现，从第一宫到第九宫分别是：竖—横—竖—横—横—竖—横—竖—竖，行进的趣味性更强。榆林式九曲黄河灯阵见于陕西榆林镇川镇、榆林绥德、甘肃张掖等地，该阵位于四角的第一宫至第四宫（即最先经过的四曲）均是竖曲，位于四个正方向的第五宫到第八宫（即其次经过的四曲）均是横曲，最后经过的中曲是竖曲。该阵层次分明、对称协调、搭配合理，具有独特的美学意义。柳林式和榆林式九曲黄河灯阵颇具代表性，如河北峰峰西王看、固阳车铺渠、娄烦常家坡、山西河曲、陕西延川、河北磁县、榆林雷家峁、陕西米脂均与柳林式阵法高度相似，仅仅存在第五宫和第九宫横竖曲搭配上的差异。各地相似又稍有差异的九曲阵，既表现了九曲阵民俗内在的同一性，也展现出应有的发展变化性。

---

① 榆林市镇川志编纂委员会：《镇川志》，内部资料 2000 年，第 254 页。

(三) 典型九曲黄河灯阵的造设步骤

九曲黄河灯阵的造设,不同地区的民间社火艺人有不同的方法,但遵循的原则基本相似。典型九曲黄河阵的造设大体可分为九个步骤:

(1) 选好阵址,按 19×19 的点阵均匀排布灯桩。

(2) 在一边的中点确定入口和出口,连接最外圈。

(3) 竖连入口和出口间的中柱。将点阵平均分为九宫。按转阵顺序依次为第一到第九宫。

(4) 确定第一宫与第五宫的边界,第一宫和第五宫间预留出口通道,连接从外向里数的第二圈。

(5) 画第一宫内的曲,VA_1 曲型。口诀:进入五三三、退出三三五。连接第一宫边界。

(6) 依上述方法依次画第二宫至第四宫。(每宫可根据实际选择横曲或竖曲)

(7) 同样方法画第五宫,预留第九宫与出口间通道。

(8) 依前述方法依次画第六宫至第八宫。(每宫可根据实际选择横曲或竖曲)

(9) 根据最后所留形状连接正中的第九宫,完成。

以上九个步骤,是抽象后较为符合书面作图规则的造设原则,在各地九曲阵的实际埋设过程中,与理想化的上述步骤会稍有差异。差异主要表现在民间艺人造设九曲阵时一般不是临场创作,而是都会根据已有的阵图用绳索勾连灯桩。用绳索连接灯桩时为了绳索的充分利用(不重复又不随意截断),往往不会按照九曲的顺序进行,而是依照阵图单根绳走到底。民俗生活中的实际布阵过程体现了布阵规则的灵活性。

结　语

九曲黄河灯阵民俗中常见的阵型有九曲型、简九曲型和繁九曲型三种，以九曲型最为常见，其他阵型均可以看作是九曲型的变形。九曲型黄河灯阵作为九曲黄河阵最具代表性的阵型，各地的转阵顺序（走法）各不相同。九曲阵的转阵顺序以上文所述甲种顺序最为普遍，从入口进入，沿外圈行进近一圈，到达靠近出口的第一曲，接着顺时针走完四角的四曲，进入出入口处的第五曲，沿逆时针方向走完正方向上的四曲，进入中曲，从中曲直接通往出口。通过对比，此种转阵顺序的九曲阵可以视为典型的九曲黄河灯阵。看似差别不大的九曲阵实际在转阵顺序上差别明显，反映出九曲阵造设上的细部差异。典型九曲黄河灯阵的基本构件有两类四种八式，每一曲的形态无出八式，所有典型九曲黄河灯阵都是由八种样式中的几种曲型构成。反过来，这八种形式也是造设九曲阵的最基础元件。数学计算和理论上有种类繁多的九曲阵阵法，但实际使用的不过十余种，并且存在整体相同、细节稍作改变的现象。归纳出九曲黄河灯阵的典型样例，按照其转阵顺序和基本构件，依循九个步骤就可以造设所有典型九曲黄河灯阵。在典型九曲黄河阵的基础上，可以通过变更构件、增减曲数、添加附饰等方式造设其他类型的九曲黄河灯阵。

附："九曲黄河灯阵"阵型文献样本

省市区	流传地	出　　处
山西	汾西	《汾西地灯秧歌调查与研究》，2014：20
	临县寺家塔村	《碛口志》，2005：219
	柳林	《柳林县志》，1995：489；《柳林三镇溯源》，2006：103
	娄烦常家坡村	太原人大网，http://www.tyrd.gov.cn/2011/dywh1.php?cid=204&id=1877
	娄烦上龙泉村	《晋西北上龙泉村古会调查研究》，2015：54

续表

省市区	流传地	出处
	偏关	《五台山瑰宝》,1989:286
	平鲁	《平鲁文化图志》,2007:131
	平遥	《平遥县志》,1999:731
	清徐(一)(二)	《清徐民间文艺》,2008:154
	兴县李家湾村	《晋西北"转九曲"仪式研究——以山西李家湾村为个案》,2012:14
	榆社	《榆社县志》,1999:501
	大同	《雁北文化史料》,1986:106
	河曲	黄河新闻网忻州频道,http://xinzhou.sxgov.cn/content/2016-02/21/content_6846959.htm
河北	峰峰丛中村	《邯郸市文化志》,1994:187
	峰峰西王看村	《峰峰志》,1996:836
	井陉南王庄村	《井陉非物质文化遗产》,2011:225
	井陉板桥村	《井陉非物质文化遗产》,2011:220
	沙河南汪村	《沙河民间技艺花会》,2009:64
	万全	《万全县志》,1993:792
	涿鹿	《燕南赵北的民俗旅游》,1995:193
	涉县南乱村	《南乱石岩村志》,2002:108
陕西	府谷	《陕西民俗采风·陕南、陕北》,2000:326
	米脂	《米脂县志》,1993:659
	延川	《延川县志》,1999:594
	靖边	《靖边县志》,1993:397
	子洲	《子洲县志》,1993:445
	榆阳镇川镇	《镇川志》,2000:254
	绥德(一)(二)	《榆林文史(第2辑)》,2003:218
	绥德雷家峁村	《雷家峁村志》,2008:203
内蒙古	敖汉旗	《敖汉旗志》,1991:1153
	包头(一)	《秧歌调》,2003:35
	包头(二)	《包头市志》,2001:352
	固阳(一)(二)	《中华舞蹈志·内蒙古卷》,2006:232、233
	固阳车铺渠	《"转九曲"仪式研究——以内蒙古包头市固阳县车铺渠村二月二"九曲黄河灯游会"为个案》,2016:40
	乌兰察布(一)(二)	《中华舞蹈志·内蒙古卷》,2006:231

续 表

省市区	流传地	出　处
北京	延庆	《延庆文史资料（第2辑）》,1989:61
	延庆白河堡	《白河堡的黄河九曲灯》,见《北京文史资料精选·延庆卷》,2006:257
	密云东田各庄	《密云夜话》,2006:60;《元宵节·九曲黄河阵灯俗》,2016:22
辽宁	朝阳建平	任光伟《从九曲黄河阵说开来——浅谈民间社火中的战阵文化》,见《祭祀·傩俗与民间戏剧》,1999:321
	朝阳	《中国民族民间舞蹈集成·辽宁卷》,1998:886
山东	海阳	《海阳县志》,1988:773
	临淄大马岱村	《临淄文史资料（第6辑）》,1991:133
	高密	《齐鲁特色文化丛书·杂艺》,2004:55
河南	渑池东仁村	《渑池文史资料（第4辑）》,2001:180
甘肃	高台	《多彩风情　甘肃民俗》,2015:181
青海	乐都七里店村	《乐都县志》,1992:515

第三节　九曲黄河灯阵的信仰内涵[①]

　　九曲黄河灯阵,常称九曲黄河灯、九曲黄河阵。九曲黄河灯阵很容易使人联想到道教,这种感性认知的缘由或有以下两个方面:一是对无论是否游历过九曲黄河灯阵的人而言,自然会联想到《封神演义》"三姑计摆黄河阵","黄河阵"的全称是"九曲黄河阵",是目前这个灯阵全国较为通行的名称,此名称的通行离不开《封神演义》在民间的影响力;二是对接触过九曲黄河灯阵民俗的人而言,神棚的供奉、祭祀的仪式、九曲的造设等各个环节都

---

① 本节部分内容以《游灯与破狱:九曲黄河灯阵的仪式象征》为题发表于《贵州大学学报（艺术版）》2019年第3期,收入本书时内容上有大幅改动。

与道教相近，尤其是常有道士、阴阳生参与其中，九曲阵又近似于九宫八卦，不可避免产生与道教的联想。

九曲黄河灯阵与道教的关系，有学者已经关注到了。很多论著在论及九曲黄河灯阵时，常常兼及阐释道教对灯阵的影响。论述较为深入的有罗雄岩先生的《九曲黄河灯初探》①一文，从信仰、仪式、文学的角度论述了道教对灯阵的影响。贺大卫先生的《灯的迷宫：中国西北的道教与民间信仰》②一文，结合自身的田野调查，主要从信仰层面阐述了道教与黄河灯阵的关系。《九曲黄河灯会仪式及其文化象征——以青海乐都七里店"九曲黄河灯会"为个案》③一文，则从信仰、口头传说和当代走向的角度审视了九曲黄河灯会与道教的关系。

一、道教神仙：九曲黄河灯阵的崇祀对象

作为民俗事象的九曲黄河灯阵，在很多地区更加倾向于元宵节期间的游艺娱乐，即便如此，各地的九曲黄河灯阵都与一定的信仰崇祀相结合。在与信仰崇祀的紧密性上而言，九曲黄河灯阵亦可以视为崇祀仪式。九曲黄河灯阵的信仰崇祀呈现为多种形式，一种常见的形式是在灯阵近边搭建神棚，供奉神灵；另一种形式是在灯阵中央的老杆下供奉神位，抑或在灯阵的曲折处供奉神位。这两种形式神位在灯阵内，视为灯阵的一部分，可以看作与灯阵最为密切的崇祀对象。在当地人看来，九曲黄河灯阵即为崇祀这些神灵所造设。另外，九曲黄河灯阵在设阵前、转阵时、收阵后会请神、安神、送神，这些神灵往往体现了民间多神信仰的情状。

灯阵的神棚是我们关注九曲黄河灯阵崇祀对象的重点，各地供奉的神灵并不完全相同。最为常见的崇祀对象是三官（三元）和三霄（云霄、琼霄、

---

① 罗雄岩：《九曲黄河灯初探——灯阵的古文化遗存》，《舞蹈艺术》1986 年第 2 期。
② David L. Holm. *The Labyrinth of Lanterns*: *Taoism and Popular Religion in Northwest China*. 载汉学研究中心编：《民间信仰与中国文化国际研讨会论文集》，汉学研究中心 1994 年，第 797—852 页。
③ 赵元红：《九曲黄河灯会仪式及其文化象征——以青海乐都七里店"九曲黄河灯会"为个案》，《青海社会科学》2014 年第 1 期。

碧霄),其次是地方性的民间俗神,如龙王、土地等。可以发现,道教神仙是九曲黄河灯阵主要的崇祀对象。在九曲黄河灯阵的传播过程中,不可避免也受到其他信仰的影响,存在崇祀道教以外神灵的现象,但在整个九曲黄河灯阵中占比较小,而且很多受到了道教的潜在影响。因此,九曲黄河灯阵的崇祀对象主要来自道教。

(一) 三官(三元)

在九曲黄河灯阵中,三官信仰最为普遍,几乎遍布各地,如阜蒙县官营子、怀安县左卫、固阳车辅渠、包头官将、河曲木瓜、柳林沙曲、井陉板桥等村镇的九曲黄河灯阵崇祀三官神,各地摆设九曲黄河灯阵者常常兼祀三官神。

一个很重要的原因是九曲黄河灯阵以元宵节时最常见,元宵节多祭三官神中的上官天神。(光绪)《怀来县志》记载:"上元,张灯三夜,演戏祭三官神。有灯场,插秫秸小把置于上,作九街十八巷形,宛转贯串,入者往往迷焉。"①(同治)《河曲县志》记载:"(上元)祀天官、地官、水官,谓之三元胜会。锣鼓喧闹,歌舞于市者,唱凤阳歌也。插灯数百枝,排列宛如阵图,观灯人曲折行其中者,转灯游会也。庶民观乐,其亦祝丰年、庆太平之遗意乎。"②元宵节的社火以崇祀三官神为主,九曲黄河灯阵亦然,山西、北京、河北、内蒙古等地均把九曲黄河灯会叫作"三官灯会""三元盛会""三官圣会"。

有些地方的九曲黄河灯阵就造设在三官庙近旁,以三官庙为中心;没有三官庙的地方,则在九曲黄河灯阵旁临时搭建三官神棚。在山西临县索达干村,九曲黄河灯阵就摆设在天官庙前③。在山西府谷县木瓜村,九曲黄河灯阵(当地叫转灯游会)是三官庙会一年一度的祭典仪式和庆贺活动的一部分,在正月十五和十六的晚上展开隆重的转灯游会仪式④。在内蒙古土默特

---

① 丁世良、赵放主编:《中国地方志民俗资料汇编》(华北卷),书目文献出版社1989年版,第140页。
② 同上书,第566页。
③ 王洪廷编:《碛口志》,山西经济出版社2005年版,第218页。
④ 杨红:《当代社会变迁中的二人台研究:河曲民间戏班与地域文化之互动关系》,中央音乐学院出版社2006年版,第187—188页。

右旗,造设九曲阵之前要先搭设三官神棚:"正月十二,搭彩棚,也叫搭灯棚,搭三官棚。天、地、水三官没有庙宇,只有在正月十二现搭彩棚,称作'三官庙',并将其塑像'请入',摆设香炉、供品等,百姓无远驾近,前来上供,祈愿一年风调雨顺好收成。正月十三,挂花灯,所以这日又称试灯节。三官庙开始唱戏。开始栽'九曲'、秋千架、旋床架等。"①灯阵与神棚宛若一体的结构。

祭祀三官神是九曲黄河灯阵民俗中重要的部分,尤其显得庄重严肃。在内蒙古固阳,"每逢办秧歌,必先谒庙迎喜神,也叫接'三官'(天官、地官、水官)。搭好'三官棚',再请人看黄历,确定喜神所在位置,然后自愿参加的村民们跟随秧歌队,到所在方位迎回喜神,立供'三官棚'。棚内供桌上放香、裱、供献、牌位。人们叩头、唱歌,然后走街串巷去表演。秧歌结束,再将喜神送回。"②在整个九曲黄河灯阵的民俗仪式中,谒庙和祭三官神主要由"三官社"主持:"旧时,'祭三官神'有非常严格的迎送程序。为防止村人冒犯或亵渎神灵,许多村、镇还设有专门管理祭祀活动的组织机构——'三官社',以保证整个活动在虔诚的气氛中完成。……九曲灯会逐渐成为用以自娱、表达某些理想与愿望的活动形式,'三官社'之类的村设机构,也自然地成为娱人活动的统筹者。"③围绕三官信仰形成的神缘组织有承担社火组织职能的天然便利。

围绕三官神的"三官社"在九曲黄河灯阵的组织协调中发挥了重要角色,从中也可以看到三官信仰在九曲黄河灯阵民俗中的维系作用。在内蒙古固阳,"这类活动,过去主要由'三官社'社首组织筹办。正日前几天,在村子里选定一块宽敞平坦地搭个棚子,称'三官棚',里边供一个神的牌位。从搭起三官棚始,便有鼓声断续、村人聚集,进行短期排练筹备。正日,三官社平坦地上燃起通天旺火,有些村子还燃放烟火,这时鼓声震耳,十里可闻,村

---

① 张海明主编:《土默特右旗志1991—2008》,远方出版社2009年版,第930页。
② 刘春明:《固阳秧歌及其它文艺活动》,载《固阳文史资料》(第6辑),政协固阳县文史资料研究委员会1991年,第67页。
③ 《中华舞蹈志》编辑委员会编:《中华舞蹈志·内蒙古卷》,学林出版社2014年版,第230—231页。

民倾村出动,聚集于三官社。……疯公子身穿道袍手拿拂尘,用唱调有趣地安排下一个活动项目。如唱:'三官爷爷你坐正,一班子秧歌来敬神,下段秧歌我不唱,黑牛踢股子有精神。'唱罢,锣鼓骤起,进行下一曲。在三官社约莫活动一个时辰,就挨户去村民院里红火。"①

道教与九曲黄河灯阵的关系是多方面的,旧时三官庙的庙产收入为灯会的举办提供了财物支持,充当组织者和资助者角色。罗雄岩先生指出:"过去各地的三官庙(三官殿)所供奉的天、地、水三官(亦称上、中、下三元),就是从原始崇拜演化而来的。而且,三官庙多成为农村灯节活动的中心。例如:北京京郊沙峪称各种灯会(包括灯阵)为三元盛会。出会时,首先随着三官老爷的神驾,在全村巡游一周后,才开始表演。白河堡的灯阵,一直设置在三官庙附近属于庙产的田地上,租种此田的农民,不用交租,每年只需出相当于五斗米的租金设置灯场即可。而且,租种此田者,多为灯阵的设置者。"②

灯阵的形状也被认为与三官信仰有关,"在农村一般把一年说成360天,所以灯阵用灯360盏来象征一年,转灯阵一圈,顺利走出来,表示一年吉利。由于灯阵的图案很像篆字体的方形印章,所以在京郊沙峪又有'灯阵是三官老爷的一方宝印,具有神威法力,可以消灾除难'的说法。这也是道教思想的影响。"③

综上,从元宵节的时间节点,三官庙的空间场所,到三官社的组织协调、三官圣会的得名等各个方面综合来看,道教的三官(三元)信仰为九曲黄河灯阵提供了时间空间和信仰对象。

(二) 三霄

三霄(云霄、琼霄、碧霄)是道教中的三位仙女,民间俗称三霄娘娘,掌管婚姻和生殖,因《封神演义》中的"三姑计摆黄河阵"而被人们所熟知。现在

---

① 任永利主编:《固阳县志》,内蒙古人民出版社1991年版,第479页。
② 罗雄岩:《九曲黄河灯初探——灯阵的古文化遗存》,《舞蹈艺术》1986年第2期。
③ 刘建、孙龙奎:《宗教与舞蹈》,民族出版社1998年版,第321页。

各地九曲黄河灯阵中都有偷灯生子的习俗，这和"三霄娘娘"最为相关。九曲黄河灯阵的三霄信仰在山西、陕西、内蒙古、河北、青海、甘肃等地均可见，九曲阵中常有三霄牌位，阵门牌坊常挂三霄画像。

在辽宁西北，九曲黄河灯阵祭祀三官和三霄："正月十四，跑黄河正式开始前，还要由秧歌队进行请神、安座、飨神、踩阵等几项仪节。这些仪节均在午时前完成。正月十四日清晨辰时前，由会首率秧歌队至附近寺庙请出事先放好的天、地、水三官及三霄娘娘牌位，然后扭着秧歌敲锣打鼓把神位捧至跑黄河场地，称'请神'。接着由会首把三官牌位安放在正对阵门的神棚中，设供，再把三霄娘娘牌位安放在阵中旗杆下的八仙桌上，设供，统称'安座'。"①

青海乐都七里店与辽宁西北的情况相似："乐都七里店的九曲黄河灯会来源与当地明朝万历三十六年（1608）修建的名为'赐福观'的三官庙庙会活动有着紧密联系。三官庙内有'三霄娘娘殿'一座，供奉云霄、琼霄、碧霄三位娘娘。"②谈到九曲黄河灯阵的起源，这里的传说是《封神演义》中三霄为报兄之仇，摆下黄河阵对战姜子牙。几乎所有流行九曲黄河灯阵的地方，谈起其起源，都会提到三霄摆阵的故事，可见三霄在民间的影响力。

京郊延庆白河堡的九曲灯阵围绕"三仙庙"展开，实则是"三霄庙"，灯阵的起源对《封神演义》稍加改动。关于黄河九曲灯阵的起源，白河堡村有这样一个传说：村北有个名叫"九连沟"的山谷，里面住着五个修行的道人。北坡是赵公明的三个妹妹：眼光娘娘、子孙娘娘和泰山娘娘；南坡是阎登和他哥哥。……阎登和哥哥在山前摆了一座"黄河九曲阵"的恶阵。三位娘娘请了白河堡乡亲们帮助破阵，逮住了阎登兄弟。打那以后，他俩就给三位娘娘看山门了。后来，三位娘娘成了神仙，人们称她们"三仙"。为了求得保佑，大伙儿在村中修起了三仙庙，早晚供奉。为了颂扬她们大破"黄河九曲

---

① 任光伟：《从九曲黄河阵说开来——浅谈民间社火中的战阵文化》，载麻国钧主编：《祭礼·傩俗与民间戏剧》，中国戏剧出版社1999年版，第316—317页。
② 赵宗福主编：《中国节日志·春节·青海卷》，光明日报出版社2014年版，第365页。

阵"的功德,便仿照阵图造出了"黄河九曲灯"。① 从传说中的人物名字和故事梗概来看,应该是封神故事的民间口传异文。

九曲黄河灯阵与"偷灯乞子"习俗连在一起,有灯阵处皆有偷灯的做法。如在乐都七里店:"求子女者,转灯时看好人丁数众多的人家栽下的灯,迅速摘灯。还观其色,占验男女,说是红灯生男,绿灯生女。摘灯后忌言语,忌回头,忌灯灭。住家远的人还要从庙里买灯烛,保持灯火持续,意为香火不断。如能持续不灭带到家中,便激动不已。婚后不育夫妇求子,不能自己捧灯,说是不灵,多由夫妹或婆婆辈分的人摘下面灯,快步来到不育者家中,入门高喊夫妇名字:'某某快来领子!'夫妇跑步大声应答接灯,供放灶神之位,焚香燃烛,跪拜祈求灶王护佑三霄娘娘所送之子。当年如喜得子女,来年灯会时另配一灯,蒸制白面寿桃 12 个,连同清油、香烛等物送到赐福观,谓之'还愿'。"②

《封神演义》中说:"以上三姑,正是坑三姑娘之神。混元金斗即人间之净桶,凡人之生育,俱从此化生也。"三霄掌管生育渊源有自,应该是源远流长的紫姑信仰在明清以来的分化③。雍正《咏黄河灯》:"华灯夜满原,布置列星繁。缥缈探三岛,离奇演八门。旌旗随火转,语笑逐风喧。寓意藏韬略,游观荷圣恩。"表明清代的人早已经认为黄河灯和修炼自三岛的三霄娘娘是联系在一起的。九曲灯阵里的偷灯,名为偷灯,实为许愿,借三霄娘娘的神力,来年得子,视为三霄娘娘的恩赐。各地九曲黄河灯阵中盛行的"偷灯"习俗很大程度上依赖于三霄的信仰。

(三) 其他道教神仙

九曲黄河灯阵以三官和三霄信仰最为普遍,但也有一些地方,除了这两种占主要地位的信仰之外,还有具有地方性的信仰。虽然比起三官和三霄

---

① 章淇:《白河堡的黄河九曲灯》,载《北京文史资料精选·延庆卷》,北京出版社 2006 年版,第256 页。
② 赵宗福主编:《中国节日志·春节·青海卷》,光明日报出版社 2014 年版,第 373 页。
③ 黄景春:《紫姑信仰的起源、衍生及特征》,《民间文学论坛》1996 年第 2 期。

来，并不占多数，但也显示了九曲黄河灯阵崇祀对象的多样性。

例如，在各地的九曲黄河灯阵中，延庆兴安堡崇祀太上奶奶，横山马坊崇祀牛王菩萨，延安地区崇祀太上玄元祖师，汾西圪台头崇祀泰山老君，佳县白云观崇祀二十八星宿，中阳庞家会崇祀姜子牙，包头地区崇祀真武大帝，门头沟下清水崇祀灯光娘娘，五原水桐树崇祀树仙，怀安柴沟堡崇祀土地河神，沙河南汪崇祀金龙大王，临泽板桥崇祀仙姑，涿鹿黄帝城崇祀黄帝等等，各地九曲黄河灯阵围绕的神庙或神棚供奉的神灵不尽相同。而在这些地区，九曲黄河灯阵的造设常在庙会时出现，因此不固定在元宵节。

陕北的"转九曲"在信仰上带有浓厚的道教色彩，"'曲'处也搭着彩门，……每座门祭祀一位神祇，即东方星君、南方星君、西方星君、北方星君、中方星君、太阳星君、太阴星君、罗睺星君、计都星君。……还有的地区九位神祇大不相同，为风神、山神、牛王、地皇、太上玄元祖师（中方）、人皇、黑龙、玉皇大帝、故魂。不过中方祭祀的主神太上玄元祖师各地都是一致的，俗话说'十里乡俗不一般'此之谓也。"①这些神灵都有浓厚的道教背景。

在陕西延川桑洼村，虽然有所简化，也保留了多神信仰的样貌："在九曲城外东北，搭成人字形的'神堂'，里面放上桌子，从左到右摆的是'祖佛之神位''一切孤魂之灵位''合村祖先之灵位'，均书写在纸牌上。"②九曲黄河灯阵常常附属于庙宇，依托庙产提供经济和场地支持。在山西阳曲北社村，九曲阵布在大王庙里，供奉道教神仙："大王庙，位于北社村东，占地十几亩，现存正殿一座，供奉三清道人和八仙。大王庙内有一处独一无二的文化遗产：九曲黄河阵，此阵按照八卦方位用竹竿围成方阵，每根竹竿代表一天，共用365根竹竿。该方阵虽然看起来同迷宫一般，但迂回曲折只有一条道可走，没有任何岔路。人们从入口进去，沿曲折道路出来，寓意着把一年的曲折走通了，取个心想事成、诸事顺利的吉利意思。每年正月廿的夜晚，

---

① 梁呈祥：《陕北社火转九曲》，载《榆林文史》（第2辑），榆林市政协文史资料委员会2003年，第215页。
② 常凤霞：《"转九曲"：从祛病消灾到全民联欢》，《装饰》2016年第6期。

村中大人小孩都来走九曲黄河阵,并在每根竹竿上点起一盏五色纸糊成的油灯。"①

可以看出,各地九曲黄河灯阵在三官和三霄之外,崇祀的神灵具有多样性,其中以道教神仙和民间俗神居多,可以划入道教的神仙谱系中。当然也有例外,如兴县李家湾、娄烦常家坡、娄烦上龙泉、隆化章吉营等村落的九曲黄河灯阵围绕十王信仰展开,具有鲜明的佛教色彩,但也受到道教的改造,呈现多种宗教信仰融合的样态。比如兴县李家湾村九曲阵对"十王"的介绍中,时而是菩萨样貌,时而是道尊样貌。应当看到,在多神信仰的背景下,九曲黄河灯阵和道教之外的信仰相结合并不奇怪,但该地九曲阵中道教的影响力依然不容忽视。

综上所述,在各地的九曲黄河灯阵中,来自道教的三官和三霄信仰最为普遍,是九曲黄河灯阵最为盛行的崇祀对象,在这两者之外还存在大量神灵崇拜,主要以道教神仙为主。因此可以说,道教神仙是九曲黄河灯阵的主要崇祀对象。

二、九宫八卦:九曲黄河灯阵的形式要素

九曲黄河灯阵在民间多被称为"九宫八卦阵",《封神演义》里三霄言说九曲黄河阵"外按九宫八卦,出入门户,连环进退,井井有条","九宫八卦"一词似乎包含了九曲黄河阵的构阵原则和先天秘密。现代研究者也希望从九宫八卦的角度一探九曲黄河灯阵的奥秘,提供多种意见。但无论阐释路径如何,对九曲黄河灯阵的理解直接受囿于对"九宫八卦"的解读。九宫八卦既指向严谨的哲学范畴,也指向通俗的民间观念,两者都和道教关系密切。一方面,九宫八卦包含了道教的数理观念,给予不同数字和数字组合以特殊的含义,九曲黄河灯阵的营构符合道教的数理观念;另一方面,九宫八卦体现了道教的空间时间观念,把空间时间具象化和符号化,九曲黄河灯阵以布阵的具体形式体现了这种观念。

---

① 范世康主编:《太原文化资源概览》,山西人民出版社2009年版,第231页。

(一) 九曲黄河灯阵配九宫八卦

按照"曲"(阵中一个单元的螺旋曲折)的多少,黄河灯阵的阵型有四曲型、六曲型、八曲型、十二曲型、二十四曲型等等,民间灯会中最常用的是九曲型,如下图。笼统说来,无论曲型多少,一般黄河灯阵都称为"九曲黄河灯阵","九曲"既有实指九曲型灯阵的意义,也有涵盖其他曲型灯阵的意义。因此,除非特指,九曲黄河灯阵即指人们熟见的九曲型黄河灯阵。

九曲黄河灯阵从形式上呈正方形,与"河图""洛书"的通行形制相似。九曲黄河灯阵一般以 19×19 的灯桩最为常见,此阵可以平均分为 7×7 的九个小正方形,民间一般把这个 7×7 的小方形称为一宫,全阵由九宫构成,与源自"河图""洛书"的九宫颇为近似。九曲黄河灯阵之所以能够很自然联系到"九宫",很重要的原因在于"九"数的关联,而且九曲的每一曲完全置于九宫的每一宫内,一曲就相等于一宫,九曲也就等于九宫。换句话说,九曲黄河灯阵就是一个九宫格,在每一宫内设置了一个曲。言及九宫,往往与八卦相参合,九曲黄河灯阵与"九宫八卦"在形式上联系起来。

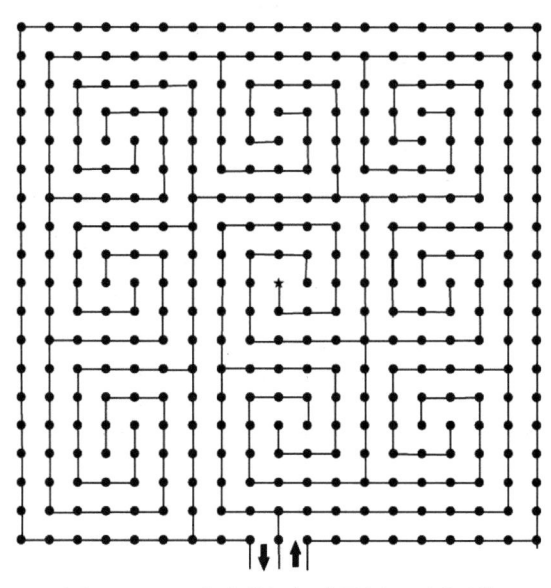

图 7-3-1　九曲黄河灯阵图(山西襄垣)①

---

① 笔者自绘,该阵见于山西襄垣常家沟村。

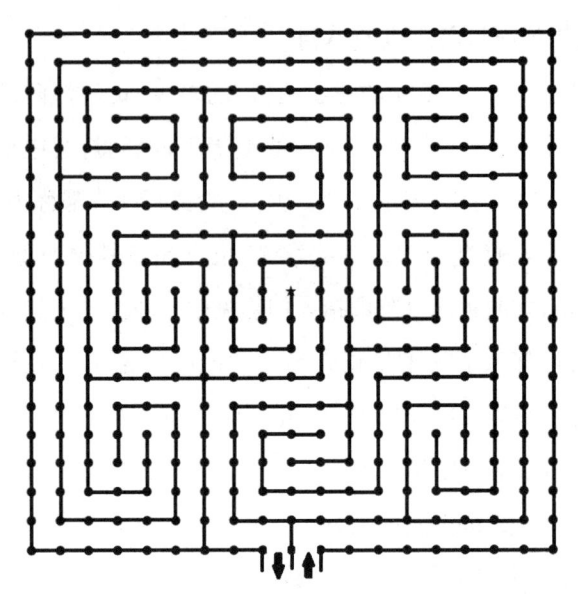

图 7-3-2　九曲黄河灯阵图（山西河曲、兴县）①

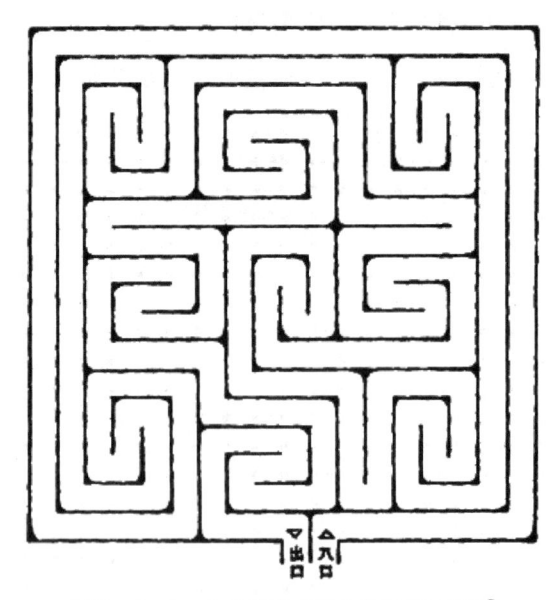

图 7-3-3　九曲黄河灯阵图（山西平遥）②

---

① 笔者自绘，该阵见于山西河曲黄河阵广场；该阵亦见于兴县李家湾村。
② 平遥县地方志编纂委员会编：《平遥县志》，中华书局1999年版，第731页。

第七章 九曲黄河灯阵的形式内涵 / 217

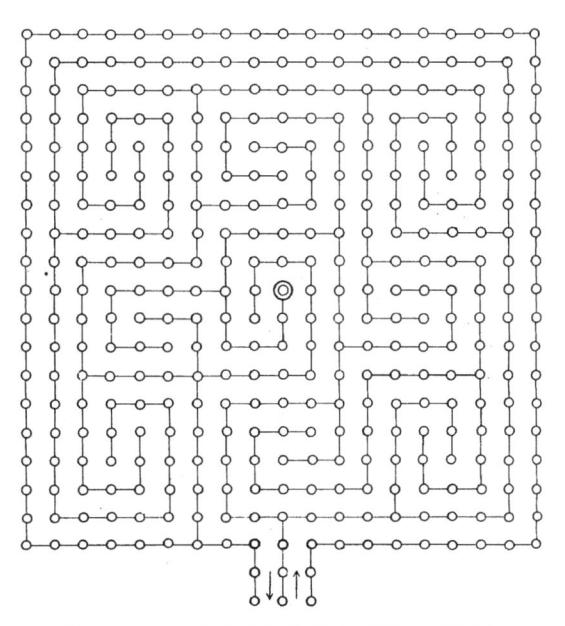

图 7-3-4 九曲黄河灯阵图(陕西子洲)①

何俊寿先生在《中国古代营建数理》一书中以九宫八卦的视角比对陕西九曲黄河阵,认为:"按'洛书',自北坎一宫起,经西南坤二宫,正东震三宫,东南巽四宫,中五宫,西北乾六宫,正西兑七宫,东北艮八宫,至正南离九宫止。其数理顺序相符,按'五行'水进火出,为九曲正阵。《汉声》杂志,第二十四期载:1990年春节采访陕西年俗活动中,参观了'九曲灯阵'。走完了九曲后,才在风水先生的指导下描画了'九曲阵'的简图。其数理顺序不符,按'五行'为水进水出。"②以此书看来,现实中的九曲灯阵并不符合九宫八卦的五行规则,而书中绘制的"九曲正阵"看似符合五行数理,其实在现实民俗中根本见不到。因此,九宫格中的数字似乎并不能直接等同于九曲阵中的转阵顺序,两者是不同意义上的。不过书中的数理探讨颇有启发意义。

梁福誓先生在《九曲黄河阵图谱解说》一文中绘制了"九曲黄河阵图配八卦九宫",见下图。

---

① 子洲县志编纂委员会编:《子洲县志》,陕西人民教育出版社1993年版,第445页。
② 何俊寿:《中国古代营建数理》,黑龙江美术出版社2013年版,第49—50页。

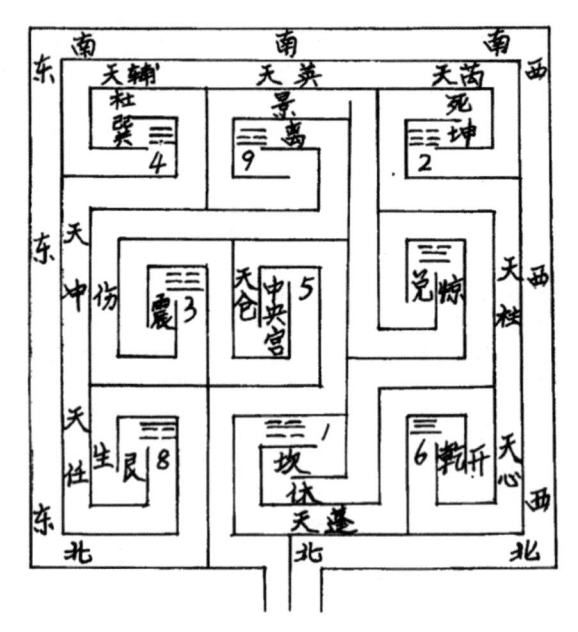

图 7-3-5　九曲黄河阵图配八卦九宫①

梁文认为:"九曲黄河阵共有三百六十五个桩灯,象征一年四季三百六十五天。其中进出口各两个桩灯象征易经八卦中的兑为口为喜悦。……进出口两旁各有三个桩灯,象征易经八卦中的离卦、表意大光明,同时还象征坤道老阴要'用六'。……门桩两旁各横连九个桩灯,象征乾道老阳要'用九',这一圈的连接方法从进口桩灯开始一直绕方阵两两相连,直至出口。……从这一桩两旁纵横连接,共计六十四个桩灯,象征八八六十四卦。……连接九曲桩灯就是把剩余部分按五正四维平均分配成九宫,号称九曲,象征洛书九宫,天象九星,其中外八曲象征八卦,八门或八节。连接方法是由内及外,依次按三三五五七桩灯,分别顺逆时针,连接成九曲连环桩灯。这样就可形成每曲纵横各七个桩灯,共计四十九个桩灯,象征《易传》:'大衍之数五十,扐一,其用四十有九'。大方阵十九个桩灯,九分为小方阵七个桩灯,象征着十九年置七闰。九曲中有六个逆时针方向进,顺时针方向

---

① 梁福誓:《九曲黄河阵图谱解说》,载《延川县文史资料》(第六辑),延川县政协科教文史委员会 2001 年,第 192 页。

出,三个逆时针方向出,顺时针方向进,九进九出象征奇门遁甲中的阴阳九局,顺逆六三之比象征奇门遁甲中的三奇六仪。"①此文从结构布局的角度阐释九曲灯阵的象征意义,"用六""用九""大衍之数"等概念与《周易》本义多有不符,不过从数字意义象征的角度来说,可为一说。

尽管以九宫八卦来阐释九曲黄河灯阵有一定的难度,但丝毫不妨碍人们从形式和内涵上把九曲黄河阵与九宫八卦联系起来,尤其是形式上的相似之处。九曲黄河灯阵与九宫八卦内涵上的不易把握,部分原因在于民俗信息的缺失和九宫八卦意涵上的繁复神秘性。不过,九曲黄河灯阵与九宫八卦的关联显明的指向是九曲黄河灯阵在形式要素上与道教的密切联系,九宫八卦的视角有助于两者关系的探讨。

(二)"九"与"八"的数理

九曲黄河灯阵在形式上对应九宫八卦,可以确定的是"九宫九曲"的确定形态,以及除中宫外八卦的附着关联。九宫八卦的"九"与"八"不仅有自身的特殊含义,实则包含了其他数字。九和八两个数字颇有代表性,九又内含了三、五、七等一众奇数。九曲黄河灯阵在数字的呈现上颇中道教数字观念。

首先,数字"九"在中华文化中地位尊崇,象征高贵、久远、无穷。《说文解字》说:"九,阳之变也,象其屈曲究尽之形。"②《周易》把"九"看作至阳至贵之数,乾卦文言曰"乾元用九,乃见天则"。"九"不再是单纯的数字,被视为天道运行规则的所在。《管子》言"天道以九制",《吕氏春秋》言"天有九野,地有九州,土有九山,山有九塞,泽有九薮"。王逸说"九者,阳之数,道之纲纪也。故天有九星,以正机衡;地有九州,以成万邦;人有九窍,以通精明。"③因此,所谓"九曲"者,极言曲折之多,"九宫"者,包藏天地奥义之深。

---

① 梁福誓:《九曲黄河阵图谱解说》,载《延川县文史资料》(第六辑),延川县政协科教文史委员会 2001 年,第 191 页。
② (汉)许慎:《说文解字》,中华书局 1963 年版,第 308 页。
③ (汉)王逸:《九辨序》,见(宋)洪兴祖:《楚辞补注》,中华书局 1983 年版,第 182 页。

道教有许多用"九"字领头的概念,例如炼丹术有"九转金丹",存思术讲人头部有"九宫",内丹术讲人身有"九鼎",有的道经讲天界有"九天",地狱有"九幽",道冠有"九梁巾",仪式中有"九坛""九灯",戒律中有"九真戒""九真女戒""升玄九戒",神灵谱系中有"九仙""九真""九圣""九皇君""九宸上帝""九垒土皇君""九江水帝""九天尊""九灵""九宫真人"等名目。① 道教在中华文化崇"九"的整体背景下有宗教化的含义。

全国九曲黄河灯阵曲型多种,尤以九曲型最为盛行,其他曲型较为少见,而且均是在九曲型基础上变化而来,九曲型黄河灯阵是最为典型和基础的黄河阵型。十余省区流行同样的九曲型灯阵,绝非偶然。与其他曲型相比,九曲型灯阵四四方方,更符合人们崇尚方正的心理,少于九曲的灯阵内部变化较少,不及九曲型更多样;而多于九曲的灯阵仅是在九曲的基础上渐次添加,除了规模大却少灵动,况且各地举行灯阵的村落常常不具备扩大灯阵的经济能力。更为重要的因素是民俗传承的稳定性,祖辈相传的即是"九曲灯阵",一般情况下传承者不会肆意做出改变。在实际民俗生活中,灯阵供奉道教神灵,九曲的形式最贴合道教崇九观念。

其次,数字"三""五""七"与崇阳观念。道教把一、三、五、七、九等奇数称为"阳数",二、四、六、八等偶数称为"阴数",阳数亦称"天数",阴数为"地数"。道教对"九"的尊崇能够看出崇阳的观念。阳数、阴数、天数、地数相辅相成,各有侧重,道教在阴阳和合的基础上常重视阳数。"道生一,一生二,二生三,三生万物"。万物无不起于一,肇始之极,剖为两仪,阴阳相生,两者交错,三化育无穷世界。"三"既可说是大道至简,化育万物的根基,又可说是变化之繁,无尽事象的来由。"五"为九宫之中宫,诸宫可变,中宫稳固,可见"五"数恒定,有阴阳和谐的样态。七为"回复"之数,《易》曰"反复其道,七日来复,天行也"。万物返转回复有一定规律,往往以七为限。

九曲黄河灯阵在营构上用奇不用偶,民间艺人认为埋设黄河阵用偶数

---

① 白庚胜、居阅时、瞿明安主编:《恍兮惚兮:中国道教文化象征》,四川人民出版社2007年版,第265页。

会造成不通顺,用奇数才能形成回环。九曲黄河灯阵共有"九曲",每一曲都在相对独立的区域内完成回环。灯阵的通道是由灯桩隔成的,连接灯桩时的口诀是"曲角五三三,退回三三五",意思是说每一曲最核心的部分是三根灯桩配合三根灯桩来完成回环的,每一曲的构成最小单位是三根灯桩,是为"三生万物"。每一曲像卷心菜一样,内中是三根灯桩的回环,外加五根灯桩的第二圈,五三三和三三五的配合就构成一个完整的"曲",九个曲均是这样的构造原则。每一曲的最外层是七根灯桩,一般到七根灯桩时必要转弯,以通往曲内或下一曲,"七"作为一个单元的结束和下一单元的开始。因此,九曲阵中的每一曲大体有三层构成,最内层的"三",中层的"五",外层的"七",三为变化之端,五为稳固之形,七为回复之限;以此原则相连,构成完整的九曲灯阵。更为有趣的是,九曲灯阵由横竖各19根灯桩构成,与围棋盘相同,灯阵的老杆处于棋盘的天元,剩余的八曲核心位于棋盘的星位附近。九曲黄河灯阵像一个放大的围棋盘,围棋盘又像微缩的九曲阵,两者的相似不由得引发人们在数学上的猜测。

再次,数字"八"与八卦。数字"八"在道教中享有独特的地位,体现在道教文化的方方面面。《周易》以阴阳二爻交错构成的八卦符号来阐释宇宙模式、天地秩序,"八"在中华文化的深层心理积淀根深蒂固。九宫八卦并称之后,八卦与九宫相配出现。九曲黄河灯阵在很多地方均配以八卦,如前文所述的陕西延川县九曲阵配八卦。

又如在河北井陉的九曲黄河阵,"因黄河九,环抱九州,故设九城;每城九曲,合九九八十一曲。以禁城居中,悬青、黄、赤、白、黑'五行旗',呈大一统之象;按数推之使阵门居正中,与中城相对,八城俱顺。唯后城独横,亦取后劲之意,八城环外,挂乾、坎、艮、震、巽、离、坤、兑'八卦旗'。由此构成环绕归向,路曲旋通,捭阖纵横,玄奥莫测的迷宫战阵。真谓是'九城星罗棋布,一世海晏河清'。"[①]

又如在陕西府谷县,"阵内设三百六十杆旗按金、木、水、火、土五行的

[①] 马佶、柳敏和、张树林主编:《井陉非物质文化遗产》,线装书局2011年版,第219页。

白、青、黑、赤、黄立幡,并以三百六十盏明灯设于旗下,中曲设庙楼一座,……东西仪门,一为进门,一为出门,象征两仪,四方四正的四处城壕,象征四象。共七个卍字,四角四个,东、西、北各一个,形为八卦成九宫,即乾、坤、震、艮、离、坎、兑、巽来构成的。"①

一般而言,各地九曲阵天然分为九个曲,配"九宫"颇为便利,在此基础上又按照通行的"九宫八卦图"为九曲灯阵配以八卦。基本是按照后天八卦乾西北、坎北、艮东北、震东、巽东南、离南方、坤西南、兑西置于九曲黄河阵内,并有相应的旗帜、城门等作为标志。八卦应该是随着九宫配以九曲阵的,具体与九曲黄河灯阵有什么内在关联尚未讨论。不过各地九曲黄河灯阵与九宫八卦的搭配,以及从数字象征的角度来阐述九曲黄河阵,都表现出浓厚的道教色彩。

(三) 曲成万物而不遗

各地九曲黄河灯阵均将灯阵中的一个螺旋回环叫作"曲",九曲就是指九个螺旋回环。这九曲,可以上应九曜、九天、九霄,中应九州、九丘,下应九幽、九狱,曲内有一三五七曲折之数,曲外又有阴阳五行八卦相成。显然,九曲在"九个曲折"的字面意思之外还有丰富的意涵。"曲"包含屈曲委细成就事物之意,"九曲"有曲成万物的道理。九宫八卦的思想已经渗透在天文地理的诸多方面,九曲黄河灯阵与九宫八卦的比附,更加明确了九曲黄河灯阵在营构形式上"法天象地""曲成万物"的指向。

各地九曲黄河灯阵的形式几乎高度一致:地面上是三百六十余根灯桩连系而成的方形灯阵,阵中心是十余米的高杆(老杆),从高杆到阵的四角八方都有旌旗灯盏相连。此形态颇类天圆地方之说。夜晚灯阵光亮四照,上有转灯摇曳,如同天空星斗;地上四方灯阵,如同万家灯火;灯火之外一片幽暗,如同暗黑冥界。不得不说,九曲黄河灯阵有比拟天地秩序的意涵。

对九曲黄河灯阵的解释,往往将其形式特点与道教的时间空间观念结

---

① 张建忠主编:《陕西民俗采风(陕南、陕北)》,西安地图出版社2000年版,第325页。

合起来。例如在陕北,把九曲称为"九门",每一门划分为星宿神的领地:"(九门)分别叫东方门、南方门、西方门、北方门、中方门、太阳门、太阴门、罗睺门、计都门。每座门祭祀一位神祇,即东方星君、南方星君、西方星君、北方星君、中方星君、太阳星君、太阴星君、罗睺星君、计都星君。看来似乎是九曜星,九曜星即是日、月、火、水、木、金、土、罗睺、计都,日为太阳,月为太阴,南方为火,北方为水,东方为木,西方为金,中方为土,再加罗睺与计都。"①此基于星野地理的分布,又转化为信仰对象表现在九曲阵中。

又如典型的九曲阵共有 19×19 共 361 根灯桩,民间解释除去老杆之外,共 360 根灯桩,每一根灯桩象征一天,九曲阵所有灯桩象征一年。如逢闰年,会在阵外多设 30 根灯桩,以作表示。公历流行以来,民间解释大多不再采用农历年的日子数,而把灯阵出入口的 4 根灯桩计算在内,凑成 365 之数,以象征一年 365 天。无论是 360 天也好,365 天也罢,可见在人们的观念中,九曲阵的灯桩数代表一年的天数,乃至会把闰年考虑进去,实际上是人们把九曲黄河灯阵看作天文历法的符号表达。

九曲黄河灯阵暗含着天地秩序、宇宙秩序,不算是拔高的比附,确是各地民俗参与者解释这一阵法的共同选择。"九曲应是道家阴阳太极图的变体形式。一个大的太极图,当中包括九个小太极图。九个太极图分别代表九种神祇的势力范围。从进彩门依次开始:第一排,进门祭风,左边:牛王域,右边:山神域;第二排,中间:太上玄元祖师,左边:风师域,右边:人皇域;后排,中间:玉皇大帝,左边:黑龙域,右边:故魂域。每个地域内都有神祇的牌位,其中中央太上玄元祖师牌位高桌上,桌上又立一根木杆,木杆上装饰青松翠柏枝叶。"②九曲阵与阴阳的联想是自然的,一方面在转阵过程中,每一曲都是二次旋转完成,十分类似于阴阳鱼的相互转化,转过每一曲都会给人留下转过一个小太极的强烈印象;另一方面,就大的转阵顺序而言,先逆时针一圈,又顺时针一圈,再逆时针一圈,圈圈相套,如同太极之周

---

① 梁呈祥:《陕北社火转九曲》,载《榆林文史》(第 2 辑),榆林市政协文史资料委员会 2003 年,第 215 页。
② 劲挺:《延安风土记》,西北大学出版社 1986 年版,第 38—39 页。

转,因此整个转阵过程不停的曲折回环也给人大太极的印象。在主观印象之外,九曲阵类似太极的地方还在于,太极以神秘的形式指向天地秩序、宇宙秩序,静态的地域分野、天宫分宿,动态的季节变换、物候变迁。这些体现天地秩序的历法、方位、星象、地理等都转化为信仰对象布置在九曲之中。

总之,基于形式上的相似,九曲黄河灯阵与九宫八卦联系在一起,对于九曲灯阵的解释很多人选择了九宫八卦的阐释路径,这不是偶然的,内在原因是两者相同的文化背景和相似的意涵指向,其中道教的影响是两者结合起来的主要因素。在九曲黄河阵的营构中,道教的数字观念处处可见,重视阳数、九八并重的理念十分显著。九曲灯阵内含了道教"曲成万物"的观点,并通过九宫八卦的解释模式展现出来。因此,单单分析九曲黄河灯阵或者把灯阵与九宫八卦综合来看待,九曲灯阵在形式营构上与道教关系密切,九宫八卦的解释路径让九曲黄河灯阵道教的色彩更加浓厚,也较为切合实际民俗情境中的灯阵象征解读。

三、破暗烛幽:九曲黄河灯阵的象征意义

《太上黄箓斋仪》曰:"灯者,破暗烛幽,下开泉夜。"[1]灯仪历来被道教斋醮所看重,认为其可以上达天庭,下开地狱,罪灭福生。九曲黄河灯阵以灯为阵,夜晚掌灯,游人穿行其中,与道教燃灯威仪的破狱思想相合。破狱是指冲破幽狱获得重生,一些地区九曲阵中仍然保留着幽狱的象征意义,但大多数已经和"破狱"相去甚远了,转变成了单纯的娱乐形式。九曲黄河灯阵具有破狱的隐含象征,主要表现在九曲黄河灯阵与道教破狱灯仪存在相通性,破狱灯仪的济度思想也隐含在九曲阵中;九曲阵的阵型有九幽狱的隐义,转曲过程隐含经历的九幽狱;转九曲过程诸多细节具有破狱超度的象征意义。

---

[1] (唐)杜光庭:《太上黄箓斋仪》,载《道藏》(第九册),文物出版社、上海书店、天津古籍出版社1988年版,第367页。

(一) 九曲黄河灯阵与道教斋醮

在陕北,九曲黄河灯阵民俗又被称为"闹老教",又据音写作"闹老醮",俗说与祭祀老子有关,原是道教祭祀老子的仪式,后来成为民间游艺。现今可见的九曲灯阵很多已经难以见到道士的参与,除个别地方还在道教庙宇场中或周边举办外,大多由村民在村中空地搭设九曲阵。在陕北的部分地方,转九曲的民俗活动依然与道教斋醮仪式结合在一起。如在佳县白云山道观,九曲黄河灯阵是打醮仪式的一个部分:"白云山的道士仍然举行醮或也叫打醮的仪式,转九曲是通常为期五天醮期的晚间仪式之一。一般打醮的过程如下:……第三天晚上:摆灯;超度亡魂。第四天:诵皇经;放赦;扬幡。第四天晚上:转九曲;摆灯;大济孤魂。第五天:送神。我看到的转九曲的展演是在道观楼宇间的小块平地上。在正月初八而非十五举行。尽管正值寒冬,依然有很多村民前来参与。"[①]九曲阵和道教斋醮仪式结合起来或许并非偶然,应当是保存了较为早期的形式。

在山西隰县,情况较为相似,九曲黄河灯阵原先主要是道士主持丧葬仪式的一种:"转九曲本为道家参与居民丧仪的仪式之一,……选择一平旷场地,由道士安排,以一定路线树以木栅相隔,并置油灯为记,只设出入二门,形似迷宫一般的曲阵。转九曲就是绕弯弯,不过设置九曲颇有讲究。摆九曲一定要内行,转的人却不要任何艺术,人数、性别、年龄都无限制,能走就行,转时紧随领头者鱼贯而行,直至疲惫掉队。前导乐器是道家乐器,如是道士带头,口里还需念经。"[②]

打醮的主要目的在于超度亡魂,九曲黄河灯阵具有燃灯威仪的特点,即便不大流行九曲黄河灯阵的区域,也可能被斋醮所使用。如在新田县曾由外来道士为超度亡魂而布设九曲灯阵:"逢大灾,必打醮。打醮时,焚香、化纸、念经,超度冤魂。民国十二年,新田县城遭'沈军之祸',被屠杀

---

① David L. Holm. *The Labyrinth of Lanterns: Taoism and Popular Religion in Northwest China*. 载汉学研究中心编:《民间信仰与中国文化国际研讨会论文集》,汉学研究中心1994年,第814—815页。
② 隰县地方志编纂委员会编:《隰县志》,方志出版社2007年版,第549页。

106人。第二年,为超度冤魂,祈祷全县平安,从南岳请来20多名道士打醮,做了7天7夜道场。首先在城隍庙和观音坪岭顶上设醮坛,用纸、竹糊扎了几个大菩萨,挂上'幽冥钟'。道士每日在那里焚香、烧纸、念经,从南门口到北门口用白布幔街,吊冥灯。在南门外东、西河交汇处沙滩上烧'架香'。在后背岭用小竹夹成弯曲巷,有进口和出口,道士口中念念有词,率领会首及龙灯狮子队,在巷道里奔跑,名曰'跑黄河'。"[①]新田不是九曲黄河灯阵的主要流行地,现在基本也看不到了,这里主要是作为斋醮仪式的一部分偶尔出现的。

因此,可以看到,九曲黄河灯阵可能原属道教斋醮仪式之一,属于道教灯仪的一种,主要用来超度亡魂。在九曲黄河灯阵传播的过程中,或许道教色彩有所减弱,逐渐成为元宵灯俗,但斋醮的遗存依然能够隐约看到。

(二)九曲阵与九幽狱

九曲黄河灯阵掌灯布阵的仪式过程与道教的燃灯科仪十分相似,尤其是道教中十分重视且流传至今的九狱灯仪,从宋代的《总九狱图》到明代的《破九幽狱灯图》,均与九曲黄河灯阵高度相似。九曲阵图与道教灯图的关系成为黄河九曲灯阵与道教关系讨论的焦点。"九曲黄河灯图与宗教的燃灯习俗有关,它应该直接来源于道教燃灯威仪中的九幽狱灯图。所谓燃灯威仪,就是斋醮坛场法灯的设置方式。……与道教灯仪相对应的是供斋醮坛场使用的灯图,九狱灯仪相对应的是九狱灯图。九幽狱灯图与前面的九曲黄河灯图相比,可以说相似性很强。从九幽狱灯图以及九宫八卦土灯图可以看出九曲黄河灯图的初始式样。"[②]宋代的《总九狱图》比这里提到的九狱灯图、九宫八卦灯图出现更早,与九曲阵更接近。见图7-3-6:

[①] 新田县志编纂委员会编:《新田县志》(1813—1990),新华出版社1995年版,第533页。
[②] 苗峰:《明清黄河流域元宵灯俗的历史地理学考察》,硕士学位论文,暨南大学2010年,第25—26页。

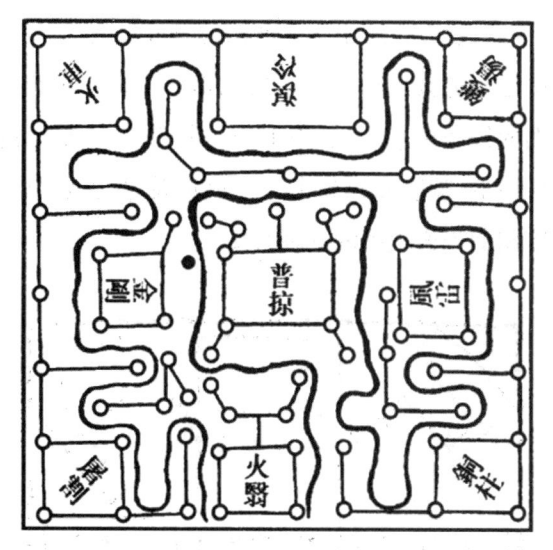

图 7-3-6　总九狱图①

因此，可以大致推断，九曲黄河灯阵最早受到道教斋醮中九狱灯仪的启发，经过道教的传播和民间艺人的改造，逐渐与民间社火相结合，演变为元宵节期间重要的灯俗形式。九曲黄河灯阵出现的时代应该在宋以后，且不会晚于明初。

前文中九曲黄河灯阵图是均根据灯桩与绳索绘制的，如果按照行走路径来绘制，那么每一曲核心的回环可以表达为 S 型和反 S 型两种。这个回环代表转九曲的人们走过的实际图形。横着或竖着因曲型而异，没有本质差别。

图 7-3-7　九曲中心的回环路径　　　图 7-3-8　九狱形②

① （宋）王契真：《上清灵宝大法》，载《中华道藏》（第三十三册），华夏出版社 2004 年版，第 456 页。
② 同上书。

宋代道书《上清灵宝大法》中代表九狱的符号如图7-3-8,可以看到九曲阵曲型回环中心与道教九狱形的高度相似。可以毫不夸张地说,如果按照道教九狱灯图的符号体系,九曲阵中的一曲就是一狱。九曲阵按照行人走过的路径简化一下,就能简化为由九个狱形符号构成的阵图。那么简化后的九曲阵高度相似于道教中的九狱灯图。

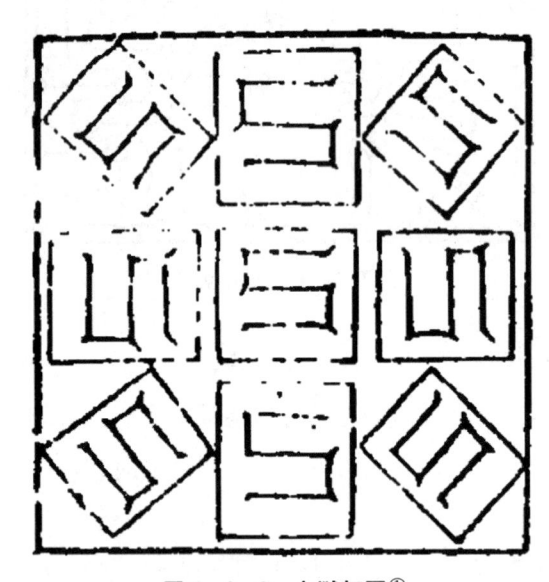

图7-3-9 九狱灯图[①]

九曲阵与九幽狱的关系还有现实支撑,在山西兴县、娄烦多地,转九曲附属于十王庙会,供奉第十王"六道转轮王"或"十殿阎罗王",用转九曲的形式供奉其他十王,这些王都是地狱的主宰,九曲供奉九位地狱王,代表九曲阵是九幽狱的象征。十王信仰尽管来自佛教,但经过道教的改造,建立了道教的十王地狱观念。在京郊和张家口地区,转九曲黄河灯阵时最早由道士,后来由本村社首持幡引导,表面是带领社火队伍和普通游人有秩序地转阵,实则是道士持幡超度的遗意。

---

① (宋)蒋叔舆编:《无上黄箓大斋立成仪》,载《道藏》(第九册),文物出版社、上海书店、天津古籍出版社1988年版,第605页。

(三) 转九曲阵与破狱超度

《太上黄箓斋仪》载:"长夜罪魂,无由开朗。众生或无善业,宿有罪根。殁世以来,沉沦地狱。受诸恶报,幽闭酆都。不睹三光,动经亿劫。我天尊大慈悲悯,弘济多门。垂然灯之文,以续明照夜。灵光所及,罪恼皆除。更乘忏拔之缘,便遂往生之愿。"[①] 道教的燃灯威仪目的在于"照彻幽暗,破狱度人",九狱灯仪借灯之光明照亮幽狱,超拔往生。九曲黄河灯阵的赏灯转阵过程与道教九狱灯仪不谋而合,内在气质相通。只不过在元宵节娱乐的整体氛围下,转阵—破狱的象征被逐渐忽略了。但是,作为普通游人而言,转九曲的仪式过程伴随着破狱自度的仪式体验,这是不可否认的。

首先,转九曲仪式是在晚上进行的,在正式进入九曲阵之前,全部灯光熄灭,一片黑暗,待社首令下,灯桩上的油灯点起,蜿蜒成阵,人们和社火队伍才可陆续进入阵中。社首持令旗头灯在前,旗牌伞扇在后,再后才是社火队伍,最后才是游人。老幼踵足前行,队伍浩浩荡荡。各地大致相同的仪式过程都特别注重幽暗与烛照的对比,给参与者以跟随光明冲出幽暗的强烈心理感受。其次,九曲阵是一个闭合的迷宫,有一个入口和出口,从入口进入依路前行,就会从出口出阵。入口和出口往往毗邻,位于阵的正门侧。这一独特的设置可以看作是九狱的入口和出口,人们从入口进入九曲(九狱),经过一番幽狱的历练,最终从出口跳出幽狱,实现重生。九曲阵出入口所在的正门,具有明显的仪式阈限意义。再次,九曲阵构造虽然简单,由立着的灯桩和隔开路径的横索构成,曲折成阵。就是这样横竖二维隔离,隔开了人们行走的路径,使各自不能相通,只能前行。转阵过程中有禁忌,不能越过绳索,否则会迷不得出,陷入阵中。这寓意幽狱之行不能越矩,否则永世不得复生。最后,九曲阵正中的老杆和九曲阵外的神庙,共同营造了虚幻的情境。一是生灵所在的天上,一是人类所在的世间,一是亡鬼所在的地狱,这

---

① (唐)杜光庭:《太上黄箓斋仪》,载《道藏》(第九册),文物出版社、上海书店、天津古籍出版社 1988 年版,第 367 页。

三者通过九曲阵合为一体。人们通过转九曲，上与神灵交接，下与鬼魂揖别，进入独特的心理状态。一个十分有意味的细节是，人们转到老杆处，会朝老杆的根部吐一口唾沫，然后在摸一下老杆的高处。老杆往往在九曲阵的最后一曲，转完这一曲就很快出阵，所以一唾一摸，象征着唾弃鬼蜮幽狱的邪祟，祈求平安康健。所以俗语云，身体哪个地方不舒服，摸摸老杆再摸摸身体的哪个部位，一定会好起来。

从象征幽狱世界的入口进入阵中，借助阵中悬挂牵引的明灯，在黑暗中徐徐前行，经过九曲（九幽狱）的兜兜转转，告别幽狱世界，回归人间。通过这一转九曲的仪式过程，获得生命的重生，完成脱胎换骨的体验。从个人心理体验上来讲，转九曲有破狱自度的象征意义。与道教破狱灯仪所不同的是，人们转九曲的过程更侧重自己超度自己，通过自己前行实现破狱重生的仪式体验。这也正是九曲黄河灯阵虽然是元宵节的娱乐形式，杂以各式民间花会，但却又具有神圣性和严肃性的原因所在。九曲黄河灯阵与道教关系密切，尤其是与道教黄箓九狱灯仪渊源深厚，九曲黄河灯阵与破狱灯仪的相通性，表现出九曲黄河阵破狱的隐含象征。无论是道教九狱形符与九曲阵曲型的高度相似，还是民间幽狱观念与九曲阵的结合，都可以看出九曲阵的九幽狱隐义。从个人仪式体验来讲，转九曲的诸多仪式细节都具有破狱自度的象征意义。

结　语

九曲黄河灯阵是中国北方较为常见的灯俗，流布十余省，凝结了民间智慧，展现了民俗活动的生命力。该灯阵在形式和内涵上具有浓厚的道教色彩，目前除了极少数地区保留了道教打醮中埋设九曲阵的仪式外，更多地呈现为村落社火的娱乐表演，道教色彩有所减弱，但依然有迹可循。在各地九曲黄河灯阵中，均与特定的祭祀对象相结合，道教神仙是各地九曲黄河灯阵最主要的崇祀对象。三元大帝和三霄娘娘是九曲黄河灯阵中最常见的崇祀对象，影响力最大；另有一些民间俗神、地方俗信，虽不占多数，但主要的来源依然是道教。除了崇祀对象，九曲黄河灯阵与道教的关系还体现在形式要素上。由于该灯阵的外在形式与九宫八卦的高度相似，"九宫八卦"成为阐释九曲灯阵的常见路径。对"九""八"及相关数字的格外重视，埋设九曲阵对数字的使用，都体现了道教的数理观念；从九宫八卦的角度审视九曲灯阵独特形式特点，也可看出道教空间时间观念的表达。更为明显的是，九曲黄河灯阵与道教灯仪的高度相近，尤其是在破暗烛幽的象征意义上。目前仍有部分地方保留着九曲阵作为道教灯仪的余续，可以作为两者结合的现实证据；九曲阵与道教的九幽狱存在诸多相似的符号内涵；九曲灯阵的游览过程实际上指向了破狱自度的仪式象征。

综上所述，从崇祀对象、形式要素、象征意义三方面来看，民间流行的九曲黄河灯阵在起源、发展过程中受到道教的显著影响，在其构造形式、仪式展演、象征内涵等方面依然能够看到影响的存在。随着各地九曲黄河灯阵民俗娱乐性的增强，道教的色彩或许有所减弱，甚至不被注意，道教的教义、观念、仪式在九曲黄河灯阵中逐渐被遮盖，但依然不影响从道教的角度审视阐释九曲黄河灯阵民俗活动。

图书在版编目(CIP)数据

晋中民俗与非物质文化遗产摭论 / 贾利涛著.— 上海：上海社会科学院出版社，2020
ISBN 978-7-5520-3391-5

Ⅰ.①晋… Ⅱ.①贾… Ⅲ.①风俗习惯—研究—晋中 ②非物质文化遗产—研究—晋中 Ⅳ.①K892.425.3 ②G127.253

中国版本图书馆 CIP 数据核字(2020)第 236547 号

晋中民俗与非物质文化遗产摭论

著　　者：贾利涛
责任编辑：王　睿
封面设计：黄婧昉
出版发行：上海社会科学院出版社
　　　　　上海顺昌路 622 号　邮编 200025
　　　　　电话总机 021-63315947　销售热线 021-53063735
　　　　　http://www.sassp.cn　E-mail：sassp@sassp.cn
照　　排：南京前锦排版服务有限公司
印　　刷：上海龙腾印务有限公司
开　　本：710 毫米×1010 毫米　1/16
印　　张：15
字　　数：212 千字
版　　次：2020 年 12 月第 1 版　2020 年 12 月第 1 次印刷

ISBN 978-7-5520-3391-5/K·586　　　定价：80.00 元

版权所有　翻印必究